文化与经济前沿研究 2018

魏建 主编

山东大学出版社

图书在版编目(CIP)数据

文化与经济前沿研究. 2018 / 魏建主编.
—济南:山东大学出版社,2018. 5
ISBN 978-7-5607-6057-5

Ⅰ. ①文… Ⅱ. ①魏… Ⅲ. ①文化经济学—研究
Ⅳ. ①G05

中国版本图书馆 CIP 数据核字(2018)第 096627 号

责任编辑:陈佳意
封面设计:牛　钧

出版发行:山东大学出版社
社　址　山东省济南市山大南路 20 号
邮　编　250100
电　话　市场部(0531)88364466
经　销:山东省新华书店
印　刷:济南新科印务有限公司
规　格:720 毫米×1000 毫米　1/16
16.5 印张　276 千字
版　次:2018 年 5 月第 1 版
印　次:2018 年 5 月第 1 次印刷
定　价:39.00 元

序　言

一、文化自信引领"文化与经济"繁荣

改革开放以来，将近40年的快速发展，中国已经得了举世瞩目的伟大成就，GDP总量跃居世界第二位，综合实力显著增强，国际影响力不断提高。2012年前后，中国经济开始进入中高速增长的"新常态"阶段，经济结构调整和增长动力转换成为中国当前阶段经济平稳增长的两个发力点和主攻方向。

经济发展为文化繁荣创造了独特的历史条件。一方面，经济发展为文化繁荣奠定了物质基础和精神基础。我国经济社会发展取得长足进步，为文化繁荣提供了物质保障，并且随着综合国力的不断上升，民族自尊心和自豪感逐步增强，文化认同与文化自信逐步形成。另一方面，文化经济的发展也是当前经济结构调整和增长动力转换的必然要求。文化经济属于绿色、高附加值经济业态，并且文化经济与科技创新密切相关，对于我国当前优化经济结构、提升发展质量、创新增长动力、坚持可持续发展具有独特作用。

我国有着丰富的文化资源，人文资源、红色文化和自然文化资源都十分丰富，但文化资源的利用，尤其是与其他产业的融合发展一直较为薄弱。因此，加强文化建设已成为当前供给侧结构性改革战略中的重要举措。2017年年初，中办和国办印发了《关于实施中华优秀传统文化传承发展工程的意见》，年底，中办和国办又印发《关于加强和改进中外人文交流工作的若干意见》，指导文化的发展和文化产业的走向。

十九大报告进一步指出，满足人民过上美好生活的新期待，必须提供丰富的精神食粮。作为精神食粮的文化，既是丰富生活、激励人心的正能量，同时也是一个国家的软实力。没有高度的文化自信，没有文化的繁荣兴盛，就没有

中华民族伟大复兴。同时,我们要发展面向现代化、面向世界、面向未来的、民族的、科学的、大众的社会主义文化,也需要“创造性转化、创新性发展”,需要不断从体制机制上夯实基础,激发活力,才能不断推动文化创造和文化进步。

2017 年,我国文化经济取得了丰富的成果,艺术创作持续繁荣,公共文化服务水平不断提高,文化产业蓬勃发展,顶层设计不断完善,文化市场繁荣有序,文化市场转型升级成效明显,文化新业态有序发展。其中,优质 IP、二次元经济、网络直播、网红经济、移动电竞、“VR/AR+文化”、内容付费等更是成为资本追捧的热点,持续引领文化经济快速增长。从中也可以看出,巨大的消费潜力、互联网的迅猛发展、国内外市场需求等是我国文化经济发展的现实基础。政府的推动、资本的力量、技术的创新,是我国文化经济发展的三大动力。

文化繁荣引发文化研究的浪潮,文化与经济的交叉研究更是成为了当前学术研究的热点。文化经济研究的目的在于探索文化经济运动的基本规律,揭示文化经济对于现代社会发展和进步的作用与意义,以及丰富关于文化和经济的理论系统与政策系统。对文化经济的研究大体分为两个方面:一是文化经济的宏观研究。主要包括文化发展与经济发展之间的关系,文化的进步如何促进经济发展,其中的机制和途径是什么。二是文化经济的微观研究。主要包括如何有效配置资源以最大化文化的生产,运用经济分析方法研究文化的生产、传播、消费以及产业等各个方面的特殊性,发现并应用规律促进文化产业发展。

二、“文化与经济”研究百花齐放

随着“文化与经济”成为学界热点研究领域,该领域高水平成果也不断涌现,《山东大学学报(哲学社会科学版)》于 2016 年开辟了“文化与经济”栏目,汇集该领域的大作、新作,不仅期望推动该领域的研究,更期望引起更多的关注,共同促进文化与经济的交叉研究。两年来,该栏目以及相关栏目已刊登文章 30 余篇。本书选取该栏目 2017 年刊登的 15 篇高质量学术论文,内容涉及文化基础理论研究、文化创新研究、文化产业发展趋势、文化组织研究、基层社区公共化等领域。

(一)文化基础理论研究

本质问题是所有科学研究必须探讨的问题和回答的问题。文化产业理论研究同样不能例外。胡惠林的《论文化产业的本质——重建文化产业的认知维度》揭示了文化产业的本质是人与社会一切社会文化关系的总和，奠定了科学认识文化产业的价值空间。其中，核心是人与社会的政治关系，表现为以文化产业准入与文化产品的市场准入为主要内容和表现形式的意识形态关系。他认为，文化产业是一个集内部空间和外部空间、自然与社会于一体的系统整体，正是这种结构形态构成的生命性属性建构了文化产业的这一本质。

文化经济学视野下，经济现象的实质是人类价值体系及文化认知体系指导下的实践结果。文化对真实世界经济活动的影响比预想的深刻得多，探讨“经济”的背后究竟有怎样的文化逻辑非常必要。韩顺法、彭秋玲的《文化经济学视野下的意识形态效应及中国实践》探究了文化经济学涉及的核心问题意识形态效应。他们认为，意识形态对经济的影响既包括整体经济体制演变，也包括内部效率提升，意识形态创新是经济社会领域一切创新的基础。因此，我国社会主义市场经济制度的建立与完善，不仅仅是一个经济问题，在更深层次上也是一个意识形态创新问题，涉及中国模式的核心价值，属于文化经济学范畴。

艺术品价格的形成与变化不仅是文化经济学的核心理论问题之一，也是艺术产业实践过程中的关键问题之一。孙丽君的《论意义作为艺术品价格基础的可能性——基于现象学的考察》以现象学思维为方法，探讨意义作为艺术品价格基础的可能性。她认为，从现象学角度看艺术品并非一种现成品，而是意义的流动过程，艺术品价格应以艺术意义的流动过程为基础。在艺术意义流动的过程中，艺术家记录了生活世界的显现并将这一显现构建为具体的艺术作品，形成了艺术品原初意义；读者使艺术作品的潜在意义成为一种现实的意义，随作品传播的读者意义扩充了艺术意义；艺术经典的意义构成为某个文化共同体的基因，反过来又扩充了艺术意义的容量。

文化信念、价值观对经济绩效具有重要影响，然而却长期遭受主流经济学的漠视，直到最近才在经济学界出现研究文化信念和价值观的热潮。孙涛、姜树广的《引入文化信念和价值观的经济学研究评述》通过对近些年来研究文化与经济的重要文献系统梳理分析，发现文化信念、价值观的来源及变化与代际传承和重大社会历史事件相关，并且文化信念诸如信任、工作价值、宗教信仰等有其重要的经济政策含义，可以通过影响具体制度和机制进而作用于广泛的经济活动。

(二)文化创新研究

雄安新区的设立是以习近平同志为核心的党中央作出的一项重大的历史性战略选择。范周的《雄安新区研究的新理论增长点——基于文化、产业、民生的现实维度》着眼文化资源、产业发展与民生三个现实维度研究雄安新区建设的理论。他认为,文化是立区之魂,新区历史古迹、非遗传承、红色文化、民俗文化等文化资源亟须保护活化成为新区文化根基,并着力"大文化"视野下的中华民族新文化创新实验区和发展引领区的建设。他指出,雄安新区研究要以雄安新区为范本,为当代中国社会发展贡献新的理论增长点,要以雄安新区为缩影,为中国伟大复兴开创又一历史新篇章作序。

经济"新常态"背景下,文化产业的动力逻辑和驱动路径无疑为创新经济领域供给侧结构性改革提供了"破冰之力"。齐骥的《文化产业促生经济增长新动力研究》显示文化产业以特色发展为识别特征,可以更充裕地参与或引导全球化和城镇化进程中全要素创新资源配置,在一定程度上能够消弭经济发展带来的社会问题。更为重要的是,文化产业在解决经济发展困境和区域发展鸿沟方面起到了重要的动力触发作用。进一步,文化产业既对新兴动能成长起到"加速器"的作用,又扮演了新旧动能转换"稳定器"的角色,对经济领域重塑新动力体系具有特殊启发意义。

随着"文化之都"评选机制和"文化城市"理念的兴起,"欧洲文化之都"建设对城市公共文化服务的积极推动逐步引起广泛关注。陈慰、巫志南的《从功能城市到文化城市:"欧洲文化之都"公共文化建设研究》显示"欧洲文化之都"建设与城市公共文化服务之间呈现出良性互动关系。他们认为,二者在满足市民基本的和多样化的文化需求方面相互契合,在扩大全社会文化参与、发展民众文化能力方面相互一致,在文化基础设施建设和文化服务供给改善方面相互带动,在扩大区域间、国际间文化交流融合方面相互协同。

(三)"十三五"文化产业发展趋势

进入"十三五",文化产业被赋予国民经济支柱产业的战略期待,但开局之年的增长呈现低缓甚至停滞的现象。魏鹏举的《从增长缓滞看中国文化产业发展势能转换》从内生经济增长理论的观点,认为短暂的轻度萧条有利于创新的改善和生产力的发展,并将之称为"滞缓效益"。他认为,受旧经济与旧体制困扰的中国文化产业逐渐显露新经济的曙光,文化服务业全面开花,与新技术和新兴消费关联的文化行业呈现超高速增长的良好势头。

“十三五”规划明确提出“文化产业成为国民经济支柱性产业”，对文化产业的发展提出了新的要求。孔少华、何群的《“十三五”文化产业供给侧要素创新研究》回答了如何促使文化产业推动国民经济发展。他们认为，“十三五”时期需要处理好各种供给要素的配置优先级，培育兼具理论和创造能力的高端文化创意人才，加强 PPP 模式的研究并推动政策落实，充分发挥数字文化产业的带动作用，以“文化＋”理念提升固定资产投资使用效率。

“十三五”时期是全面建成小康社会的攻坚阶段，量化检测全国各地诸方面文化消费发展的进程和差异，是检验“全面建成小康社会”实际成效的需求，也是研究我国文化经济的必然要求。王亚南的《全国文化教育消费城乡差距和地区差距透析——全面小康进程“十三五”攻坚目标检测》在该方面进行了探索。他们的研究显示，中部地区的文教消费人均值增长最快，东北次之，西部再次，东部稍慢。全国地区差显著缩小，区域均衡发展国家方略已见成效。

（四）文化组织研究

基层文化单位的服务效率低下问题，逐渐成为当下政府、文化学界关注和讨论的重点议题。傅才武、许启彤的《基层文化单位的效率困境：供给侧结构问题还是管理技术问题——以 5 省 10 个文化站为中心的观察》对公共文化服务体系建设中“未强先衰”的窘境进行了深刻探讨。他们的研究发现，文化站面临的发展困境，其实质是基层文化机构的传统业务模式与高速城市化进程和数字信息技术快速发展所导致的社会文化生态环境变迁之间出现的结构性失衡，传统的“增人加钱”式增量改革模式正逐步失去有效性，必须树立建设现代公共文化服务体系、推动公共文化供给侧结构性改革的战略思维。

“政府一市场”关系定位对我国文化中介组织造成体制障碍，因此亟须文化中介组织进行适应性创新。刘红岩、秦淑倩、李彬的《政府一市场关系演变与文化中介组织适应性创新》从政府与市场之间的关系切入，厘清了我国“大政府一小市场”的格局，明确了文化中介组织的职能定位。他们进一步分析了目前我国文化中介组织在发展过程中所面临的诸多限制性困境及其成因，明确了构建与我国转轨期制度环境相适应的创新体系是解决文化中介组织发展困境的关键，并且指出了适应性创新的实现路径及其关键点。

演艺产业因“意识形态属性”和“成本缺陷”两方面的特殊性，导致其产业发展的复杂性及对其理论阐释和指引的必要性。林凡军、谢永珍的《演艺产业生态系统及其运行机理探讨》将演艺产业生态分为内生系统与外生系统，对演艺产业运行机理进行了探讨。他们认为,演艺产业内生系统与外生系统交互作用共同构建具有“生态”价值追求、保持高度整体性、不断实现增值的演艺产业生态共生系统。他们的研究不仅具有理论创新价值,并且对破解演艺产业发展困局、提升演艺产业价值链也具有一定的指导意义。

(五)基层社区公共化

“社区舞蹈”作为社区文化的一个重要组成部分,它在一定程度上满足了人们精神文化方面的需求,已成为真切而普遍的社会现实,对其进行研究也成为了公共文化研究的必然组成。王列生、刘厦静的《论“社区舞蹈”及其在社区文化治理中的激活》探索了其社区文化激活特征。他们认为,社区舞蹈在舞蹈社会学意义上跨越了传统的艺术定位方式,作为一种艺术与非艺术混存事态,能够以强大的介入力量,通过规模化驱动、多样化驱动和日常化驱动,激活社区的文化活性,让公共社会文化张力发挥其社会均衡增量优势的积极价值和正能量向度。

社区公共文化空间是社区居民文化参与、经济生活的重要空间基础,是文化参与方行为表达的场域和空间环境,对文化参与的结果有重要影响。陈波、张洁娴的《城市社区公共文化空间的建设现实与未来设计——基于全国17省46社区的考察》阐述了社区公共文化空间需求的基本性,以及聚集化、层次化和波动性三个空间特征。他们总结出参与主体缺失、资源利用率低、理论缺乏及保障机制不健全等问题是导致社区居民文化参与程度低的重要原因,进而提出城市社区公共文化空间建设的基本框架,提出设施整合型、文化礼堂型、虚拟空间型和生态群落型等城市社区公共空间建设的模式。

三、助力“文化与经济”研究新时代

总结以上研究及《山东大学学报(哲学社会科学版)》“文化与经济”栏目以往发表的成果,可以看出在“文化与经济”领域的一些共同特征和趋势。

一是聚焦于文化发展中的重大现实问题。“十三五”规划、供给侧改革、雄安新区建设等都是当前经济现实中最核心的问题,文化产业、公共文化、城乡差距等都是文化与经济融合发展中面临的重大理论和现实问题。关注重大现实问题、跟踪研究并及时回应现实关切是“文化与经济”领域研究的一个显著特点。

二是科学继承与发扬经典理论。经历了经济体制改革和对外开放,我国文化与经济的融合发展，既有着文化发展的普遍性问题，又有许多中国特色的挑战性问题。因此，研究应更加注重经典理论的扬弃，既要保留普遍适用的规律，又要大胆创新，探索新时代、新条件下的科学理论。如胡惠林的《论文化产业的本质——重建文化产业的认知维度》探讨了新时代文化产业的本质问题。孙丽君的《论意义作为艺术品价格基础的可能性——基于现象学的考察》以现象学思维为方法，探讨意义作为艺术品价格基础的可能性。

三是研究方法上多学科并用，实证研究方兴未艾。文化与经济研究本身就是新型的交叉学科研究，同时波澜壮阔的中国经济转型发展大潮为文化与经济的融合研究提供了宏大的空间和想象力。因此，研究更加注重充分应用经济学、管理学、社会学等提供的理论工具和科学方法，多学科共同融合研究。随着文化领域可利用数据越来越多，科学规范的实证计量分析也越来越多，这些研究运用数据剖析相关领域的实践进展，发现规律和问题，使研究更为厚重和扎实。同时，传统的案例研究也在加强对实证材料的应用，加强理论分析的深度。

本书汇集的文章部分是国家社会科学基金重大项目的阶段性成果，如傅才武、许启彤的《基层文化单位的效率困境：供给侧结构问题还是管理技术问题——以5省10个文化站为中心的观察》和刘红岩、秦淑倩、李彬的《政府一市场关系演变与文化中介组织适应性创新》等；有的是国家社会科学基金项目的阶段性成果，如林凡军、谢永珍的《演艺产业生态系统及其运行机理探讨》和孙丽君的《论意义作为艺术品价格基础的可能性——基于现象学的考察》等。可以说“文化与经济”研究正在受到越来越多的关注，集合多方力量积极探索中国的文化与经济融合发展道路已经成为共识。

十九大对新时代发展中国特色社会主义文化进行了部署安排，指出文化自信是一个国家、一个民族发展中更基本、更深沉、更持久的力量，坚定文化自信，推动社会主义文化繁荣发展，为今后我国的文化发展和建设指明方向。坚定文化自信，最根本的还是要推动社会主义文化繁荣发展，就是要“坚持为人民服务、为社会主义服务，坚持百花齐放、百家争鸣，坚持创造性转化、创新性发展，不断铸就中华文化新辉煌”，为今后我国的文化发展和建设指明了道路。

随着新时代下文化建设进入快车道，文化与经济的融合研究也将迎来繁荣期，我们相信文化与经济领域的高水平成果也将不断呈现。《文化与经济前沿研究》书系才两周岁，尽管还不能说已经引领文化与经济的研究，但已经为文化与经济领域的专家学者搭建了智慧碰撞的平台,为学术思想传播和交流提供了载体。今后我们将选择更加精彩的稿件,更加贴近实践前沿,吸引更多的作者、读者关注本书系,早日将《文化与经济前沿研究》打造成为精品书系。

编　者

2018 年 4 月

目　录

文化基础理论研究

文化创新研究

“十三五”文化产业发展前沿

文化组织研究

基层社区公共化

文化基础理论研究

论文化产业的本质

——重建文化产业的认知维度

胡惠林

什么是文化产业？我们的时代为什么需要文化产业？需要什么样的文化产业？文化产业对于我们今天时代的价值何在，是什么？这就涉及关于文化产业的本质这一命题。

本质问题是所有科学研究必须探讨的问题和回答的问题。文化产业理论研究同样不能例外。文化产业的本质是什么？在迄今为止关于文化产业的理论研究中，似乎尚未引起学界的高度重视。也许正是因为这个缘故，所以，至少是在中国的学术界和业界甚至于文化政策界，关于文化产业是什么和关于文化产业的发展依然是众说纷纭。这带来了一个后果，那就是在关于文化产业外延不断的扩张过程中，尤其是在文化产业科技化、资本化和文化产业旅游化的进程中，文化产业的本质似乎被人们遗忘了，似乎也没有人或者说根本就对此问题的探索不屑一顾，从而使得文化产业的本质与中国文化产业发展的本质路径不断地被消融于科学技术和经济指标的形式之中：为了 GDP 而忘记了价值，为了科学而遮蔽了文化，构成了当下中国文化产业发展的现实场景。

一、“文化工业论”引出的问题

阿多诺和霍克海默在《启蒙辩证法》一书中提出的“文化工业”这一概念以及由此而形成的“文化工业论”，被普遍认为是“文化产业”这一概念的来源。这是一种认识上的误区。虽然 20 世纪 90 年代《文艺报》上曾经有过一次围绕“文化工业论”的学术争鸣。但是，这一次争鸣的影响非常有限，非文艺学研究领域里的学者很少有人知道这一场短暂的学术争鸣。对于法兰克福学派关于“文化工业论”的提法和说法,许多文化产业研究者大多是通过别人的研究文章得知并转述的,真正读过《启蒙辩证法》的学者并不多,对“文化工业论”深入研究的就更少了。倒是许多非文化产业研究者对此发表了许多研究成果,但常常不为文化产业研究者所关注。

“文化工业”在《启蒙辩证法》中是作为一个否定性命题提出来的:“文化工业:作为大众欺骗的启蒙。”①“文化工业论”就是在这一命题下展开的。

“文化工业论”对“文化工业”的批判显然与今天文化产业发展的实际有着显著的差别。人们之所以会把“文化工业”和“文化产业”联系起来,看作是对一个对象的不同文字表述,其中一个重要的表象就是“文化工业论”所批判的对象都是今天大力发展文化产业的主要对象与核心领域。特别是随着“创意产业”和“文化创意产业”的提出,“文化产业”的对象范围进一步扩大,包括联合国在内的国际社会纷纷把发展文化产业作为一项用来转变经济增长方式、调整经济和社会发展结构,从而促进人类社会可持续发展的文化政策的时候,法兰克福学派关于“文化工业”批判的理论与世界文化产业发展的实践却渐行渐远。

然而,这并不完全影响“文化工业论”在中国的影响。至今,仍有研究者没有跳出“文化工业论”的“学术之坑”。动辄言必称“文化工业论”的学者少了,但是,法兰克福学派关于“文化工业”批判思维和思维方式,却在一些学者研究中根深蒂固,依然对发展文化产业持批评性态度,依然是法兰克福学派“文化工业:作为大众欺骗的启蒙”的学术立场,大有“众人皆醉我独醒”的启蒙主义神采。问题是,当年阿多诺、霍克海默提出来的对“文化工业”的批判是不是一个问题?在今天是否还有它的价值和意义?为什么联合国教科文组织关于文化产业的定义(按照工业标准生产、再生产、储存以及分配文化产品和服务的一系列活动)②和中国关于文化产业的定义(从事文化产品生产和提供文化服务的经营性行业)③,都与“文化工业论”的立场和精神截然相反?发展文化产业作为当今国际社会和联合国的一项发展政策的合理性究竟在哪里?

---

① [德]马克斯·霍克海默、西奥多·阿道尔诺:《启蒙辩证法》,渠敬东等译,上海人民出版社 2003 年版,第 134 页。

② 转引自《中国文化产业蓝皮书:总报告(2001~2002)》,社会科学文献出版社 2002 年版。

③ 参见文化部:《关于支持和促进文化产业发展的若干意见》,2003 年 9 月。

法兰克福学派提出来的“文化工业批判”当然是一个问题。在今天依然有它的价值和警示意义。但是，当今国际发展文化产业的政策选择也是一个问题。为什么面对同一个对象领域会存在如此大的分歧？正是在这个意义上，涉及了关于文化产业本质的认识，即“文化产业本质是什么”具有特别重要的本体论意义。只有把这个问题弄清楚了，才能找到和发现“文化产业”与“文化工业”间的本质区别。而也正是在这个意义上，“文化工业论”对文化产业所持的否定性立场，相比较于联合国教科文组织和中国相关部门（文化部、国家统计局）的描述性定义，则更是属于文化产业本质问题的研究。这就是本文所试图探讨和回答的。

二、文化产业是文化产品生产与服务的社会文化系统

1. 文化产业是由文化产品与文化产品的生产来定义的

没有文化产品和文化产品的生产，也就没有文化产业。这是我们讨论文化产业本质的前提。

一个产业的本质属性是由该产业的核心产品的生产、分配与交换所决定的。在所有的产业形态中，文化产业与农业有着高度的相似性。二者的核心特点都以生产人类社会的必需品定义自己。所谓必需品是：有了它不一定行，但是，没有它，一定不行——有了粮食，人不一定不死；但是，没有粮食，人一定会饿死。农业以五谷杂粮为主的粮食产品生产、分配和交换为核心，而“农具”则是用来耕作的辅助性劳动手段。毫无疑问，农具是提高农业生产力的重要形态。农具的使用可以提高农产品的产量，但是，农产品的质量还是要通过对农产品的创造性培养来实现。袁隆平的杂交水稻就是一例。人们为什么对转基因农产品有恐惧感，是因为转基因农产品的使用可能导致和造成对人类种族繁衍的危害与伤害，尽管一部分科学家再三声明说转基因农产品是安全的，还是依然无法消除人们对“粮食安全”的恐惧。

文化产品是人类社会生产的第二种生活必需品：定义人之所以为人的唯一标识物。有了它，人不一定能获得全面发展，但，没有它，人一定不能获得全面发展。人与人、族群与族群、社会与社会乃至文明与文明之间都是由文化产品的生产、分配和交换来定义和建构的。没有文化产品这一人类社会生存与发展的必需品，人类社会与人类文明就无法进化，也就无法发展。这是人类从

灵长类动物种群中发展成完全独立的种群的关键。正是这一关键在整个地球生态系统中缔造了“人类社会”这一生态系统——文明。广义的文化产品包括人类社会所有人的劳动产品,但是,当精神生产与物质生产逐渐分离发展出一个独立的生态运行系统的时候,文化产品的生产主要就是指满足人的属人的社会性存在的观念性劳动产品,以满足人的精神心理需求为特征和主要功能的文化产品。而所有关于它的生产、分配与交换构成了与一般的粮食产品需求既相一致又特立独行的产业形态,即文化产业:以文化产品生产、分配与交换为核心功能的社会系统——精神心理与表达载体构成体系。而“文具”——机器与载体——则是用来文化创作和生产的辅助性劳动手段。同理,“文具”是提高文化生产力的重要形态。正是因为工业革命和互联网革命所提供的“机器”和“网络”这一“文具”形态,这才极大地提高了人类社会的文化生产力和文化生产率。但是,文化产品的质量还是由文化产品所提供的创造性与创新性程度决定的。这就是电视机和思想的本质区别。而恰恰是后者规定和决定了文化产业的本质和本质属性。“文具”的先进性和现代化程度并不能决定文化产品的创造性和满足人的对文化产品消费需求的“必需性”。

2.文化产业是文化产品的社会生产系统,是社会发展最重要的动力机制之一,是社会发展最重要的动力源

文化产品是人类为解决共同的生活问题而创造的一种交往手段、一种意义表达与沟通形式,以便于传播与记忆,进而传递,保障共同生活的有序、连贯和可持续,因而又是人类共同生活的一种空间形式:文化地生活着。这种空间形式是精神的,与物质生活空间相对应。在这个空间形式里,人们得以诗意地栖居。人类共同生活发展的需要不断创造出形态和形式无限丰富多样的文化产品,以展示和展现人们共同生活的丰富多样性与复杂性。因此,文化产品也就自然地成为人类一切生活的阐释与演绎。一部人类文化产品发展史就是一部人类社会的生成、演化、阐释与演绎史。人类社会的各种形态在这个空间里得以展示和展现,并且把在现实的物质空间中不能展现和表达的东西,在文化产品中展现和表达了出来,从而建构了一个与人们的物质生产不一样的精神生产世界,甚至是一个与物质世界相对抗的精神世界。于是,在物质的现实空间生活中有多少内容,在文化产品中也就有多少内容。甚至在现实的物质生活世界中没有的内容,在文化产品中也有深刻而丰富的表现。离开文化产品这样一个人类社会的精神性存在,便没有人类社会的存在。从某种意义上说,

人类社会是存在于人类所创造的文化产品的世界之中的，即所谓别一种意义上的“想象的共同体”[①]。因此，只有从今天仍还存在的那些史前人类所创造的文化产品身上，我们才能证明人类从多少万年前至今的存在史。文化产业是文化产品的生命之树，文化产品是文化产业生命得以存在的循环系统，这是一个不断生长的、具有内生动力的循环系统。离开了这一动力循环系统，文化产业生命之树也就死了，因而其是文化产业生命存在的全部依据。

选择什么样的文化产品，实际上涉及向消费者传播什么样的价值观和思想以及生活态度、生存方式等问题。这些问题，无论你是主观有意，还是主观无意，它都客观存在，影响着每个人的思想、每个消费者的思想。这种影响是潜移默化的、长期的，最终会发生爆发式的转变，产生和出现一个文化大爆炸时代。文艺复兴、启蒙运动和五四运动莫不如此。一部《共产党宣言》改变了一部现代世界史的进程，也改变了一代中国先进的知识分子，进而在中国掀起了一场伟大的史无前例的“共产主义运动”，在改变了中国面貌的同时，也改变了世界的文化面貌。文化产业便是这样一种生活的社会生产系统，通过文化产品和服务给人类社会提供有效帮助、提高工作效率和价值实现的精神供给系统，一个能满足人类社会各种需要的精神生态系统和生产机制。文化产业是人类解决精神与物质交往问题的一种意义生产载体，文化产品就是人类共同生活的空间形式、精神与心灵居住的地方。一开始是为自己的，后来便发展成为在为自己的同时也为他人，从而建立起一种彼此交流、沟通、了解与对话的方式。文化产品内容的千差万别是因为人的精神与心灵居住方式的千差万别，但也正因为是人的精神与心灵居住的地方，因此，不同的文化产品可以起到对人的心灵共同慰藉的作用。也正因此，不同的人之间可以通过文化产品来交流与沟通，彼此了解和认识对方，并且在同一个地球上共生。

文化在一个很长的时间内是有生产而无产业。产业是一种系统性社会生产形态和体系，就文化而言，所谓系统性社会生产形态和体系就是说有关文化产品的生产超越了个人生产的范畴，而成为社会集体性共同行为。这种集体性共同行为意味着关于某种文化产品的生产，不仅有普遍的自我需求，而且有关于该类文化产品生产的某种规范性要求，获得了普遍性认同，包括它的性质、形制、审美、伦理等等。这是一种社会演化最重要的动力机制转化过程：个

① 原意为美国学者本尼迪克特·安德森在《想象的共同体——民族主义的起源与散布》（上海人民出版社2005年版）一书中用以论述民族而提出来的理论。

体向集体转化,单一的力量体系向集合的力量体系转化。社会发展的一切产品的生产只有获得普遍性认同,才有可能在生产方式的选择上表现出群体性选择的生产力特征,并且以这一选择获得彼此的类的认同和交流,进而在这个过程中实现价值交换。社会系统进而社会文化系统的进步,就是在这个动力机制的演进过程中实现和完成的。不能实现精神价值交换的产品不是文化产品,关于这一类产品的生产不是文化生产,它的系统性形态当然也就不是文化产业。它是由社会发展到一定阶段内生的一种动力机制。

3.文化产品是表达自由的实现与方式

文化产品生产是表达自由的实现行为与过程。文化产品的丰富多样性及其生产机制和生产系统,构成了文化产业与表达自由复杂的社会关系。

对文化产业的权利是人权的一种,是人通过改变文化产业来改变自身的一种权利,既是一种经济权利,同时也是一种社会文化权利。这是一种以表达自由为核心的文化精神权利。谁以及哪些人有权赋予文化产业的意义?它们又给文化产业赋予了什么样的意义?这是文化产业发展中的法律命题。

表达自由与言论自由是人类社会制度的重要文化形态和社会发展机制。但是,世界上从来没有什么抽象的表达自由和言论自由。一切所谓表达自由和言论自由都是一定社会制度下定义的自由形态,也就是说,都是法律制度下的言论自由与表达自由。只要有家庭和私有制、只要有法律和国家,就没有抽象的表达自由和言论自由。一切的表达自由和言论自由都是具体的,都是家庭、法律和国家制度下的。有责任就没有自由,反抗责任就是反抗自由。当责任成为必须履行的法律义务的时候,不履行法律义务就必然遭受法律惩罚。而惩罚就是对某种自由的剥夺,即你没有反抗责任而不履行义务的自由。那种动不动以自由来要求别人和教训别人的人,无疑是自欺欺人。目的是他的自由,却剥夺别人的自由。由于表达自由与言论自由同时又是一个政治法律问题,因此,这就提出了一个文化产业发展中的政治文化传统问题。不同的国家在不同的文明体系下其政治文化传统是不一样的。发达国家、新兴经济体不同国家的形成条件规定和决定了文化产业的生存与发展形态,而文化产业也正是在这个意义上成为这些国家不同社会文化系统的表现方式。

文化产业是社会的表达形式与表达载体。从言语表达、物质载体表达到符号表达、意义表达,文化产品的出现既是表达自由的最高形式,也是它的最低实现与表现。由于所有的文化产品形态都是一定历史条件下社会文化生产力发展水平的结果，因而，也都是一定条件下社会表达自由和言论自由的历史形态，都集中表现和表达了一定历史条件下人们对表达自由、言论自由的认知、理解、接受与表现。毫无疑问，这是当时条件下社会制度以及与之相适应的社会文化体制与制度的表现。这是以往一切历史文物品对于今天的价值与意义。离开了一定的社会历史条件、社会文化生产力发展水平以及社会整体性进步与发展而提出的文化发展的要求，抽象地谈论表达自由与言论自由是没有意义的。从这个意义上说，一切文化产业的产业形态和文化生产力形态也都是文化的社会体制形态。以手工业为主要生产方式的传统文化生产力形态和传统文化产品体系，就是它的文化社会体制和社会文化系统的一种非物质存在方式和依据；而以大规模机器复制为主要生产方式的现代文化生产力与现代文化产品体系，则是资本主义工业社会文化生产体制的表现，是资本主义社会文化系统的折射。文化产业发展与言论自由和表达自由的实现程度与实现方式就存在于这种具体的历史形态之中，并产生于这种具体的历史形态之中。历史的文化产业是如此，今天的文化产业同样也是如此。从这样的角度看问题，我们就可以对今天中国的文化产业发展与社会文化制度之间的关系有一个历史的维度，从而有助于我们克服和消除在文化产业发展与表达自由的关系问题上超历史主义、脱离历史实际的局限性，而更好地在历史发展的进程中，在大力发展文化产业的同时，发展我们的表达自由，实现我们的表达自由和维护我们在法律下的表达自由。

三、文化产业是社会发展的文化生产力形态

文化产业是文化生产发展到原有的文化生产力和文化生产形态不足以满足文化的发展而生成的文化生产力形态和文化的社会体制形态。

1. 文化产业是社会发展的文化生产力形态和文化发展的社会体制形态

文化发展的生产力形态经历了前工业化形态、工业化形态与后工业化形态三个历史阶段。如果我们把这三个形态看作是文化生产力发展的三个阶段的话，所谓前工业化形态也就是前文化产业形态。这是一个在相当长的历史阶段人类社会最主要的文化发展形态。在这一阶段，文化生产力是与整个人类社会进步的生产力相适应的，那就是以农耕文明基础、以手工业为主要生产方式的传统文化生产力形态。这种文化生产力不仅一般地形成了与之相适应

的文化生产关系，以及建立在其上的文化制度系统，而且也与社会发展对文化的基本动力需求相一致。但是当这种需求随着工业革命的发生、社会生产力形态的巨变以及由此而产生的社会发展对于文化的基本动力需求革命性变化，而原有的文化生产力形态和手段已经无法满足和适应这种新的文化需求的时候，变革文化生产力形态以适应变化了的文化发展需求便成为不可抗拒的历史规律。无论是古登堡现代印刷技术革命的发生，还是电影工业的出现，以及在今天正在深刻地影响着人类社会进步与发展的信息技术和互联网，无不印证了这一文化发展的基本规律。因此，我们说，文化产业并不是外在于文化发展的某种异己力量的产物，而是文化自身发展到需要进行革命性变革来实现自己更高阶段发展的表现形态，是文化发展规律的必然的历史形态和历史阶段。由于文化的生产力形态直接关系到一定社会形态的界定，以手工业为主要生产方式的文化生产力形态是与农耕社会体制或者说乡村社会体制相一致的话，那么，以工业文明为基础，以大规模机器复制为主要生产方式的现代文化生产力形态也就成为与工业社会体制或者称为社会体制相一致的内在结构。正是在这个意义上，我们把文化产业看作是现代工业文明的产物，看作是现代人类社会文明进步的一个标志。因为生产力的发展程度作为一种革命性的力量，在任何情况下都是用来衡量社会进步和文明程度的一个历史性尺度。当中国的发展登上 21 世纪的历史阶梯的时候，提出要发展文化产业，并且把文化产业发展列为国家战略和国家发展规划。这就标志着中国的文化生产力的发展和社会体制的发展进入到了一个以现代化为主导的历史发展新阶段，并且使之与中国长达数千年的农业社会和农耕文明的文化生产力形态相区别，从而成为中国文化进步与发展的一个现代标志。

文化产业作为社会发展的文化生产力形态主要表现在两个方面：改变经济增长与经济发展的动力结构与动力形态，为社会生产力的解放和创造性提供动力源。这种动力源就是由文化产业的产品生产系统所供给的精神思想，以及由这种精神思想推动的社会变革。中国是印刷术发明的母体，但并未引发如欧洲那样的新教革命。手工生产率的低下，导致印刷品的传播速度和扩散速度的慢和小，从而使得催生大规模的社会思想革命成为不可能。这是印刷术虽为中国所发明，却未能引发中国社会革命与思想变革的重要原因。欧洲资产阶级的新教革命与古登堡印刷机的发明直接相关。在这里，印刷生产力以及由此而生成的出版业与思想革命爆发之间构成正相关关系。思想生产的能力越大，传播、扩散速度越快，社会变革与革命越容易发生，越有助于新兴的社会生产力登上历史的舞台。《新青年》为什么率先在上海创办？中国共产党为什么选择在上海成立？现代出版业为什么会是在上海率先诞生？这与近代工业在上海的发生所创造和提供的现代生产力相关。大规模机器印刷需要大规模能源动力的支持。上海近代能源工业的发展规模为这种大规模机器生产提供了发展的动力与可能，电影业、唱片业等文化产业在中国的早期发展速度和规模与此存在着正相关关系。这就使得以上海为基地的中国文化产业发展走在了亚洲的前面，上海的社会变革与创新走在了中国的前面。

农业、工业不同生产力文化形态的构成成分，影响和决定了其在今天的影响力的构成。今天的中国依然是一个农业社会，小农经济思想及其文化依然根深蒂固，并且给中国的现代化进程以很大的影响。传统文化的影响力既是中国社会与文化可持续发展的动力，同时也是中国社会与文化现代化发展的阻力，具有很强的历史惰性。这种惰性是文明型惰性，非经过一个长时段的现代文明的演化与改造而不会消失。这是今天中国社会发展中的生产力文明与精神价值观文明的重叠与冲突。文化产业发展中暴露出来的问题是这种重叠与冲突的集中表现。一方面我们要发展文化生产力，但是另一方面我们在很多的时候又是用一种“跑马圈地”的落后方式来发展文化生产力。这就构成了发展文化生产力与发展这个文化生产力的方式不相适应之间的矛盾。正是这种矛盾与冲突，一方面构成了中国文化产业发展的张力和狂野之气，另一方面也就不可避免地构成了对文化生产力发展内生需求的破坏。文化与科技相结合的重要战略价值就是要从根本上重塑和重建文化生产力形态，并且在这个基础上推进新兴和新型文化产业业态和形态的出现。

2.科学技术是社会发展最重要的社会生产力形态之一，也是文化产业发展最重要的文化生产力形态

一部文化产业发展史某种程度上就是科学技术发展史的文化表现形态。印刷术产生了以印刷品为代表的出版物和出版产业，机器的发明和能源动力系统的应用以及化学工业的出现，催生了“电”和“影”的结合——“电影”这一与文字符号系统为主要表达方式截然不同的意义生产系统和表达系统，并最终形成了电影产业。无线电技术的发明催生了广播和电视产品及广播电视业，而互联网和数字技术的发明则建构了一个与传统文化产业完全不相同的产品形态与文化产业形态——网络文化产业。在欧洲，正是印刷术的“古登堡

机器革命”,这才使得印刷品的大规模出版和印刷出版产业的兴起成为新教革命的直接动力,并最终帮助资产阶级登上历史舞台,实现了人类社会发展史上一次空前的社会革命。离开了印刷术传入欧洲和印刷出版产业在欧洲的兴起,人类社会发展史的资本主义社会的到来是不可能的。正是由于文化产业在社会生产力构成中不可替代的革命性意义,不断地推动科学技术成果的应用与文化产品形态的创造性生产,从而通过全新的文化产品形态和文化产业形态来促进和推进社会生产力的进步与发展,其才成为人类社会后来发展的自觉行为。

科学技术是社会分工最重要的动因之一,同时也是社会文化生产分工的直接制造者。传统、现代、新兴三种文化产业形态既互相影响,又互相区别,是一个完整的社会文化生态系统。现代从传统中生长出来,又不断地与传统一道催生新兴的产业形态。创意产业中有相当大的一部分就是传统文化产业与现代文化产业互相催生的产物。它们相互之间构成了一个张力系统,既互相竞争与排斥,又互相补充与接受,各以对方来丰富自己,强化和突出自己的存在。在这里,内在的现代性、指向性具有特别重要的意义。数字技术与互联网的出现标志着人类信息文明社会的到来。以信息文明为基础,以数字技术与互联网为主要生产方式的新兴文化生产力形态,或者说后现代文化生产力形态,正在成为文化产业发展全新的文化生产力特征,正在而且必将引发人类社会自有文化产品和形成文化产业之后的“第三次革命”。与前两次文化生产力革命一样,以互联网为主要标志的文化生产力革命将又一次重构文化发展的社会形态和社会发展的文化生产力形态。

3.人是最根本的文化生产力

文化产业是由人的创造性文化生产建立起来的,没有人的地方就没有文化产业,当然也就没有文化生产力。人在空间上的分布及其数量和质量构成状况,是文化产业作为文化生产力在空间分布及其数量和质量构成状况的决定性因素。

“胡焕庸线”是一条中国人口地理分界线,从云南腾冲直至黑龙江瑷珲(今称“黑河”),将中国划分为东和西两个人口分布空间形态。该线以东43%的国土上生活着94%的人口,而该线以西则57%的国土仅生活着约6%的人口。这一人口地理分布的“胡焕庸结构”是中国经济发展的国土空间依据,也是今天中国文化产业国土空间结构的主要存在形态,即中国94%以上的文化产业分布和集中在中国东部43%的土地上，而只有不到6%(甚至更少)的文化产业分布和集中在57%的国土上，其文化产业空间布局悬殊之大世所罕见。而恰恰是这样一种国土空间的人口分布结构，决定和造就了中国文化产业存在与发展的文化生产力构成及其数量与质量关系。其原因极为简单，没有人口的地方是没有文化产品和文化的精神生产的，人口总量的多寡影响和规定了文化产品的社会生产能力和社会对文化产品的消费需求能力。作为文化生产力空间关系的文化市场是由人以及人的数量建构起来的。人口的基数越大，文化市场的规模越大；人口的基数越小，文化市场的规模越小。因此，对一个文化生产力空间资源相对狭小和有限的国家与地区来说，拓展空间就往往成为其对外文化扩张的重要动力。

生产力的构成包括自然条件所提供的物质能力，自然条件和环境的宜居性在其中具有特别重要的意义。人口的集聚性程度实际上是人与自然关系的相宜性程度的表现。中国人口地理构成的“胡焕庸结构”实际上就是人与自然文化关系性结构的典型表现，并也由此而锁定了当代中国社会文化生产力关系的空间构成。也正是在这个意义上，由此而形成的中国文化产业国土空间分布结构实际上也就反映了人与自然和社会文化生产力之间的空间构成性关系：东部集聚，西部分散。这就使得“胡焕庸线”不仅是一条中国人口地理的分布线，而且也成为中国文化产业发展在国土空间关系上的文化生产力构成：东部集聚而西部分散，以及在文化产业空间发展关系处理上必须遵循的一条具有规律性原则。任何对于这样原则发起挑战的文化产业发展规划都是“反胡焕庸线”的，即反中国文化产业在国土空间形态上文化生产力布局规律的。一定要在那些生态环境极为脆弱、人口稀少、文化市场基本处于自然经济状态的地区发展文化产业，建设“文化产业走廊”，势必会造成对人与自然社会文化生产力关系空间构成的破坏，进而造成人与社会文化关系的破坏。这不应该是中国文化产业发展空间布局的选择。

西藏处于“胡焕庸线”以西，是国家生态安全屏障。已经有研究表明，藏民族的游牧文化是藏民族为适应青藏高原特殊的海拔及水土光热条件而形成的以游动放牧为主要特征的草原文化。这种游牧的生计方式不仅是确保藏民族及其他游牧民族生计的适应性生产战略，同时也是促进自然资源可持续管理的生活方式。千百年来游牧文化促进了草场资源的保护与可持续利用，使得青藏高原不仅维系着中国的生态安全，甚至维系着整个人类的生态安全。草原牧区是一个具有生态、经济、社会、文化“四元一体”的耦合体系统,而其生态系统绝非仅仅是自然形成的。一旦“四元一体”的耦合系统的稳态关系被打破,带来的将不仅仅是文化的衰落,更是草原生态的退化和社会组织结构与关系的全面失衡。目前,全球荒漠化的趋势多与文化多样性的丧失有关。而导致生态环境恶化的原因不只存在于全球气候变暖之中,单纯地追求普遍的工业化带来的西方现代化文化取向,对文化多样性价值的蔑视,违背生态系统的演替规律,都是导致生态灾难不可忽视的重要原因。①

4.文化产业是现代经济和社会发展的政策工具和支持系统

关于文化产业发展的任何政策本质上都是更好地发挥文化产业作为政策工具和支持系统的文化生产力作用。

1998年,英国布莱尔政府为了寻求对由于工业化进程中所带来的文明负担的克服与超越,制定并提出了“创意产业政策”。2002年,中国政府为了寻求对于经济结构的战略性转型过程中所遭遇到的结构性矛盾与体制性障碍的方略,提出的一个重要的应对之策就是“大力发展文化产业”,把发展文化产业看作是实现经济结构战略性调整的重要政策选择。近几年来,中国文化产业之所以获得了长足的发展,其中一个最根本的原因就是,从中央到地方各地纷纷制定各种文化产业发展战略和发展规划,并且把它列入国民经济和社会发展总体战略之中。由于文化产业有效地克服了文化和经济发展非均衡动态运动规律,以知识经济的形态实现了文化与经济的有机统一,并且在这个基础上为产业结构升级、经济结构调整和社会文明发展转型提供了有效的载体和形态,从而使得文化产业发展成为社会转型与变革最有力的机制形态与体制性态。

金融资本是一种重要的社会发展生产力形态。文化生产力发展当然也需要健全强大的金融资本作为生产力形态的支持。“金融支持文化产业发展”就是中国政府为解决当前中国文化产业发展中出现的“文化生产力动力”不足——融资难的问题——而提出的文化产业政策。这是一种在特殊的历史条件下为解决特殊的问题而出台的具有临时性特征的文化产业政策。从“使市场在资源配置中起决定性作用”的政策导向而言,文化企业在发展文化产业过程中出现融资难的问题应该由作为市场主体的企业自身通过市场去获得解决。然而,由于中国的资本市场还处在一个不完全市场化的环境中,原有的银

① 参见胡敬萍:《生态恶化与本土文化丧失有关》,2011年4月27日《第一财经日报》。

行融资体系改革还不能完全满足文化产业发展的资本支持需求。在这种情况下,“更好地发挥政府的作用”就是政府在文化产业发展中融资难的解决过程中必须起到的有所为的作用。但是,“金融支持文化产业发展”,不是要你把支持文化产业发展的金融资本直接投资到资本市场,而是投资于文化产业,核心是文化内容和新产品的研发与创造,从而通过创新使之转化为可再生产的文化资本和社会资本。而中国文化产业发展中出现的所谓“资本运作”,还是从资本到资本,而没有实现从资本到文化资本。这显然不是“金融支持文化产业”政策的初衷。文化产业发展的账面利润增加了,文化产业发展的 GDP 占比也上去了,在拉动了经济指标增长的同时,提升了多少国家文化软实力呢?衡量国家文化软实力的特征与否是有量化指标的,其中最简单的就是一国文化产品在全球文化市场的占有率。占有率就是影响力,影响力就是软实力。没有占有率就没有影响力,没有影响力就没有软实力。这是关于软实力理论最简单的公式。资本正在寻找一个又一个中国文化产业对象“为了席勒而忘记莎士比亚”——为了资本而忘记价值,因而从根本上摧毁中国文化产业的原创能力。因此,文化产业的发展不能只考虑和关注它的经济属性、经济价值与经济效益贡献,而且也是更重要的需要关注对人的社会的精神秩序、精神质量的影响,从而使我们对中国文化产业的现代发展的认知跨越经济鸿沟过渡到一个更广泛的意义上,也是在文化产业发展的本源意义上考察和认识文化产业对人们生活质量的影响,建立文化产业与人的整体性生活质量的科学关系。

所谓文化产业在金融危机下逆势上扬的说法,实际上提出了一个“金融危机与文化产业成长关系”的文化生产力命题。文化资本市场的核心是要为文化内容战略工程和战略性项目生产提供强大的金融支持,从根本上改善文化产业发展所需要的文化生产力动能不足的问题,而不是要成为上市文化企业漂亮的账面盈利。如果文化资本市场不能成为或不是为文化内容创造性生产提供支持,那么它就与一般的资本市场没有本质区别。资本市场只是一种融资机制、一种市场融资平台、一种风险投资工具,而创造不是其目的。所谓“金融创新”2008 年席卷全球的金融危机的实践证明是非常危险的。

发展文化产业本身不是目的。目的是什么? 目的是多样的,有政治目的、经济目的,有社会目的,也有文化目的。文化目的是根本目的。文化产业具有调结构的功能。这个功能不只是反映在对经济的调结构上,而且也反映在对政治和社会、文化领域里的调结构上。要发挥文化产业在经济运行中的调结构的功能,就必须在政策上鼓励发展文化产业,大力发展文化产业,就需要对原有的文化产业政策进行调整。而原有的文化产业政策是与原有的文化体制和制度相一致、相适应的。要大力发展文化产业,发挥文化产业在经济运行中的调结构的功能,就必须对原有的文化政策体系和文化制度体系进行改革,这就是文化体制改革,这就是对原有的国家文化政治架构和文化制度与体制的改革。这种改革是政治性的,属于政治体制改革范畴。这就是文化产业发挥着在经济运行中调结构功能的同时,也对政治运行结构进行了调整。当不调整政治结构便不能满足文化产业在经济运行中的调结构的需求的时候,对政治运行结构的调整也就不可避免了。这就是文化产业发展对于社会体制改革意义及其性质之所在,从而使得文化体制改革具有解放文化生产力的意义。

5.文化产业是全球史的一个结果

中国文化产业发展是全球史运动在中国的表现,离开了全球史也就无所谓文化生产力和文化产业。

文化生产力既是一个地区性、民族性和国家性概念,同时更是一个全球性概念。尤其是在世界进入全球性时代之后,文化生产力就成为一个对全球化进程与演化的书写与表达方式。全球化的程度成为衡量文化生产力进化的一个标志。因此,文化生产力不是哪个国家的文化生产力,而是人类社会共同的文明进化的一种展现,体现和反映的正是人类历史文明的演进,被应用于文化产业更新与发展的每一项科学技术,都是人类进化和全球史进化的结果。那些没有自己完备的自成体系的文化产业的国家和地区,一般来说,是受发达的文化产业国家支配的。它所享有的是全球性的文化生产力发展带来的结果,因而也转化成相应的文化生产力形态,从而使之具有全球史特征。这种文化产业表现的文化生产力在当今世界表现是不完全、不完整和非整体性的。这既和一个国家和地区的物质生产力发展水平相关,同时也与一个地区和国家接受文化的精神生产力构成传统相关。一般来说,越是远离全球文明进化的核心地带的国家和地区,其物质生产力和精神生产力进化越慢,对新文化生产力形态的接受与发展越具有阻隔性。这是形成与构成文化生产力发展现代性程度和世界文化产业发展圈层结构——核心、边缘、半边缘①——的重要原因。

一个时代有一个时代的文化产业,不同时代的文化产业都是它那个时代

① 参见[美]伊曼纽尔·沃勒斯坦:《现代世界体系》,吕丹等译,高等教育出版社1998年版。

精神及其与世界关系的书写。文化产业的全球发展是在全球史的形成过程中生成的。没有全球史的出现也就没有文化产业的全球发展与全球文化市场的形成。全球史是中国文化产业发展的最重要的动力机制，也是当今中国文化生产力构成的重要机制与方式。中国加入 WTO 是这一机制与方式的集中体现，直接推动了中国文化产业的全球化参与和全球化进程。这是中国文化产业作为社会文化生产力发展的一个重要来源。如果说当代中国经济发展还只是一般地表现全球史在宏观物质空间上的中国进程的话，那么，当代中国文化产业发展则突出地表现了全球史在宏观精神空间上的中国展开。城市更新运动和城乡一体化运动把全球史在物质和精神两个方面表现统一在当下中国文化产业发展的全球史进程中，“创意产业园区”和“文化创意产业园区”在中国的迅速扩张是它的典型表现形态。

“创意产业”是英国在工业结构调整、工业文明转型过程中提出来后被引入中国的，原本具有“拯救城市文明”——“工业文明”的意义，避免了在城市更新(“旧城改造”)过程中对城市文明——旧仓库、旧厂房、旧码头、旧街区的摧毁，从而赋予了城市更新以新的内涵和价值——在城市更新中延续城市文明的价值实现。这种价值被应用于农村，运用于农村新一轮的改革发展，对于“拯救乡村”具有特别重要的文明意义。这是全球史进程在中国最近的反映，建构了中国的“创意产业园区”建设与全球化进程的全球史关系，发展出了一种新的文化生产力形式：全球史意义的文化生产力，从而使得中国文化产业发展建构出一种得以与世界对话的方式与机制。也正是在这种全球史的进程中，中国意识到并发展出了“文化产业走出去”与“国际接轨”的战略思维和政策行为。文化产业作为全球史的实现方式，正在深刻地影响和重构全球史的场景。一个国家和地区文化产业繁荣与兴盛建构了它在全球史进程中的地位与书写和言说权力，构成了当下全球性文化产业新业态争夺的博弈逻辑：文化产业新业态的成长与全球史的演进关系。而这也许正是玛格丽特·撒切尔关于“中国与世界的电视机和思想”关系命题的深刻性：中国只能向世界出口电视机，而不能向世界输出思想。① “电视机”和“思想”建构了文化产业与世界不同的全球关系。然而，在“文化地产”的误导之下，随着城乡一体化战略的实施，“文化创意产业园区”如同当年经济技术开发区和高新技术园区开发一样

---

① 英国前首相撒切尔夫人在其著作《治国方略》中曾有一句被广泛引用的表述：“今天的中国出口的是电视机，而不是思想。”(转引自芦垚：《G20 中国范式》，2016 年 9 月 8 日《瞭望东方周刊》)

雨后春笋般地出现在中国大地上。人们(政府与资本)从来没有发现“文化创意产业”居然能够带来如此丰厚的经济效益和经济价值。特别是随着“跨界”“融合”等一系列新概念不断涌入文化产业,被用来阐释和解释以及再定义文化产业创意发展的时候,文化产业的现代灵魂被消解了。文化产业在“创意产业”和“文化创意产业”的融合下被消解了,“创意无所不在”,当然也就没有什么产业不是“创意产业”,既然没有什么产业没有文化的影响和创意在其中,当然也就没有什么产业不是“文化产业”和“文化创意产业”了。一切所谓文化产业特性被消融在“跨界”和“融合”之中,也就没有什么文化产业了!在今天,在新的全球史的进程中,还有什么产业没有跨界的吗?还有什么产业缺乏融合的吗?农业没有,工业没有,军工产业没有,为什么唯独文化产业会出现这种非常奇特的社会景观呢?因为文化产业在现代产业发展的理念下属于“绿色产业”和“低碳产业”。于是,利用和借助于“文化产业政策”提供的资本“发展空间”,各种资本力量便蜂拥而入,文化产业演变发展成为资本并购的题材和对象,成为资本范畴的“文化资本”,而非布迪厄所阐述的文化意义上的“文化资本”。

文化产业的本质是精神内容生产,是对世界解释的生产,它的产品涉及人们对世界的理解与接受,文化产业正是在这个意义上获得了全球史的价值,成为全球史表现的一种存在方式。因此,必须深刻认识文化产业在建构世界史和全球史的作用。马克思主义借助于现代出版物在中国的传播,从根本上改变了中国文化生产力的内在结构,实现了从传统文化生产力向现代文化生产力转移所需要的精神革命的转移。这种文化生产力结构的转移以及转移的实现,是通过和借助于中国新一代知识分子对人类社会全球史进化成果——马克思主义的接受,并且把它自觉地转化为改造中国的力量完成的。从新教伦理的形成与建立到马克思主义的全球传播,文化产业作为全球史的折射与书写,深刻地揭示了文化产业发展在改变和重塑全球史进城中力量结构的巨大作用。这就使得对文化产业的掌握、控制和改变历史性地成为资本的对象。资本,同样是全球史存在和运动的一种方式。在这里,资本与内容展开了深层的价值博弈。当不剥夺文化产业的精神生产功能便不能有效实现资本的目的的时候,“借钟馗打鬼”便成为“资本运作”的市场配置:剥夺文化产业的这种功能只能通过对文化产业边界的解构与消融开始。全球史进程中的文化产业发展的中国现象,是否也作为一种全球史的一种普遍规律而出现在全球史起源的那些国家呢？这是需要中国文化产业发展全球视野应该着力解决的问题；否则，很可能在走了一段很长的中国文化产业发展的“跨界”与“融合”之路后，发现自己又疏离了全球史，消解了本应着力发展的文化生产力。这是中国文化产业发展必须解决的一个“全球史矛盾”：背离文化生产力。

四、文化产业是人与社会一切文化关系的总和

马克思在讨论人的本质的时候，把人的本质定义为“一切社会关系的总和”①。这是我们认识、理解和把握文化产业本质的一把钥匙：文化产业是人与社会一切社会文化关系的总和。

文化产业建构人们的社会文化关系，同时又被这种社会文化关系所建构。这种文化产业与人的社会文化关系是一个互为建构关系的历史演化过程。它是随着社会生产力的发展和人们的社会关系的演化而演化的。文化产业是人与社会一切社会文化关系的总和就是建筑在这个基础之上的，并且也是由这个基础来定义的。

第一，人与社会的文化关系是人类作为一种生物种群复杂的存在系统和构成系统，包括人类社会存在与社会活动的各个方面和各个领域：政治、经济、社会、文化、生态等等。文化产业是人与社会的这种存在方式的集中体现。

人与社会的文化关系是一个从单一走向复杂多样的演化系统与过程。文化产业在当今人类社会的构成中，是一个最能集中反映社会的政治、经济、社会和文化内容与关系的存在。文化产业不是由它自身界定的，而是由其与其他产业间的关系来界定的。没有与对象的关系性存在，任何主体都无法界定。因此，要界定文化产业首先就要从文化产业的关系性入手，从文化产业与其他产业的关系入手。

一切产业都是人与社会关系的构成形态。文化产业与农业、工业和其他服务业对人的社会关系的建构不一样。农业建构了人与自然的社会关系，工业建构了人与资本的社会关系，而文化产业建构的是人与社会的社会文化关系。文化产业是一种精神生产与表达的载体系统，是一种中介物，人们运用它或通过它，引导或获得对世界的理解与把握。这就使得文化产业具有与其他

① 《马克思恩格斯选集》第1卷，人民出版社1995年版，第56页。

产业形态完全不一样的性质:对世界的解释与改造。① 正是由于文化产业具有其他产业形态所没有的对世界的解释权,而这种解释又是具有引导人们对世界的理解,进而影响和规定人的行为方式与行为方向的,因此,掌握、拥有和控制文化产业自然地也就成为对这种解释权的掌握、拥有与控制。这个过程系统是社会性的,因而其反映和表现出来的就不是一般的文化产品的生产关系,而是人与社会的文化关系。文化产业是一种包括心理、行为、理念、精神、知识等不断技术化和高度化的社会生产系统类型,是一种"人性技术化"或"精神技术化"的产物。因而其具有生命性,是一种属于真理实践的存在。

第二,在人与社会一切文化关系中,核心是人与社会的政治关系。这种政治关系集中地表现为以文化产业准入与文化产品的市场准入和主要内容及表现形式的意识形态关系。

文化产业是社会政治文明的架构系统。社会政治文明的架构不仅一般地表现在政治制度结构性方面,而且还表现在国家的文化制度的结构性方面。文化产业作为文化产品的生产系统,同时也是国家和社会最重要的表达系统和传播系统。这个系统的权力构成状况以及构成这种权力结构的价值观构成状况,是直接影响和决定了这个国家和社会的政治生态和政治文明程度的。因此,自从私有制及国家起源以来,在国家的政治架构中都设有专门掌管文化生产和文化审查的机构,并且对涉及国家文化安全的领域和部门实行严格的"国家专营"制度——集中体现国家意志和维护国家利益。新闻传播业属于最核心的文化产业部门与形态,有着直接干预国家政治力量走向的能力。因此,一般说来这一领域都实行严格的准入限制和审查制度。而夺取和占领这一核心领域,也往往是政权更迭需要首先掌控的部门。任何对这一文化产业领域的实际掌控,都标志着一种文化政治关系的变动与重构。因而,在所有文化产业领域围绕着对这一领域的进入与反进入,不仅是一个国家内部各种不同社会政治力量反复较量的内容,而且也是不同国家之间文化产业战略博弈最关

---

① 马克思在《〈政治经济学批判〉导言》中特别指出了人的头脑对世界有多种不同的掌握方式,而"艺术的"掌握方式是与其他掌握方式不同的"专有方式"。他指出:"具体总体作为思维总体,作为思维具体,事实上是思维的、理解的产物;但是,决不是处于直观和表象之外或驾于其上而思维着的、自我产生的概念的产物,而是把直观和表象加工成概念这一过程的产物。整体,当它在头脑中作为被思维的整体而出现时,是思维着的头脑的产物,这个头脑用它所专有的方式掌握世界,而这种方式是不同于对世界的艺术的、宗教的、实践—精神的掌握的。"(《马克思恩格斯选集》第2卷,人民出版社1979年版,第104页)在这里,马克思提出了一种与理论的(哲学的、科学的)方式、"宗教的"方式和"实践—精神的"方式有着本质区别的"艺术的"掌握世界的方式,而文化产业正是所有这些精神"加工"—生产体系的综合。

键的领域之一。文化产业的市场准入和文化产品的市场准入最集中和最突出地反映和表现出这种文化关系的极端复杂性。正是这一复杂性建构了不同社会、不同国家和不同历史条件下人们之间的社会文化身份和社会文化关系。

一切政治结构的调整都是社会性的。从这个意义上说，由文化产业发展需求而带动的中国文化体制改革同时也是一次深刻的社会结构的调整。文化体制改革的核心内容有两个：一个是转企改制，一个是转制转身份。机构属性与身份属性是建构社会制度属性的重要来源。从原来的政府主体的事业单位转变为市场主体的企业单位，从原来国家事业单位编制变成市场主体的企业职工，这是1949年之后，尤其是在20世纪50年代完成的戏曲改革和文化生产资料所有制的公有制改造之后，发生在20世纪末和21世纪初的文化体制改革所引发的中国最大的社会发展机制变动，是最大的一次社会结构的重组。这一社会结构的制度性重组就是在发挥文化产业对经济运行行为的调结构功能，而必须同步推进文化体制改革的逻辑结构下发生的。这是文化产业又一次深刻介入和干预社会进程和社会革命的体现，本质上它是当代中国继20世纪50年代由"戏曲改革"而带动的社会发展体制变革之后，又一次因文化而推动的社会发展体制变革，并由此而造就新的社会文化体制形态和系统。这是一次文化生产力的解放必然导出的社会文化生产关系变革。

人们为什么需要文化产业？从被认为是文化产业形态生成的历史路径来看，当原有的文化表达手段与工具不够时，寻找新的表达方式是文化产业生成的重要的内生动因：表达需求。而当这种动因导致新的产业形态产生和成为新的财富增长之源的时候，文化产业发展的外生动因生成了。于是，表达的需求和财富增长与扩张的需求，共同推升了文化产业的社会发展。表达生成舆论，舆论引发政治，继而政治对表达的干预发生了，即对文化产品的审查与文化产业市场准入制度的建构生成了。固然掌握着物质生产资料的阶级一般来说也掌握着精神生产资料。文化产业的市场准入是对文化表达的制度性控制。在这里，无论是获准进入文化产业，还是限制进入文化产业，实际上就都构成了文化产业与政治的关系，即文化产业与人的政治关系，即文化生产关系。这种关系表现在文化产业发展的国际关系上就是国家文化主权，表现在文化产业发展的国民关系上就是国家文化民权——每个人的文化权利关系。由于政治是经济的集中表现，因此，在一切表现为文化政治关系的文化产业制度安排上也都集中表现了文化产业的经济关系。文化体制是文化产业的这种政治经济关系的集中体现。

意识形态生产是最重要的精神文化生产,在全部文化生产体系中具有特别重要的意义,因而也最为现代国家文化治理所倚重。正是由于文化产业是意识形态生产的最重要的载体形式和国家机器,它所生产出来的文化产品有着其他所有形态的产品所无法取代的作用,以及对人的灵魂的精神心理干预作用,具有重新塑造人的精神世界的能力,因而,自古以来就建有文化审查制度。发展到了现代,由于大规模机器复制带来的文化产品传播能力的空前扩张,对于意识形态的争夺集中表现为对文化产业准入和文化产品市场准入的制度性博弈。准入的限制与管制的放松,表现与建构的都是在这其中人与社会的权力关系。这种权力关系是政治的,表现为国家之间涉及国家文化主权,表现为个人之间涉及公民文化权利。

以意识形态生产为主要内容的文化产业正在遭遇到被以娱乐形态文化内容生产的"泛文化产业"所取代的危险,文化产业意识形态生产的本体意义正在这个过程中被消解。文化产业进入一个大分化、大融合、大竞争的新时代。所谓大分化,是指文化产业正在演变和发展为文化产业、创意产业、文化创意产业、创意文化产业等种种形态。所谓大融合,是指以现代传媒产业为核心的文化产业形态正在逐渐丧失原有的核心地位。数字技术和创意设计正在逐渐取代并占领核心。原来的核心正在逐渐地寻求要么与数字联姻,要么与创意设计合作,要么成为资本的奴婢。所谓大竞争,是指随着分化加大、融合加深,文化产业整体的各个部分之间的"内竞争"日益白热化。每一个部分都在为捍卫自己的地位和生存权而与它的其他部分进行殊死的斗争。生存还是死亡?面临整个数字化生存和虚拟化进程,这一问题正成为文化产业整体的每个部分的共同的终极之问。

文化产业建构人们的精神关系,文化产业秩序与文化精神秩序具有同构性。文化产业秩序本质上是精神表达的自由及其制度形态,是基于价值观的制度形态。秩序以某种权力分配的合理与否而建构。所谓合理,即所有人都认为是应当如此的或应当是那样的。围绕文化产业的本质展开对抗不可避免,并且是长期存在的。这是中国文化产业发展面临的最严峻的任务,也是未来中国文化建设与发展面临的最严峻的任务。因为这将并不完全由中国定义,并将由此而构成文化产业结构性权力。文化产业作为人与社会一切社会文化关系的总和正是由文化产业的这一本质属性规定的。

第三，文化产业是有结构的，对这种结构形态的生命性属性的认识是我们对文化产业作为人与社会一切社会文化关系总和认识与把握的基础。

文化产业结构是有生命的，有其生命长度和生命周期。结构的生命性在于它的有机性和再生性。首先它是一个生命系统，结构的组成部分之间是互相关联的和互相补充的。一个完整的结构缺少了任何一个组成部分，这个作为生命存在形态就是另外一种生命的存在了。文化产业结构的生命性与其他任何产业的生命性结构形态的本质区别就在于它的精神生产性。文化产业是关于精神生产的产业，是一种以精神产品的存在样式满足人的精神生命运动需求的构造形态，因而，在其生命形态构造的本体性上与人的精神生命形态具有同构性；或者说，正是人的精神生命的结构性建构了文化产品形态进而文化产业形态的结构性。再生性是它的有机性的具体方式，即一种有机体在完成它的整个生命过程中具有可复制性，包括自我复制和他者复制两个方面。自我复制是生命的一种自然生命体的延伸，机械复制属于最典型的自我复制。他者复制属于生命存在样式的转换性复制，例如把小说情节转换成电影情节，结构生命的有机性并没有因为这种转换而改变，电影中有一个种类叫作“类型片”也属于这一类。在文化产业的具体运营模式中，节目雷同、产业布局同质等都属于这一情况。尤其是对文化产业经营来说，经典的结构是有生命力的。所谓有“生命力”，就是它能够不断生成新的生命形态。迪斯尼就是一个典型案例。

文化产业结构是由内部空间结构和外部空间结构共同构成的。文化产业内部空间关系是指在产业形态上的不同文化产业间的构成比例关系。文化产业就其生命形态而言，有宏观文化产业与微观文化产业之分。宏观文化产业更多地表现为文化产业与政治、经济、社会、文化的外部性，微观文化产业更多地表现为产业组织的内部性关系。因此，文化产业发展战略也就自然地划分为宏观文化产业发展战略和微观文化产业发展战略。宏观文化产业发展战略主要由政府来制定，具有长期性、全局性和整体性特点，更多的是从文化产业与其他方面的整体性和关联性谋划、安排文化产业的发展路径和走向，主要表现为国家和政府层面的文化战略行为；微观文化产业发展战略则更多的是文化企业从市场出发，根据市场经济发展原则对自身文化产业经营发展取向而确定的文化战略行为，更多地表现为文化企业的组织行为。宏微观的有机构成共同缔造了文化产业生存与发展的社会的文化政治经济学关系。在这个关系结构中，国家文化意志的主体性、文化企业作为市场和社会的主体性以及个人作为文化生产与消费的主体性形成了人与社会一切社会文化关系的特殊的逻辑联系——政策、规则、权利与契约。国家制定政策与规则,企业根据规则在市场经济体制中享有规定的权利,这是一种共同制定的文化契约。在这一份文化契约中,每个人的文化权利与权力都被规定了,市场在被规定了的规则中发挥决定性的作用。正是这种逻辑联系诠释了文化产业作为人与社会一切社会文化关系总和的意义。

外部空间结构是由文化产业和与之相关的政治、经济、社会和文化关系构成的。一个国家和地区文化产业结构构成及其发育的现代性程度是这个国家及地区政治、经济、社会与文化整体性发展程度的反映。在不同的国家及地区之间之所以存在文化产业发展规模与种类上的结构性差异,不是由文化产业生长本身决定的,而是由决定它的生长的外部环境和条件决定的。正是这些外部环境和条件建构了文化产业的外部空间结构。这种外部空间结构的生成与物理意义上的空间关系密切相关,尤其是当这种外部空间关系表现为地理方位和地理空间上的构成关系的时候,地理空间的构成形态对文化产业发展具有特别重要的决定意义。

区域发展不平衡本质上是人与社会发展的不平衡在区域间的反映。区域发展不平衡与我国主体功能区战略实施,同时提出了文化产业再分工问题和社会文化关系再建构问题。区域发展显现出鲜明的阶段性特征。我国文化产业发展面临新机遇和新挑战,急需改变文化产业家家点火、户户冒烟、全民大干快上的发展方式。建立新的与主体功能区战略相适应的文化产业发展新战略,把对非物质文化遗产的生活、生产性保护和特色文化产业发展有机结合起来,把传承优秀传统文化同推进传统文化现代化结合起来,正在成为中国文化产业发展现实性命题。

经济区、城市群、功能区、"一带一路"、长江经济带等经济战略与经济政策的不断更新,提出了文化产业发展如何与此相适应和能否与此相适应的问题。多少年来,城乡区别不只是居住地的区别,而是身份、地位和价值的区别。人们渴望身份的转变,是基于城乡价值的不平等。倘若城乡在权力结构和价值上是平等的,那么,城乡差别还会如此大吗?城镇化的要害是去不平等化。城乡平等了,在哪里都一样。在现阶段,科学理性背后依然是以经济理性为动力,而非朝着实现人文理性回归的准备机制。城乡二元结构以及由此而形成的人与社会的一切社会文化关系仍将是长远影响中国文化产业发展最基本的社会文化关系。对这一关系的改变，也将从根本上改变中国文化产业发展空间关系与空间结构。

"西部大开发"是中国一项长期而重大的国家发展战略，这一战略实施和改变的不只是西部地区落后的经济发展，而是重建整个西部地区的人与社会的一切构成关系，进而重构中国整体性人与社会的构成关系。西部地区曾经是中国文化最重要的起源地之一，是世界四大文明交汇地之一，拥有极为丰厚的文化资源储备。祁连山下、河西走廊、丝绸之路，曾经是怎样地以独有的东方文明辉煌而耀眼世界。毫无疑问，中国西部地区的文化产业发展及其空间构成，只有在这个历史进程中才可能获得它应有的、全新的和符合西部地区构成逻辑的发展。但是，西部地区自然生态环境的长时段演变恶化，在给我们留下交河故城、高昌古城之后，又留下了作为资源枯竭型城市玉门。文化与人口的不断往东迁徙，使得生态环境的修复比发展文化产业具有更为重要的战略意义。自然环境的休养生息是文化生态系统休养生息的基础和前提。只有自然环境生态系统与文化生态系统同时得到生态学意义上的生命恢复，西部文化产业发展战略实施也才能获得可持续发展的价值和意义。

中国文化产业国土空间战略的重心在中部，而不是在西部和东部。中部地区包括山西、河南、安徽、湖北、江西、湖南 6 个相邻省份，有着中国最大的人口规模(近 4 亿人口，占全国总量的 28.1%)。新的中等收入人群的增长与扩大以及由此而带来的新的文化消费市场的生成，将以前所未有的能量激活中部地区无限丰厚的文化资源，这是东部地区和西部地区无法比拟的。新的中等收入人群在中国的空间分布并不均质。不同的经济发展阶段和地方文化资源储备的不同质量构成，在很大程度上影响和决定了真正构成的当地需求及其带来的增长的机遇。经济增长和中等收入人群的形成与一个地区的基础设施水平密切相关。我国中部地区城市群的迅速崛起和以高铁与航空港为骨架的现代基础设施快速布局，及其与"一带一路"的海陆空链接，使得整个中部地区成为中国整体发展的战略腹地和物流、人流、文化流的核心通道。这种中部文化产业战略性发展的国土空间基础，构成了东西部地区所没有的战略优势，正是在这样的基础上，中部地区文化产业的战略性崛起将从根本上改变中国文化产业发展的空间结构，与此同时，对地区政治、经济和社会发展所提供的新能源系统，将从根本上助推中部地区跨越"中等收入陷阱"。因此，中部应该是中国整体性文化产业发展的战略重心，实现这个重心的战略转移应该是未来中国文化产业发展的战略目标。

第四,人地关系和人地系统的被改写,使得文化产业不再仅仅是传统意义上的人和社会的文化关系的结构方式,而且也是人和自然的文化关系结构方式。所谓“文化产业是人与社会一切社会文化关系的总和”是包含着深刻的人与自然的社会生态关系的。

农耕文明、工业文明和信息文明同时并存,构成了当下中国社会构成的“三叠加”,形成了独具中国特色的社会构成形态。这种“三叠加”的社会构成形态反映在文化产业上就是传统文化产业形态、现代文化产业形态和后现代文化产业形态的同时并存与互相叠加。正是这种互相叠加,构成了中国文化产业结构形态所表现的社会文化关系的前所未有的复杂性。地理环境、日常生活、文化传统等“长时段”的结构,对中国文化产业发展构成了长期性影响与影响结构,文化产业成为所有这一切的表现载体和表现形态,并且对历史发展“长时段”以“反影响”:重构人与社会的地理环境与空间关系、日常生活与价值态度、文化传统与历史关系。

今天中国文化产业的形态发展正沿着几条截然不同的路径展开:一条是文化产业更加科技化,使文化产业越来越走向科技产业,成为科技产业的附庸。二条是更加资本化,使文化产业越来越沦陷为资本的工具,成为资本运作的奴隶。三条就是文化产业更加旅游化,使文化产业越来越走向旅游业,走向现代农业,成为新旅游产品和新农产品(多地把发展“民宿”作为发展特色文化产业就是典型案例)。四条就是文化产业更加娱乐化(真人秀、网络直播等“网红经济”),使文化产业越来越成为“娱乐至死”的肉感阐释。以上构成了文化产业发展的四极。这四种文化产业发展形态都在改写和重新定义文化产业。所谓“文化产业是内容产业”的“内容”被解构成了多种叙事文本,原来的被界定为“核心层”的那一部分文化产业在这个过程中日渐式微,但正是在这种文化产业存在的现实场景中,却更加深刻地揭示了对于重新认识文化产业本质特征的全部重要性。

自从法兰克福学派创造“文化工业”一词以批判资本对文化产品大规模机器复制的控制后,文化产业便紧紧地与资本、工业和工业化的生产方式相联系,成为工业文明的标志性产品之一,也是用以定义文化产业的依据。联合国教科文组织关于文化产业的定义就是由此而来的。然而,当农耕文明的文化产品——传统的工艺美术品、工艺品进入国际文化贸易的范畴,成为国际文化贸易的主要交易对象之后,实际上已经改写了联合国教科文组织以工业文明的生产方式定义文化产业的程序。此后，随着创意产业的提出和乡村旅游业的进一步发展，文化旅游业的提出和发展，尤其是当“农家乐”“民宿”以及像中国乌镇这样传统的农村市镇被打造成为一种中国式“主题公园”——世界互联网大会永久举办地后，文化产业范围的进一步扩大和文化产业新业态的日新月异，使得无论是联合国教科文组织的文化产业定义，还是中国相关部门的文化产业定义，面对中国文化产业发展的实践都变得缺乏解释力。农耕文明以个体手工业生产方式生产的创造性成果和形成的独特的生活景观，被纳入国家和地方文化产业发展规划之后，不仅原有的文化产业定义被改写了，而且也更深刻地揭示了文化产业与人的社会文化关系的变化。文化产业成为人们重建自我与社会全部社会文化关系的社会生物性接口。文化产业不再由政府来定义，而是由文化产业发展的人们的社会实践来定义。正是在这个实践的定义中，文化产业与人、社会、国家的关系被重构了。文化产业不再仅仅是国家意识形态机器，而且也成为每个人的自我表达载体；不再仅仅是社会生产力发展的动力工具，而且也成为新文化自觉的工作母机。不仅如此，由于以大地为基础的农业以及自然山水、天空与海洋也都被文化产业发展所植入，人地关系和人地系统的被改写，使得文化产业就不再仅仅是传统意义上的人和社会文化关系的结构方式，而且也是人和自然的文化关系结构方式。所谓“文化产业是人与社会一切社会文化关系的总和”是包含着深刻的人与自然的社会生态关系的。因为现时代，所谓的自然已经成为人们的社会生活构成的一个重要组成部分。离开了人们生活着的自然环境，所谓社会是不存在的。文化产业从手工、机器、互联网，又走向农业、走向自然界、走向自然生态的演化路径，深刻地反映了这一变化以及关系建构的历史进程。正是在这一进程中，我们读到了人的社会文化关系变迁史、建构史和人的灵魂演化史，看到了在这一历史演化进程中人的权利、社会的秩序和国家的意志是怎样在不断的博弈中建构的。在迄今为止人与社会的一切文化关系中，也还未见有哪一种产业形态是如此深刻地界定和演绎、阐释了这种关系的。只要还有文化产业这一社会发展的文化生产力形态的存在，只要还有文化产业这一社会发展的文明形态的存在，文化产业的这一本质属性就不会改变。它将以不断更新的方式揭示和展示“文化产业在其现实性上，是人与社会一切社会文化关系的总和”这一本质。

［原载于《山东大学学报（哲学社会科学版）》2017 年第 3 期］

文化经济学视野下的意识形态效应及中国实践

韩顺法　彭秋玲

经济活动是具体生活形式中价值体系与社会关系的物质表述。① 经济的发展可能无非是特定的文化对于自身价值的重新演示，生产变成某一文化逻辑的物化过程。② 在这个意义上，从人类学延伸出来的文化经济学，简单来说就是研究人类如何建立基本的有效节约的生存秩序的学问，涉及衣食住行等生活用品及其相应的从生存到消费的文化等方面，即"广义经济学"。③ 文化经济学视野下，文化被作为对经济现象重新理解的理论基础和概念工具，所谓经济现象实则是人类价值体系及文化认知体系指导下的实践结果。事实上，文化对真实世界经济活动的影响比预想的深刻得多。因此，探讨"经济"的背后究竟有怎样的文化逻辑非常必要。

一、文化经济学的价值理念

多数人类学家认为，文化是任何社会的全部生活方式，包含了后天获得的，作为一个特定社会或民族所特有的一切行为、观念和态度。在这个意义上，经济活动作为人类生活的一部分，被纳入人类学研究对象也是一种必然，只是人类学对经济的认识没有局限于经济本身，而是着眼于人类发展的整体过程，包括对过去、现在和未来的思考。依据人类学对文化概念的认知，经济

① 参见[美]马歇尔·萨林斯：《石器时代经济学》，张经纬译，三联书店 2009 年版，第 1 页。

② 参见王铭铭：《社会人类学与中国研究》，三联书店 1997 年版，第 224 页。

③ 参见张小军：《让经济学有灵魂：文化经济学思想之旅》，清华大学出版社 2014 年版，第 2 页。

学就是一种文化系统。文化经济则是人类学与经济学交融的产物。博兰尼认为，“经济”一词具有两种意义：一为形式上的意义，即“最有效地使用有限资源获取和满足特定目的的过程”；另一为实质上的意义，即“一种在人与环境的互动中设置的满足物质需求的过程”。① 形式论将个人抽离社会脉络，侧重“交易”在经济机制内所扮演的关键性要素，认为人以追求最大利益为目标，能建立一套普遍经济原则套用于各种社会文化；实质论则以社会为主体，强调社会文化对经济的影响，认为同一套经济原则无法适用于每一种社会体系。② 显然，文化经济是与“经济”的第二种意义相对应的。因为文化经济关注的是人的主体性而非传统经济学所关注的物的客体性。文化经济学被提出伊始，就批判了西方经济学所倡导以追求利益最大化的“经济人”假设。现实生活与生产实践中，“经济人”都是在一定的文化环境影响下进行决策的，即便经济学的各思想学派皆存有自身的信念、惯例和文化认同基础。文化经济学认为，作为文化经济主体的人是具有社会性的人。文化经济是一种道德经济，以人文精神为深层动力，以促进人的全面发展为核心。③

文化经济学更侧重于去解构文化是如何作用于经济活动过程的，对于与社会发展相适应的正确文化理念的来源问题并没有涉及更多。在这一点上，马克思辩证唯物主义给文化经济学提供了有益的补充。承认世界的物质统一性是马克思主义世界观的基本出发点。马克思指出：“观念的东西不外是移入人脑并在人脑中改造过的物质的东西而已。”④意识是物质的产物，但意识一经产生，又对物质具有能动的反作用。物质与意识的关系是在实践的基础上发生发展的。马克思唯物主义是辩证的实践唯物主义。⑤ 马克思指出了意识形态作为上层建筑对生产力与生产关系有作用及反作用关系，“理论一经掌握群众，也会变成物质力量”⑥。在马克思看来，作为社会意识的一种特殊表现形式，意识形态的功能就是直接参与社会生活：它既是物质关系的观念表现，又直接构成思想关系和精神生活本身。文化经济学认为，文化是生产力并不是

① 参见庄孔韶：《人类学通论》，山西人民出版社 2002 年版，第 118~119 页。

② 参见黄雅雯：《文化经济人类学的基石——读萨林斯〈石器时代经济学〉》，《西北民族研究》2013 年第 4 期。

③ 参见翁珠琴：《文化经济的人类学分析》，《东方论坛》2008 年第 2 期。

④ 《马克思恩格斯全集》第 2 卷，人民出版社 1995 年版，第 112 页。

⑤ 参见杨文贵：《马克思主义哲学教程》，中共中央党校出版社 2002 年版，第 51 页。

⑥ 《马克思恩格斯全集》第 1 卷，人民出版社 1995 年版，第 88 页。

要否定马克思主义的物质决定论;相反,文化作为一种观念形态能够发挥生产力作用关键在于它对物质生产力的融合。因此,文化经济所坚持的世界观不仅要求人们从客体上去认识事物,还要求从主体方面去理解世界。不仅要认识到世界统一于物质,同时必须认识到意识具有能动作用,因为意识活动具有目的性、创造性和对客观世界的改造性。因此,意识形态的文化也是一种生产力。

马克思政治经济学与人类学的文化经济学都从自身的理论视角对资本主义社会的缺陷进行了揭露。文化经济学体现的是对现代社会的人文关怀。萨林斯说:"工具是人类身体的人工延伸,是身体的附属物,用以提高身体的体力优势,其传递出来的是人的能量和技巧,而非工具自身的。但是,最新的技术发展颠倒了人与工具之间的这种关系,谁才是工具已经变得真假莫辨了。在机器时代,人的工作只是机器的补充,而非使用机器,机器生产的过程利用了工人。"①所以工业时代的人们成为机器的助手,不再需要熟练的技术。萨林斯对西方资本主义提出挑战与反思,使道德和情感力量的重要性在人际与社会运作上充分展现出来。可以说,文化经济学的出现实为当今经济时代心灵匮乏的产物。马克思曾明确地指出,在资本主义社会中,无论是工人还是资本家,都没有真正地占有人的本质,都不是合乎人性的人,即都不是作为人的人,即人的异化。在这一点上,文化经济学与马克思政治经济学可谓是殊途同归。

文化经济学是经济发展的一种解释系统,它试图从文化价值观演变的脉络判断经济发展演化的规律。在这个意义上,文化经济学并非强调文化的主导性作用,更多是探讨文化与经济的相互融合、相互作用下两者的自洽状态。当以意识形态为主体的文化价值观与经济运行规律相一致时能够极大促进生产力的提升,促进经济快速的发展;相反,文化过于落后会成为经济发展的阻碍因素,文化过于激进会成为脱离社会实际的理论教条,两种情况最终都会转化为文化与经济相互调适所产生的社会成本。文化与经济相互调适的过程越长越艰难,付出的代价越大,社会成本越高。马克斯·韦伯运用历史的和比较的方法,探讨了新教伦理与资本主义精神、资本主义发展之间的生成发育关系。他指出,新教伦理的尽天职、蒙恩、勤奋、劳动、守信、克制、俭省、节欲的精

① [美]马歇尔·萨林斯:《石器时代经济学》,张经纬译,三联书店2009年版,第93页。

神推动了近代资本主义社会和经济的发展。[①] 这一论断从正面角度证实了文化对经济发展的推动作用。尽管文化在经济发展中的角色日益受到重视，但并不意味着文化是可以任意决策的。文化与经济自洽的反馈系统决定了文化不但有自身的路径依赖，而且还受与其交织于一起的生活方式的制约，使它无法脱离既定的物质生活环境而存在。正如德国经济学家弗里德里希·李斯特所说，在社会发展中，存在着两组力量：物质力量与精神力量、社会力量与个人力量。这两组力量之间互为因果，相互作用。[②] 由此看来，文化经济学在选择文化时依然要考虑具体的经济基础，使其具备价值的中立性，如果丧失了这一原则，必然会滑向“文化决定论”的纷争。

二、文化经济学与意识形态的经济效应

如果把文化视为一个群体共有的信仰、价值观、风俗习惯等方面的系统，那么，它的核心就是意识形态。在经济学话语体系下，经济学家不打算解释文化，更乐意把意识形态纳入经济分析体系中。“在广阔的经济思想的总体范围上，意识形态的存在一般是被承认的。”[③]这一立场上，文化经济学与主流经济学找到了共同的文化语境。意识形态是一个内涵丰富的概念，剥离其阶级属性后，可以把它看成一种认知体系。现实中的意识形态是普遍存在的，社会中的任何团体或组织，不管是正式的还是非正式的，都有自己的一套意识形态。意识形态的本质特征就是实践性，不仅意识形态概念本身直接是一种实践观念，而且意识形态诸形式之间的结构变化和发展也是物质实践发展在观念上的反映和体现。[④] 所以说，在发展生产、繁荣经济以及改造世界的伟大实践中，意识形态一定是“在场”的，其固有的经济效应一定有相应的发挥。

传统意义上意识形态是一个带有强烈政治色彩的目标和工具。事实上，意识形态不仅具有政治功能，在社会经济生活中也有独特的经济功能，它通过影响经济活动的效率对社会经济发展过程产生极大的促进或阻碍作用。阿罗

---

① 参见[德]马克斯·韦伯：《新教伦理与资本主义精神》，沈海霞等译，陕西师范大学出版社 2002 年版，第 18 页。

② 参见[德]李斯特：《政治经济学的国民体系》，邱伟立译，华夏出版社 2013 年版，第 39～45 页。

③ [美]塞缪尔斯：《经济学中的意识形态》，《现代经济思想》，宾夕法尼亚大学出版社 1980 年版，第 472 页。

④ 参见张秀琴：《论意识形态的功能》，《教学与研究》2004 年第 5 期。

(K. J. Arrow)看到伦理学准则有效性降低了经济协约的额外交易成本,因此使所有人的境遇都得到改善。[①] 科斯洛夫斯基(P. Koslowski)则指出,事实上经济不是"脱离道德的",经济不仅受经济规律的控制,而且也是由人来决定的,在人的意愿和选择里,总是有一个由期望、标准、观点以及道德想象所组成的合唱在起作用。[②] 而森(A. Sen)强调了意识形态所形成的促使人们偏离自利行为的力量在经济发展中所起到的重要作用。[③]

事实上,以意识形态为代表的主流价值观是影响经济的最深层次因素,它构成经济发展的直接动力。有效的意识形态最终会形成精神生产力,理想、信念、世界观、人生观等意识形态因素,其主要作用在于凝聚人心、鼓舞士气,形成良好的社会风气,为国家的政治稳定解决合法性问题,这正是经济发展所必不可少的条件之一。同时,意识形态渗透于经济的每个环节,人类的生产动机、资源配置、生产工艺的创新及运用、商品交换及分配等经济过程无不受人类价值观的支配和制约。Romer 认为:"思想是极为重要的经济产品,它比大部分经济模型强调的目标并对人类精神活动导向作用重要得多,是人类进步的源泉与动力。在一个物质有限的世界里,正是大思想以及大量小思想的发展,使经济的持续增长成为可能。思想是指令,它使我们把有限的物质资源融入更有价值的安排之中。"[④]作为人类思想的意识形态,是人们认识事物、改造事物的行为指南。例如,科学技术、知识产权的作用被提到了很高的地位,它们被认为是推动社会经济发展的根本力量,是最重要的生产力。但是,离开了意识形态因素的考量,技术的价值理性会被忽略,知识会被滥用,这将反过来导致生产力遭到破坏;相反,一个有着强烈人文关怀精神、有责任感和献身精神的科学家则可能用自己所掌握的技术和知识为人类造福。

在经济学史上,真正把意识形态直接引入到经济学领域的学者是新制度经济学派代表人物道格拉斯·C·诺思,他对意识形态理论的经济功能、意识形态与制度变迁及制度变迁的路径依赖关系作了详细分析,为西方经济学注入非理性因素和演化的思维,对经济学的发展意义深远。他指出:"如果没有一种明确的意识形态理论或知识社会学理论,那么,我们在说明无论是资源的

---

① 参见[美]阿罗:《组织的极限》,陈小白译,华夏出版社 2014 年版,第 102 页。

② 参见[德]P. 科斯洛夫斯基:《资本主义的伦理学》,中国社会科学出版社 1996 年版,第 65 页。

③ Sen A. *On Ethics and Economics*, Oxford: Blackwell, 1987, pp. 35-42.

④ Romer, Paul M., "Two Strategies for Economic Development: Using Ideas and Producing Ideas", *The World Bank Economic Review*, 1992, 6, pp. 99-101.

现代配置还是历史变迁的能力上就存在着无数困境。”①意识形态并不是规则本身。它是“人们关于世界的一套信念,它们倾向于从道德上判断劳动分工、收入分配和社会现行的制度结构”②。经过千百次不断地试错,人们会形成一套他们自己对社会、对他们所接触的整个世界的看法和观念,并据此判断现实社会制度的合理性和公正性,进而形成一系列他们所遵守的在社会经济活动中的行为准则。所以,尽管意识形态本身并不是制度,但那些诸如习惯、习俗、道德规范等秩序安排是直接由意识形态决定的。诺斯认为:“社会价值观念的变更即意识形态的改变是制度变革的主要因素。”③意识形态的重要功能就是对现行制度的合理性提供解释,为正式规则的改变提供强化机制,意识形态对于制度的稳定和制度变迁的成败有着重要作用。在新制度经济学家看来,意识形态还是一种人力资本,较强的意识形态拥有度能减少个人“搭便车”或违犯规则的可能性,能淡化机会主义行为,节约交易成本,实现集体理性等作用。意识形态是构成社会制度“潜规则”的重要组成部分,是一种非正式制度安排,有着显著的外部经济性特征。因此,意识形态属于“社会和文化的力量”。经济方面的意识形态是一组与经济行为有关的思想,它可以通过不同的方式维持或改变经济体制,并作用于整个经济运行过程。在这一点上,意识形态与由人类学而延伸出来的文化经济学是不谋而合的。

三、意识形态效应在场的中国实践

意识形态作为观念上层建筑,其经济功能发挥得好坏,很大程度上取决于这种意识形态与经济制度相契合的程度,或者说取决于这种意识形态对现实经济生活的解释力。如果处理不好上述矛盾,必然发生意识形态的负面作用。当两者出现不适应时,就需要对意识形态进行修正,促进意识形态领域的创新。可以说,意识形态创新是经济社会领域一切创新的基础。没有新的观念,就没有新的操作理念,就无法指导实践。紧跟时代的意识形态可以推动经济

---

① [美]道格拉斯·C·诺斯:《经济史中的结构与变迁》,陈郁等译,上海人民出版社 1997 年版,第 51 页。

② 林毅夫:《关于制度变迁的经济学理论:诱致性变迁与强制性变迁》,《财产权利与制度变迁》,三联书店 1994 年版,第 379 页。

③ [美]道格拉斯·C·诺斯:《制度、制度变迁与经济绩效》,刘守英译,上海人民出版社 2008 年版,第 122 页。

发展,滞后的意识形态却阻碍经济发展。以我国为例,社会主义市场经济建设与意识形态的创新及与时俱进紧密相连。随着中国经济的快速发展,中国模式所取得令人瞩目的成就备受世界各国关注。国内许多学者讨论中国模式时,基本上将中国模式归纳为经济的市场化改革、政治的民主化进程、社会的民生主义,鲜有涉及意识形态维度的研究。[①] 从意识形态领域说,"中国特色社会主义"就是中国模式的灵魂,它的形成是一个基于自身经济基础、文化背景以及政治脉络之上的意识形态演变过程。如果长时段地考察一下中国经济实践的历史进程、中国经济发展的阶段性特征,就会发现中国模式的意识形态因素显而易见。

"计划多一点还是市场多一点,不是社会主义与资本主义的本质区别。计划经济不等于社会主义,资本主义也有计划;市场经济不等于资本主义,社会主义也有市场。计划和市场都是经济手段。"[②]邓小平这些关于社会主义市场经济的思想是一次思想的大解放,更是一次意识形态上的创新,从根本上解决了把社会主义与市场经济对立起来的思想束缚,对我国经济改革产生了极大的推动作用。可以说,没有意识形态领域的不断变迁,改革开放就不可能发生,也不会有中国经济奇迹的创造。同时,邓小平对社会主义市场经济提出了根本性要求。他指出,社会主义市场经济与资本主义市场经济的基本制度不同。社会主义市场经济具有社会主义意识形态属性,其最终目标是通过发展生产力,实现共同富裕。[③] 社会主义意识形态与我国市场经济具有内在的一致性。社会主义意识形态是系统、自觉地反映社会主义经济形态和政治制度的思想体系,是社会主义经济基础决定并为之服务的。马克思主义是社会主义意识形态的核心、灵魂。宏观调控、公有制为主体地位也是我国社会主义市场经济的显著特征。江泽民在十四大报告中阐述到:"社会主义市场经济体制是同社会主义基本制度结合在一起的。在所有制结构上,以公有制包括全民所有制和集体所有制为主体,多种经济成分长期共同发展。"[④]胡锦涛《在纪念党的十一届三中全会召开30周年大会上的讲话》中还进一步指出:"我们着力建立和完善社会主义市场经济体制,发挥市场在资源配置中的基础性作用,同时

① 参见谢忠文、李倩:《中国模式研究中的意识形态因素》,《探索》2011年第2期。

② 《邓小平文选》第2卷,人民出版社1994年版,第236页。

③ 参见《邓小平文选》第3卷,人民出版社1994年版,第373页。

④ 中央文献研究室编:《改革开放30年重要文献选编》(上),中央文献出版社2009年版,第660页。

又注重加强和完善国家对经济的宏观调控，克服市场自身存在的某些缺陷。”① 党的十八届三中全会指出：“经济体制改革是全面深化改革的重点，核心问题是处理好政府和市场的关系，使市场在资源配置中起决定性作用和更好发挥政府作用。”同时，习近平指出：“要坚持以人民为中心的发展思想，这是马克思主义政治经济学的根本立场。要坚持把增进人民福祉、促进人的全面发展、朝着共同富裕方向稳步前进作为经济发展的出发点和落脚点，部署经济工作、制定经济政策、推动经济发展都要牢牢坚持这个根本立场。”②我国以建立社会主义市场经济体制为目标的改革实践已经证明，社会主义市场经济既是一次伟大经济实践，也是一次与社会主义市场经济相适应的理论和意识形态创新。而且将来会进一步证明，两者的相互促进和改革发展才是正确出路。

然而，在“中国模式”的选择上，社会上一直存在意识形态上的争论，主要表现为对待新自由主义经济发展道路的价值判断上。新自由主义坚信“市场万能”，把一切留给市场，取消任何限制和监管。新自由主义认为任何对经济活动的人为干预都将造成价格信号的扭曲，进而导致经济资源的误置。他们提出了一整套关于社会发展的理论与政策，形成了笼括经济理论、政治主张、文化价值观、社会思潮等完备的理论体系。从文化经济学的视角去看，这套理论体系不仅是一种经济学范式，也是一种发展观，更是一种意识形态。然而，西方经济学者及其政治阶层对上述观点是极力否认的。它们认为，经济全球化已经导致了全球文化一体化，既然是文化一体化，就应该“告别革命，远离政治，疏离主题，淡化意识形态”，意识形态的差异与意识形态之争都已终结。张夏准在《富国陷阱》一书中指出，发达市场经济国家向发展中国家推荐的一些新自由主义药方，如“把政府从经济中赶出去”等，自己在发展过程中根本就不采用的。这些国家的目的是使后发国家的发展水平永远达不到发达国家的水平。③ 该言论多少有些妄猜的意味，但从侧面说明了人们对于“市场万能论”的不信任。全球金融危机使新自由主义的原则和信条遭遇了前所未有的批判和质疑。新自由主义的市场意识形态及其极端数理化的倾向，是这次国际金融

---

① 中共中央宣传部理论局：《纪念党的十一届三中全会召开30周年理论研讨会文集》(上)，学习出版社2009年版，第9页。

② 《坚持以人民为中心的发展思想——学习习近平总书记在中央政治局第二十八次集体学习时的重要讲话》，http://www.xinhuanet.com/politics/2015-11/25/c_128468439.htm，2015年11月25日。

③ 参见张夏准：《富国陷阱——发达国家为何踢开梯子？》，社会科学文献出版社2007年版，第82页。

危机的始作俑者。[①] 斯蒂格利茨在《喧嚣的九十年代》一书中就认为，美国是有长处，但问题太多，美国模式的资本主义成为市场经济问题和弊端的象征。[②]他在《自由市场的坠落》一书中总结美国金融危机的经验，指出：一方面不应当因此走得太远去否定市场经济本身，而是要重新平衡社会行动、政府和市场的关系；另一方面，必须承认，原教旨主义的美国模式必须改革，根本不值得再继续向往、复制，发展中国家完全照搬西方资本主义国家市场经济模式是危险的，是没有必要的，也是行不通的。[③]

中国社会主义市场经济，从根本上说，它不同于新自由主义的价值取向，具有鲜明的意识形态立场。然而，市场经济的一般性和社会主义市场经济的特殊性所呈现出来的不同价值诉求的交织，一方面催生了与之相适应的新的价值观念；另一方面，市场经济本身所固有的功利性、实效性等价值追求也呈现出负面影响。同时，在中西文化、价值观念交流与融合的过程中，一些有悖于我国民族优良传统的、非社会主义的价值观逐渐流入我国，并在一定程度上填充了人们的思想空白。价值观和意识形态的多元化与我国主流价值观和意识形态出现分歧和冲突。新的历史条件下，我国社会主义市场经济的意识形态建设面临着诸多挑战。

四、文化经济学视野下“中国实践”的路径探索

当前，我国进入民族复兴、国家崛起的关键时期。与此同时，我国所面对的国内外经济、政治环境发生了重大变化。从国际上看，“软实力”因素在整个国际竞争中占据越来越突出的地位。约瑟夫·奈认为，软实力主要来源于文化的吸引力、意识形态和价值观念的感召力、制定国际规则和建立国际机制的能力以及恰当的外交政策等。反观中国，目前存在的最大问题是中国还没有真正建立受到国际社会普遍认同的价值体系，而这种价值体系将是中国“软实力”的重要内涵。美国布鲁金斯学会中国研究中心主任李成指出：“就中国自身而言，应该建立一套有自己特色的价值体系，用别人能够接受的、具有说服

---

① 参见唐凯麟：《伦理的视阈：从金融危机看“经济人”的偏执及其危机》，《道德与文明》2009年第5期。

② 参见[美]约瑟夫·斯蒂格利茨：《喧嚣的九十年代》，张明等译，中国金融出版社2005年版，第4页。

③ 参见[美]约瑟夫·斯蒂格利茨：《自由市场的坠落》，李俊青等译，机械工业出版社2011年版，第198页。

力的语言来介绍自己,使世界认同中国的核心价值观。”[①]从国内看,我国市场经济意识形态缺失的负面效应开始显现,贫富差距过大、生态环境破坏严重、资源枯竭、商业道德的丧失及社会凝聚力下降等已经威胁到社会稳定和经济建设。[②] 面对这些问题,不得不从文化角度思考经济发展的伦理,重视社会主义市场经济意识形态建设。社会主义市场经济意识形态建设是指培育社会主义市场经济的价值观念,逐步抵制和消除不合乎社会主义市场经济实际的价值观的干扰与侵袭,通过意识形态的创新转变,完善社会主义市场经济体制。社会主义市场经济意识形态建设是一个复杂的社会工程,是社会长远发展的战略目标。为此,本文提出以下设想:

1.树立正确的经济发展伦理观

现代经济增长必须建立在“合法化”“稳定化”“普遍化”的经济发展理念之上,只有在正确发展理念的指导下经济才可能实现健康、快速和持续增长。人类社会在具备一定的物质基础后,人类与自然的模型是人类社会发展的最高模型。而当今过度的物质消费已对自然环境造成极大破坏,以物质追求为主发展模式会毁灭我们赖以生存的地球。这种发展模式已经偏离了最初的轨道,人的生存和发展才是社会的终极价值,也是经济的终极价值。所以,改变现有的经济发展模式是我国特色发展之路的必然选择。当前,我国提出的创新、协调、绿色、开放、共享的发展理念,是我国发展思路、发展方向、发展着力点的集中体现,是对我国经济发展规律的新认识。当前,我国需要本着先进的发展理念,强化它对经济发展的导向作用,不断克服经济发展遇到的问题和困境。

2.提升文化对经济发展的精神支撑作用

文化是经济的灵魂。经济越发达,越需要文化作为精神支撑。如果没有相应的精神道德境界,承载不了更高水平的物质文明存续。精神文化的缺失会造成经济发展的障碍;反之,精神文化会是引领经济发展的长效动力。现代经济发展中,需要灌输和渗透一种理性精神、创业创新精神,或者说如果缺乏这种精神动因和思想动机,必然缺乏持久的动力支持。中华文化源远流长,文化底蕴深厚,我国应在不断创新中发展文化,在接纳中国优秀传统价值理念的同时,自觉摒弃与当代市场经济发展不相适应的文化观,吸收外来文化的精

---

① 俞伯灵:《意识形态与经济发展》,《浙江社会科学》2009年第10期。

② 参见韩顺法:《精神资本、经济增长与意识形态重建》,《社会科学战线》2009年第4期。

华,实现上层建筑的创新,使我国文化成为一个新的、具有中国文化精神特质、能适应高的生产力水平需要的自洽实体。

3.实施文化推动经济转型升级战略

在推动经济转型升级方面,普遍存在认识上的误区,认为科技是促进产业转型升级的主体,文化是无关紧要的。事实上,文化与科技对于经济来讲,如"车之双轮,鸟之双翼",缺少文化的经济转型升级是很难成功的。文化含量是经济质量的一种体现。一个经济大国,当其产品含有更多文化含量时,其产品才有竞争力。举例说,世界上的知名品牌,大约有一半来自技术研发,另一半是靠文化内涵而形成的。例如法国香水、意大利服装、瑞士手表等各种名牌,它们的科技含量并不高,但在文化内容支持下却形成了工业产权。没有文化内容,旅游、娱乐、餐饮等诸多子行业会大为逊色;没有文化内容,工业产品的需求和附加值也会明显减少。而且,文化创造的价值会随着时代变迁和文化传承变得更加稀缺,比如历朝历代保留下的经典书画、精品瓷器和古家具等,保留时间越长,其价值就越高。

4.重视精神文明与经济建设协调发展

邓小平曾指出:"我们要建设的社会主义国家,不但要有高度的物质文明,而且要有高度的精神文明。"只有两个文明都搞好,才是我国特色的社会主义。他反复强调,一手抓物质文明,一手抓精神文明,"两手抓,两手都要硬"。针对"一手比较硬,一手比较软"的情况,邓小平多次指出:"经济建设这一手我们搞得相当有成绩,形势喜人,这是我们国家的成功。但风气如果坏下去,经济搞成功又有什么意义?会在另一方面变质,反过来影响整个经济变质,发展下去会形成贪污、盗窃、贿赂横行的世界。"①这些论述从正反两个方面说明了"两个文明"必须协调发展而不能偏废的道理,也从侧面反映了精神文明对经济发展的影响。因此,坚持物质文明和精神文明两手抓,促进"两个文明"的共同发展,是我国今后一段时期的重要任务。

5.大力发展中国特色的文化产业

随着文化产业的发展,意识形态本身已经参与到经济发展的实际运行进程之中。文化产业是将意识形态大众化的有效途径。美国文化是一个强势的文化,美国全球畅销的电影和图书作品中蕴含的是与他们文化价值取向一致

---

① 左亚文:《论精神文明与物质文明和政治文明的辩证互动》,《马克思主义研究》2003年第6期。

的内容，文化产业成为其强大软实力的保证。美国的经验表明，我国在提升国家软实力以及增强核心价值观认同时，不能总用说教的方式，应更多在小说、影视、文艺活动当中，把自身的伦理价值用具有现代社会特质的方式表现出来，以在市场中牢牢把握自身的话语权，确保国家和民族的意识形态及文化安全。因此，文化市场是我国必须去开拓的领域。在这个文化经济时代，国家应努力扩大文化生产，激发全民的文化产业意识，将产业资本向文化领域延伸，确立文化产业在国家发展中的战略地位。

［原载于《山东大学学报（哲学社会科学版）》2017 年第 2 期］

论意义作为艺术品价格基础的可能性

——基于现象学的考察

孙丽君

在艺术品生产与消费的过程中，艺术品价格问题是一个相当复杂的问题，艺术品价格的形成与变化不仅是文化经济学的核心理论问题之一，也是艺术产业实践过程中的关键问题之一。要解决这一问题，必须回到艺术品价格形成的生产与消费过程之中，探讨人们生产与消费艺术品的核心推动力，并从这一推动力的角度探讨艺术品价格形成的基础。从这一过程来看，艺术品的生产与消费不同于非艺术品的本质就在于：艺术品的生产是一种意义的生产，艺术品的传播是对其意义的传播，艺术品的消费也是对其意义的消费。这种意义的生产与消费不同于非艺术品那种作为现成物品的生产与消费。现象学作为一种新的哲学思维方式，它对意义的解读为艺术品价格的形成提供了一种新的启示。正因如此，本文拟以现象学思维为方法，探讨意义作为艺术品价格基础的可能性。

一、艺术品价格问题的两种研究向度

所谓艺术意义，是指人们通过艺术作品所获得的一种对于世界或人生的新的感悟、体验或认识。尽管不同的哲学流派对于艺术的意义有着不同的定义与侧重点，但是，艺术的本质在于它使人们形成了新的意义领悟，是人们对艺术的本质要求。也正因如此，艺术意义作为艺术品存在并发展的本质要素，应是艺术品价格的理论基础。但是，由于人们对艺术意义的理解不同，在目前艺术品价格研究的艺术学与经济学两种研究向度中，艺术意义并非艺术品价格的核心要素。相反，艺术作品中的艺术价值、信息价值或商品价值等成为了艺术品价格的基础。在现实中，这两种研究向度导致了艺术品价格被艺术评论家、商人所主导，远离了艺术作品的意义世界，是艺术品价格极易被炒作的基础。

马克思认为，艺术不仅是一个创作的过程，在这一过程中，艺术家把自己对世界的理解即自我的意义世界固化在艺术作品之中；艺术也是一个生产的过程，服从于生产劳动的一般规律。“（马克思——引者加）把主要用于经济学的术语也用在文学和其他艺术的历史上，如生产（Produzieren，Produktion）等。他把诗人也叫作‘生产者’，把艺术品叫作‘产品’，虽然是一种独特的、有别于其他种类的‘产品’。”①也正因如此，艺术生产的产品——艺术品，可以拥有自己的价格。法兰克福学派在进行社会批判的过程中，也指出了艺术的生产性质，认为艺术生产是一种在现代传媒技术统治下进行的生产，受到资本、技术和各种政治权力的影响。生产视域的介入，使得现实中艺术品交换的价格有必要进行理论上的说明。目前，从理论上来讲，艺术品价格的研究向度可分为两种：艺术学与经济学研究向度。

艺术学研究向度以艺术价值作为艺术品价格的基础，认为艺术品价格从根本上来自于其艺术价值，而艺术价值奠基于作者意图和社会对艺术品的选择。探讨艺术品价格，也应着眼于艺术价值与艺术品价值：“艺术价值一般指作品内容的深广度、形式的独创性和二者结合的完美程度，以及由此产生的社会反响；艺术品价值除以此为主要内容外，还包括作品的收藏价值、名人价值等内容。”②也就是说，艺术价值来自于艺术家的创造超越于其他相关作品的程度，而艺术品价值来自于艺术作品在社会流通中的信息价值。在这里，艺术学研究向度所提到的艺术价值并不等同于艺术意义，艺术价值是将艺术品视为一种创新性产品，更多地关注这一作品与别的艺术作品的关系及艺术作品在艺术史中的地位，单纯追求艺术价值是强调艺术家对艺术作品的控制权，并没有将艺术品放置于生产与消费的过程之中，艺术价值比拼的是艺术家本人创新力而非艺术作品与消费者的意义关系。在某种程度上讲，尽管艺术家本人的创新力与艺术意义的形成之间有着重要的关系，但从整个的艺术史来看，艺

① ［英］柏拉威尔：《马克思和世界文学》，梅绍武等译，三联书店1980年版，第383页。

② 梁振南、简圣宇：《“价格繁荣”与“价值危机”——从中国当代艺术拍卖会说起》，《广西社会科学》2009年第12期。

术家本人的创新并不能完全体现在艺术品的价格之中。与此同时,艺术学研究向度又认为艺术价值是艺术品价值的基础,作品之所以成为收藏品或艺术家之所以成为名人,本质上奠基于作品的艺术价值。正是由于艺术家所创作的某一作品的艺术价值被人们认可,艺术家才成为名人,才使其作品具有收藏价值。艺术学研究方向正是以艺术价值为基础,探讨艺术价值与艺术品价格之间的关系,这是艺术学研究向度的根本预设。

在具体的艺术品价格中,艺术学研究向度认为艺术价值来源于艺术家对作品的创造,也就是说,艺术家的创作本身就是一种生产,艺术价值所反映的正是创作的艺术性。艺术品的价格,本质上依赖于艺术家的创造。由于艺术价值的不可计量性,艺术学研究向度对艺术价格的研究陷入了不可知论的泥潭:艺术的创造行为,奠基于艺术家精神上的灵感,而不受时间制约的灵感,本质上是不可能计价的。

经济学研究向度从艺术品作为商品进行流通的过程确定艺术品价格,认为艺术品价格奠基于其作为商品的交换过程,受制于商品价格形成的经济学原理。由于商品价格奠基于商品的使用过程,艺术商品的交换价值也具有相似的规律。传统的经济学将商品的价值区分为使用价值和交换价值,认为商品的交换价值奠基于其使用价值之中。艺术品作为一种特殊的商品,"艺术品价格产生于人与人的对象性关系之中。艺术品价值的大小有无,取决于其对人有无利益关系"①。也就是说,使用价值强调的是一种利益交换,艺术品价格正奠基于艺术品所带来的利益关系。经济学研究以艺术商品的利益关系为基础,以现实中艺术商品交换的货币中介为依据,探讨艺术品价格变动的规律。

上述两种研究艺术品价格的思路,在特定历史时期有着一定的合理性。对于艺术学研究向度来讲,艺术价值代表了艺术创新的能力,是评判艺术作品的核心指标。从这个角度讲,将艺术品价格与艺术价值相联系的方向有一定的正确性。但是,对于艺术学研究向度来讲,由于艺术价值是一个相对主观的概念,每一个时代的变化,都会形成对艺术价值的不同认识。而艺术品价格则是一个相对客观的概念,艺术价值仅仅为艺术品价格提供了一种解释的可能性。探讨艺术品的价格,需对某一艺术品的价格进行定量分性,基于艺术价值的艺术价格理论只能做到定性化。

---

① 梁振南、简圣宇:《"价格繁荣"与"价值危机"——从中国当代艺术拍卖会说起》,《广西社会科学》2009 年第 12 期。

经济学研究向度的长处是能进行定量分析，但经济学研究向度在解释艺术品的根本性质上也有其局限性：经济学用一般商品生产和消费的普遍规律研究艺术品价格，认为艺术品的价格由艺术家的生产过程和商品交换过程所决定。在艺术品的生产过程中，经济学研究向度关注艺术生产方式的特殊性，认为一般的物质生产，其生产劳动时间是价格形成的核心要素。但艺术生产不同于一般的物质生产，因为艺术品的创造性无法用劳动时间进行衡量。歌德的《浮士德》创作了六十年，而《少年维特之烦恼》却只创作了一个月，但六十年或一个月并不是艺术品价格的决定性因素。经济学家于光远在谈到以科技成果为代表的创造性产品的价格时指出："每一件科技成果作为一劳动产品都是'唯一的'，发明创造的东西都是'这一件'，另一件同样的东西就不叫发明创造。因此，价值是生产这一件商品的'社会平均必要劳动量'，对于科技成果来讲是不适用的，因为这里没有这个'平均'的问题。"①正因如此，创造性产品的价值，并不是计算出来的，而是基于交换实践而产生的。基于这一认识，经济学对艺术品价格的研究转向艺术品的交换过程，从艺术品的成本、供求关系、效用价值尤其是现实中艺术品作为商品交换时所产生的货币中介等方面，分析艺术品的价格。经济学对艺术品价格的研究，对艺术品作为商品交换的规律进行了总体的分析，其定量分析和模型建构对艺术商品在交换中产生的价格变动及其总体规律进行了系统的总结，就资本、社会和消费等因素对艺术品价格的影响进行细致入微的分析。

但由于经济学将艺术品视为一般商品，将艺术品价格视为在现实中发生的货币中介，这一看待艺术品的方式，同样导致了经济学研究向度的两个根本局限：

一是艺术的本质在于创造，而创造的首要特点就是"无中生有"，这与制造的特点有着本质的不同。制作的本质是以需求为导向，在特定物质的基础上，利用工具进行生产。但艺术生产并不是普通的制作，艺术的本质则在于：它很难按需求进行生产，艺术生产的核心在于艺术家头脑中产生的某种精神。"诗最终用文字固定下来，变成'文学作品'(一种可读的东西)，以及音乐变成乐谱对于它们来讲都是次要的。对于这两者来讲，书写性是次要的，并不是诗和音乐的必要条件。"②现象学认为：在艺术中发生的时间并不是现实的时间，尽管

① 于光远：《科技成果的商品化和价格形成》，《经济研究》1985年第10期。

② 孙丽君：《伽达默尔的诠释学美学思想研究》，人民出版社2013年版，第325页。

它占用了现实的时间。艺术上的时间与现实的时间分属于两大类别的时间，用现实的时间为艺术的创造性劳动定价，类似于用千克来定义距离，本身就是错误的。对艺术作品来讲，精神与意义才是根本性的东西，其价格在经济学领域也是无法计量的。在艺术生产中，最重要的生产资料是精神，而不是某种特殊的物质，物质在艺术品生产的过程中并不占有根本的因素。一块石头之所为成为一件雕塑，其根本因素是一种创造性精神而非石头本身。同样的，绘画需要颜料、纸张，音乐需要音符、韵律，文学需要文字等原料，但对于艺术作品来讲，这些都不是生产的核心要素。在某种程度上，这些原料的价格是可以忽略不计的。在艺术消费中，人们消费的是艺术作品中的意义，而不是这一原料本身。意义的生产，本质上来自于精神世界。艺术生产和消费的核心在于艺术意义的产生与接受。经济学将艺术品等同于一般的制造性产品，忽视了制造与创造之间的本质区别，泯灭了艺术品的创造本质。

二是经济学对艺术品价格的研究，过于强化现成艺术品在商品交换过程中产生的价格变化，将艺术品等同于一般商品。由于交换中的商品是一种成品，强化艺术品的商品属性，意味着强化艺术品的成品属性。但艺术品并非成品，在现象学看来，艺术品仅仅是一种“吁求结构”，是一个半成品而非一般的商品。只有把艺术品视为一种半成品，我们才能理解随着意义的发掘，艺术品价格出现变化的原因。如果我们给某一艺术品足够的时间，可以发现，艺术品的商品价值基本上同这一作品中的意义被发掘的过程有关。《红楼梦》作为我国艺术意义非常丰富的古典小说之一，它所产生的商品价值，来自于这样一个过程：由于该作品被越来越多的人接受和发掘，致使其艺术意义不断增多，直至成为我国语言艺术的代表或中国传统文化的代表，变成中华文化的一种基因或影响深远的文化艺术资源。因此，分析《红楼梦》艺术品价格，不仅仅要分析它在具体的交换过程中产生的直接的商业价值，还要分析这一作品上升到文化资源乃至于文化符号所形成的精神价值。如果把这些价值也算进去，可以发现，《红楼梦》在商业上所取得的货币中介与其意义的传播及接受过程是相适应的。但是，这需要时间。而经济学对艺术品价格的研究，强调价格的当下性和现实性，本质上仍过于强化艺术品的物质属性。

二、现象学视域中艺术品价格问题的根源

上述两种研究倾向都论述了部分的真理，但也有其根本的局限。如果我

们继续分析这两种研究向度局限性的根源，可以发现，二者的分歧并不是一种根本性的分歧；相反，在艺术品价格问题上，二者有着相似的基础。

艺术品价格来自于艺术家还是来自于艺术品的交换过程？艺术学研究向度强调艺术品的价格奠基于艺术家，而经济学研究向度则强调艺术品的价格奠基于艺术品的社会交换。正是在这一基础上，才产生了不同的艺术品价格理论。如果我们继续追问这两种研究向度中艺术品的定义，就会发现：二者都认为艺术品是一种现成品，这一现成品是艺术生产与消费的基础。但是，在现实的艺术生产与消费过程中，"文艺家是生产者，读者和观众是艺术消费者，生产者与消费者共同构成特定状态的艺术生产关系"①。在现象学看来，生产与消费的关系，奠基于形成"生产与消费关系"的这个"关系"，而不是生产与消费本身。在艺术品的生产与消费过程中，表面上看来是艺术品维系着这一关系，但艺术品并非作为一种成品维系这一关系，而是作为一种生成物维系着这一关系。如果我们仔细考察上述两种研究向度对艺术品的定义，就会发现，它们都认为艺术品是一个现成品，这一现成品由特定的艺术家生产，由特定的消费者消费。艺术学研究向度对艺术家主体地位作出强调，经济学研究向度则对艺术作为一种商品作出强调，本质上正依赖于艺术品作为一个现成品的定位。不同之处在于：艺术学研究向度强调艺术品的生产者对艺术现成品的决定性地位，而经济学研究向度则强化艺术品作为一般商品的现成品地位。二者都认为：艺术品的生产者是艺术家，当艺术品从艺术家手里生产出来以后，艺术品作为一个成品，已经被完成了。

在古典艺术时期，艺术品是现成品的观念并没有受到挑战。但是，随着现代艺术的发展，特别是随着那些不能被博物馆展出的艺术、有待于读者完成的半成品艺术等先锋艺术的产生，艺术品是不是现成品，这实际上是一个广受艺术家质疑的问题。典型的如杜尚，把男用小便池直接搬进了艺术展览馆；在《蒙娜·丽莎》的嘴上画上两撇胡子，用达达艺术形式否定了艺术品是一种现成品的概念。在其看来，只要读者愿意，任何现实中的事物都可以被艺术观念改造为艺术品。因此，艺术品是艺术家、艺术作品、艺术流通语境和读者共同创造的作品，艺术品价格的形成，也应在这一系列过程中寻找。上述两种研究向度，本质都忽视了艺术品的半成品特点，忽视了艺术品不同于一般商品的特

① 谭好哲：《当代传媒技术条件下的艺术生产——反思法兰克福学派两种不同理论取向》，《中国人民大学学报》2013年第2期。

殊性。

在艺术家用作品质疑艺术品作为现成品概念的同时,现象学也从哲学视野和思维方式上全面质疑了艺术品的现成品概念,论证了艺术品的半成品性质。在现象学视野中,艺术品作为半成品体现在两个方面:

第一,艺术生产的主体并不是艺术家本人,而是艺术家的“生活世界”。在现象学看来,每个人都生活在其特定的“生活世界”之中,“世界存在着,总是预先就存在着,一种观点(不论是经验的观点还是其他的观点)的任何修正,是以已经存在着的世界为前提的,也就是说,是以当时毋庸置疑地存在着的有效东西的地平线——在其中有某种熟悉的东西和无疑是确定的东西;那种可能被贬低为无意义的东西是与此相矛盾的——为前提的,这个事实的不言而喻性先于一切科学思想和一切科学的提问”[①]。生活世界构造了人类所生存于其中的前提,而由于我们就生存于这一前提之中,由这一前提所构成,不可能从这个世界之中抽身出来,这就决定了我们人类不可能客观地认识我们自己的生活世界,决定了人类不可能生成为一个绝对的主体。对于一些隐而不彰的因素或前提,人类自身并不能完全了解。相应地,在艺术生产中,艺术家并不是生产的主体:生产这一艺术品的意图、艺术品在生产之后所进入的传播和消费过程,都不是一个主体内的事件,而是在“生活世界”的基础上,以特定存在为前提的事件。对这一存在论事件,艺术家本人并不能完全知晓,也并不能完全控制。以《红楼梦》为例,曹雪芹只能把自己的所思所感通过《红楼梦》这一艺术作品生产出来,但这一所思所感为什么产生及《红楼梦》为什么会受到社会的强烈关注,这是曹雪芹和读者无法控制的,甚至也是他们无法说明的,因为他和读者本身就是被这一生活世界所构成的。只有回到《红楼梦》产生及传播的生活世界之中,回到艺术意义产生的母体之中,艺术品价格才有可能得到一定程度的解释。也就是说,当我们把艺术品作为一个半成品时就会发现,艺术品本身仅仅是促发人们产生某种艺术意义的条件。艺术品的现实存在,取决于阅读这一艺术作品的人,取决于人们看到这一作品之后在头脑中产生的对这一作品的意义之领悟。用现象学的术语来讲,艺术品本身仅仅是一种意向,而非一种真实的存在者。艺术品的真实意义存在于读者通过阅读该作品而获得的一种经验,这种经验也被称之为“艺术经验”。艺术经验构成了艺术品的

---

① [德]胡塞尔:《欧洲科学的危机与超越论的现象学》,王炳文译,商务印书馆2002年版,第134页。

现实意义，同样的，艺术品价格的基础也应在艺术意义形成、传播以及产生影响的过程中寻找。

现象学不仅提出了生活世界构成了人类生存的前提，也指出了人类跃出生活世界的可能性。在现象学看来，人类有两种性质的活动：一种是以使用为目的的活动，一种是不以使用为目的的活动。在以使用为目的的活动中，生活世界使得人们知道进行怎样的筹划才能达到一个使用目的。也就是说，以使用为目的之活动奠基于“生活世界”，但是，在这种活动中，人们越是忘记生活世界对自己的构成性，就越能自由地完成自己的使用目的。也就是说，使用活动的本质，正在于以生活世界为基础的同时，忘记这一基础。在现实生活中，日常活动、科学活动等等，基本上都是这一类型的活动。不以使用为目的的活动指那些没有使用目的的活动，比如游戏或没有目的的表现活动，典型的就是艺术活动。在艺术活动中，艺术的目的在于使人们看到、听到、体验到一些意义，这些意义并没有实际的使用目的，就是一种纯粹的意义表现。艺术家的活动，其目的在于让人们体验到一种意义，这一意义背后并没有现实的使用目的，也不为使用目的服务。通过这些意义，阅读艺术作品，就会使读者倒转自身的关注视野，意识到“原来我是在这样一个生活世界中被构成的”，艺术就“是让无蔽发生的敞开领域”。①

因此，现象学视野中的艺术创作并不是起源于艺术家本人，而是起源于生活世界在艺术家身上的显现。生产艺术品的终极性因素，并不在于艺术家本人，而在于艺术家生活于其中的生活世界。通过这一理论，我们就会发现：艺术品并不是为使用价值而生产的，将其作为商品、用商品的使用价值作为其价格的基础，从根本上抹杀了艺术。

第二，当艺术家创作出艺术品之后，并不意味着艺术品在社会中必然存在，只意味着艺术品具有了构成现实意义的可能性。艺术消费的本质，正在于使某一艺术作品与读者构成有效的对话，使读者产生特有的意义。也就是说，当美术馆关闭之后，美术品并不具有现实的存在，并没有形成真实的消费，因为它没有构成现实的意义。而由于读者个人的生活世界不同，构成了读者不同的前见，在此基础上形成了读者与艺术作品不同的对话过程，形成了艺术作品的不同意义，所谓“一千个读者有一千个哈姆雷特”。这就涉及读者是否愿

① 参见《海德格尔选集》，孙周兴译，三联书店1996年版，第237～308页。

意为自己的意义付费:"一个音乐家或一个演员的勤劳得出同样的一种产品:它给人一种娱乐、一种快慰,这种快乐有它的价格,这是真的。"[①]读者为自己所收获的意义付费的愿望,构成了一个艺术作品合理的价格区间。而读者所付费用的依据,在于一个艺术作品将读者从生活世界中唤醒的程度。正如上文中我们所讨论的那样,由于使用活动使人们忘记了构成自身的生活世界,那么,艺术活动就是一种不以使用为目的的活动,这一活动使人们意识到生活世界对自己的构成性。可以说,艺术所担负的,正是这样一种将人们从生活世界中唤醒的职责。而艺术作品将人们从生活世界中唤醒的程度,构成了艺术意义的来源。人们乐意为某一艺术品付费的愿望,也奠基于这一唤醒程度。

艺术品的价格并不是固定的,艺术消费的本质在于意义的产生。而由于读者生活世界的不同,构成了艺术意义的不确定性,这种不确定性构成了艺术品价格变动的根本原因。但是,尽管读者的生活世界不同,但某一个特定的时代,必然会产生特定的时代性命题。这些命题构成了对这一时代中传播的艺术作品的相似理解,这一相似的理解构成了艺术品在这一时期价格变动的中轴线。某些艺术作品在同一个年代里具有被大家接受的相似的价格,或者说在不同的年代里被不同的读者接受,在不同的年代里拥有不同的价格,这些都与这一艺术作品将读者从生活世界中唤醒的能力有关。相同的年代有相似的时代性命题,不同的艺术作品面对时代的命题有着不同的唤醒能力,这一能力正是艺术品价格的基础。而这一能力的产生并不仅仅在艺术品本身,更在于艺术品与读者和时代的对话及通过这一对话所产生的那种跃出生活世界的能力。伽达默尔将这一能力称之为"精神能量",在他看来,事物存在的方式本质上有三种:混沌、已在和混沌向已在的变化。混沌是指那些不具有特定存在方式的事物,如果以语言作为事物存在象征的话,那么,混沌就指那些还没有命名、还没有在语言中取得存在的事物。而已在则是指那些已拥有了自己明确存在位置的事物。在伽达默尔看来,人类精神的本质就在于:它总是使混沌不停地进入已在,取得自己的存在方式,这就产生了由混沌向已在的变化。使混沌进入已在的动力就在于精神能量。从这一角度来讲,艺术的本质就在于:它存储了精神能量。当人们欣赏艺术、产生意义之时,人们同时也意识到了精神能量如何使已在发生,并进而通过已在的发生,意识到生活世界对自我和他者

① 季陶达:《资产阶级庸俗政治经济学选辑》,商务印书馆1978年版,第112页。

的构成性。而这种对生活世界的明确意识，标志着人类从生活世界中的苏醒，这就是艺术的唤醒功能。可以说，读者所能产生的意义，正是艺术唤醒功能的具体体现。

正是通过艺术的唤醒，人们才有可能知道自己原来是被一个世界所构成的自我的一切，都是被这个世界所支配的。只有从这个角度，我们才真正地理解了创造的本质：创造并不是人类主体的创造，创造是对生活世界的揭示及在此基础上建构新世界的精神能量，正是因为艺术这种至高无上的功能，人们才消费艺术作品，并愿意为这一消费付费。

可以看出，艺术意义的来源正在于艺术作品所存储的精神能量。在某一艺术作品中，精神能量被载入。而在某一阅读中，这一精神能量显现出来并进而使读者理解了这种精神能量，激发读者构建新世界的冲动。艺术意义就体现在精神能量存与显的过程之中。艺术品价格也正是以这一过程为中轴线进行上下波动。在现实中，我们可以发现：随着时代的变化，艺术品价格体系经常发生变化，梵高的作品，在其有生之年几乎卖不出去。而随着时代的变化，作品的内在价值、作品中储藏的精神能量逐渐被人们所认可，并在价格上体现出来。

总之，现象学认为，艺术品的生产主体并不是艺术家，而是由特定生活世界所构成的存在秩序。存在秩序使得艺术家进入到艺术的创作过程。作为一个敏感的个体，艺术家与常人不同之处就在于这种感悟秩序变化的能力以及将这一变化形成具体艺术作品的能力："一个艺术家，即使他在生产的时候使用了机械的方式，他所生产的东西也是为了它自身，它的存在也仅仅是为了被注视或思考。人们允许艺术作品被展出并希望看到它被展出，这就是全部。只有在这时，它才是作品。它保留为由艺术家所创立的作品，作为他的作品，他可以签署自己的名字。"① 从这一角度来看，所有的艺术作品都是一个半成品，都期待着有一个读者能将这一艺术作品中所携带的精神能量变成现实。

三、现象学视域中构成艺术品价格的基本因素

经典的现象学哲学家并没有关注艺术品的价格问题，在他们看来，找到事

① 孙丽君：《伽达默尔的诠释学美学思想研究》，人民出版社 2013 年版，第 325 页。

物存在的根基,其哲学任务也就完成了,这也是传统现象学被称之为“奠基主义”或“基础存在论”的原因。但现象学作为一种思维方法,为艺术品价格研究提供了一种新的思考方向:艺术品的价格奠基于读者为自身所产生的意义进行付费的愿望,来源于艺术作品将读者从生活世界中唤醒的能力。具体来讲,这一能力,包括如下几个方面:

(一)艺术家揭示自身生活世界的价值

在现象学看来,艺术家的创作是对自身生活世界的揭示,艺术作品的产生,并不是始于艺术家,而是始于生活世界。在现实生活中,使用活动遮蔽了生活世界及其对人类的构成性,而真正的艺术家不愿意、不屑于只进行以使用为目的的活动。因此,艺术创作的条件是:生活世界对艺术家显现了,艺术家将生活世界的显现记录下来。生活世界的显现需要一个特殊的契机:在一些特殊的情况下,艺术家感到了一些事物涌现出来,这些事物是如此的鲜明深刻,需艺术家将之表达出来。在中国,刘勰的《文心雕龙·神思》注意到艺术家的构思过程正是一个“神与物游”的过程:“文之思也,其神远矣。故寂然凝虑,思接千载;悄焉动容,视通万里。吟咏之间,吐纳珠玉之声;眉睫之前,卷舒风云之色:其思理之致乎!故思理为妙,神与物游。”西晋陆机也曾在《文赋》中将灵感状态描述为:“来不可遏,去不可止,藏若景灭,行犹响起。方天机之骏利,夫何纷而不理?”刘勰的“物”与陆机的“天机”所指向的正是在诗人脑海中涌现的人生——他的生活世界。在西方,灵感的原意是“神灵的附体”:“诗神就像这块磁石,她首先给人灵感,得到这灵感的人们又把它传递给旁人,让旁人接上他们,悬成一条锁链。”①“诗人是在丧失记忆中真实的创作……艺术家变成了无意识的工具。”②在这些理论中,我们可以发现:艺术的创造并不是起于天才的艺术家,而是起于艺术家生活于其中的生活世界。在中西文艺创作理论研究中,有许多艺术家和理论家都认为灵感并不是主体的产物,而是艺术家被选择的结果。艺术家作为一群敏感的创作者,当围绕着他的生活世界向他显现时,艺术家把握到了这一显现过程中,将这一过程记录下来。艺术作品所携带的艺术家的意义,本质上依赖于艺术家所揭示的生活世界的深度、广度和影

---

① [古希腊]柏拉图:《柏拉图文艺对话集》,朱光潜编译,人民文学出版社 2008 年版,第 6 页。

② 中国艺术研究院外国文艺研究所:《世界艺术与美学》第 5 辑,文化艺术出版社 1983 年版,第 109 页。

响，某些艺术作品直面了所有人类生存的本质，其揭示的生活世界有着重要的影响力，逐渐成为经典。

从这一角度来讲，艺术家揭示了生活世界的存在并在其作品中显现出来，构成了艺术作品的原初意义。正如现象学所发现的那样，艺术作品具有一种将人们从生活世界唤醒的功能，而意义正是这一功能的直接体现。也正是由于艺术品所具有的这种唤醒功能，使得艺术作品的原初意义在价格上具有了分歧的可能性。某些艺术作品所揭示的生活世界拥有巨大的影响力，使越来越多的人被感染并形成为他们的意义，这是其作品进入许多的流通语境并使人们产生共鸣感的基础。这一基础，构成了人们为艺术意义付费的愿望。

(二)读者意义所形成的价值

正如我们上文所提到的，所有的艺术作品都是半成品，都期待着读者的阅读，现象学认为艺术作品就是一个意向，一个需要被人们阅读并实现其意义的意向，而读者正是将艺术作品“期待被人读”的意向实现的人。也就是说，作者在艺术作品中所发现的生活世界以及预留在艺术品中的原初意义，从某种程度上讲，仅仅是一种意向，如果没有现实的读者将这一意向实现为真实的意义体验，作品就没有现实的意义。只有经过读者的阅读与消费，使读者产生某种特殊的意义，将读者从生活世界中唤醒，储存在艺术作品中的原初意义才真正实现为现实的意义。从这一角度来讲，读者对艺术作品的阅读正是一种对话，当阅读某一作品时，读者就与储存在艺术作品中的精神能量进行对话，产生了对艺术作品的理解并形成了读者自身的意义。

读者与作品的对话扩充了艺术作品自身储存的精神能量，这一扩充使得艺术作品的意义域不停地扩展，被越来越多的人所接受。在现实中，我们可以看到，读者对艺术作品的解读，是艺术家自己都没有意识到的。但是，由于读者对这一艺术的解读符合不同时代人们的需求，读者的解读也会随着艺术作品的流传而流传。而不同时代的读者也会因自己的理解而形成自己独特的意义领悟，这也是艺术评论之所以受到艺术家重视的原因。艺术史上，某些艺术作品的意义正是在评论界的推波助澜之下所形成的。在西方，艺术评论是艺术产业重要的组成部分。艺术评论本质上是专业读者对作品意义的解读，其解读扩大了作品的意义。当读者接受这一艺术作品时，艺术评论为读者意义的产生提供了不同的方向，确证了读者的个人意义，而这些个人意义又会因不同的时代语境而进行强化,促使作品进入不同的传播语境。不同读者对作品意义的解读,随着作品的传播形成作品本身的意义。达·芬奇的《蒙娜·丽莎》流传至今的并不是达·芬奇本人眼中的蒙娜·丽莎,而是历史上不同读者所解读过的《蒙娜·丽莎》,而这些不同的解读共同构成了这一作品的意义域,这一过程必然会反映在艺术品价格中。当然,这一过程需要长时间的积累。在现实中,我们可以看到,一些经典的艺术作品,随着时代对其意义的扩充,其艺术价值已上升为民族的基因或血脉,上升为本民族文化创造的资源。这一过程本质上来自于不同读者被这一作品的吸引,他们所生成的意义不停地扩大着这一作品的意义域。

艺术品被不同时代的读者选择并扩充其意义,是形成艺术品价格的核心要素之一,这也解释了为什么有的作品在其产生的年代不被人重视。而随着时代的变化,其作品被越来越多的人所接受,价格也随之水涨船高。梵高的作品之所以价格飙升,本质上来自于时代的选择,并不是梵高一人所能决定的。从这一意义上来讲,现象学与伯明翰学派的研究有异曲同工之处。在后者看来,读者并不是一个消费者,而是另一个意义的生产者:“在这种文化经济里,没有消费者,只有意义的流通者,因为意义是整个过程的唯一要素。”①

(三)艺术经典构建生活世界的价值

审美经验不是一种主体内的经验,而是一种存在论的经验,这是现象学的发现。“这个不以使用为目的的艺术概念中,人们已经感觉到理论和审美之间的关系,以及随之而来的逗留在美中的经验和真理的认识经验之间的关系。”②在人们阅读艺术品的过程中,人们所收获的,并不仅仅是主体的愉悦,而是一种知识,一种关于自我生活世界如何创立、如何显现的知识,以及重新建构一个新的生活世界的动力。真正的知识,并不是去认识外在的自然界,而是认识决定着我们的生活世界,真正的创新也不是一种形式或内容上的标新立异,而是试图改进自我生活世界的冲动。

那么,在现象学视野中,艺术如何为知识服务、如何构建新的生活世界呢?由于人类是被一个生活世界所决定的,这就使得人的意识、经验,包括审美经验,都是提前被生活世界所决定的。生活世界决定了我们,我们在生活世界的

---

① [美]费斯克:《理解大众文化》,王晓珏、宋伟杰译,中央编译出版社2006年版,第27页。

② 孙丽君:《伽达默尔的诠释学美学思想研究》,人民出版社2013年版,第326页。

基础上进行着各种思考，而人类思考的原料，都被生活世界所提前给予并规定着。因此，如果没有新的意识的进入，人类很难跃出生活世界对自身的规定性。而正是人类阅读艺术作品的经验改变了生活世界对人类的完全控制。在阅读艺术作品的过程中，由于阅读艺术作品是一种不以使用为目的的活动，这一活动为人类打破生活世界的控制提供了希望。这种不以使用为目的的活动，让人倒转自身的关注视野，体会到一种惊异：惊异于自身原来是生活在这样一个生活世界之中，而惊异为反思人类的生活世界提供了可能性。

如果说，艺术作品储存了混沌向已在变化中的精神能量，那么，由于艺术作品自身的意向结构，当读者阅读这一艺术作品时，就收获了储存在这一艺术作品中的精神能量："在德语中的读（Lesen）这个词中，包含着许多与这个词相关的说法，如聚集（Zusammenlesen）、收集（Auflesen）、挑选（Auslesen）或选出（Verlesen）。所有这些都同收获（Lese）有关，也就是说，同葡萄的采摘有关，葡萄的采摘持续了整个的收获季节。"①因此，"在知识的过程中，起作用的东西就是精神能量和实现"②。当某件艺术作品被一代代人所阅读，就会使人们不停地反思构建生活世界的精神能量，并在这一精神能量的启示下，激起重新构造生活世界的冲力，这正是艺术作品所具有的根本功能。从这一角度来讲，一些艺术品所携带的意义，已经成为一个文化共同体的基因，构建了这个文化公共体的生活世界，艺术品的价格必然会在文化共同体的变迁中发生变化。也正因如此，当一些艺术作品成为经典时，也就意味着其艺术作品已经成为这个文化共同体中集体无意识的一部分，并进而影响着生活于这个文化共同体中的人们的意识。在这里，艺术作品已经升华为一种文化资源。而当艺术作品生成为文化资源时，它在某个文化共同体中的价格就不可计量。正如《红楼梦》《蒙娜·丽莎》在当前中西文化资源中的作用一样，我们只能计量由《红楼梦》《蒙娜·丽莎》所开发的某些文化产品的价格，但我们已经无法计量《红楼梦》《蒙娜·丽莎》本身的价格，从这个角度上，经典的艺术作品已经无法用艺术品价格进行衡量。

总之，在现象学的视野中，艺术品价格问题具有了新的研究角度并产生了新的问题，使得艺术品价格之谜有可能得到进一步的解释。当前的艺术品价格研究体系，本质上只反映了艺术品作为现成品的价格，并不能反映艺术品在

① 孙丽君：《伽达默尔的诠释学美学思想研究》，人民出版社 2013 年版，第 343 页。

② [美]理查德·E·帕尔默：《美、同时性、实现、精神能量》，孙丽君译，《世界哲学》2006 年第 4 期。

意义流动过程中所形成的价格变化,造成艺术品市场上某种程度的混乱。从本质上讲,商业炒作、资本运作对艺术品价格的影响,应回归到艺术意义的流动过程之中。如何应对意义流动对艺术品价格问题的挑战,需要学界的共同努力,但现象学为这一问题提供了一种解决的勇气和思路。

[原载于《山东大学学报(哲学社会科学版)》2017 年第 2 期]

引入文化信念和价值观的经济学研究评述

孙　涛　姜树广

文化信念、价值观与经济关系的探讨源远流长，早在亚当·斯密的《道德情操论》中就已有大量关于价值观念对于国民财富重要影响的论述。信念是人们对周遭事物认为可以确信的看法，文化信念是文化背景影响下的信念状态。价值观则是人们基于一定的思维感官而作出的认知、理解、判断或抉择，即是人们认定事物、辨定是非的一种思维或取向，它是信念的外化形式，可以用一系列量表的形式进行测度。文化信念和价值观根植于每个个体的内心，濡化在民族或国家的文化基因之中。不同国家和地区人们的文化价值观念呈现出显著不同的特征，这或然就是形成不同经济现象的重要决定力量。反过来说，社会经济的发展也同时会影响文化信念和价值观，一个社会的历史、制度等因素与文化和经济存在千丝万缕的相互作用。从微观的个体决策到宏观的经济表现，文化价值观念都扮演重要的角色。在个体层面，人类丰富多彩的情感情绪如失望、内疚、后悔等一定程度上都是由信念引起的，这构成个体经济决策和主观幸福感体验的重要部分。① 在宏观层面，人们对待社会公平正义、平等、竞争、宗教以及对他人的信任等信念呈现显著的国别差异，并且随时间推移发生变化。这些因素潜在影响着宏观经济变动、经济增长绩效的国别和跨时差异。②

---

① Battigalli, P. and M. Dufwenberg, "Dynamic Psychological Games", *Journal of Economic Theory*, 2009, 144(1), pp. 1-35.

② Barro, R. J. and R. McCleary, "Religion and Economic Growth", *American SociologicalReview*, 2003, 68(5), pp. 760-781. Alesina, A. and G. M. Angeletos, "Fairness and Redistribution", *American Economic Review*, 2005, 95(4), pp. 960-980. Guiso, L., P. Sapienza and L. Zingales, "The Role of Social Capital in Financial Development", *American Economie Review*, 2004, 94(3), pp. 526-556. Guiso, L., P. Sapienza and L. Zingales, "Does Culture Affect Economic Outcomes?" *Journal of Economic Perspectives*, 2006, 20(2), pp. 23-48. Tabellini, G., "The scope of Cooperation: Values and Incentives", *Quarterly Journal of Economics*, 2008, 123(3), pp. 905-950. Algan, Y. and P. Cahuc, "Inherited Trust and Growth", *American Economic Review*, 2010, 100(5), pp. 2060-2092.

尽管文化信念、价值观与经济的关系密切且得到一些著名学者的重视,但是,当代主流新古典经济学对文化信念和价值观在经济问题中的作用却保持长久的缄默。在传统的经济分析中,经济决策依赖基于偏好的理性最大化动机,而拒绝将文化信念和价值观作为经济现象的重要决定因素加以考虑。文化信念和价值观包括的谱系广泛、包罗万象,其难以测度的特征无疑是研究的主要障碍之一。近些年来,以全球价值观调查(World Value Survey, WVS)为代表的高质量国别信念数据的积累为我们更为深入地理解文化价值观念差异并进行分析提供了便利。全球价值观调查是一项大型的跨国调查,关注人们的价值观和主观信念,目前已完成的五轮调查时间段分别是1981～1984年、1990～1993年、1995～1997年、1999～2004年、2005～2007年。每轮调查的覆盖范围不尽相同,调查的问题涉及不同类型的态度、信仰、偏好等主观信念以及基本的人口统计学变量(如性别、年龄、教育程度、收入等)。丰富的数据资料激发了研究者们用文化信念和价值观从实证的角度来对经济现象进行解释,这些文章大多发表于经济学的国际顶级期刊。在这里,我们将选取其中比较有代表性的相关文献进行述评。

一、文化信念、价值观的来源与变化

正如上文提到的那样,文化概念的复杂性是进行文化与经济关系研究的一个主要障碍。Guiso等给出了文化的一个狭义定义:“在种族的、宗教的和社会群体的代际传递中相对稳定不变的惯常的信念和价值观。”①在此定义中,信念和价值观是文化的两个重要维度。为了深入探究文化与经济现象的关系就需要面对三方面的重要问题:一是文化对偏好和期望的直接影响,二是偏好和信念如何影响经济结果,三是文化与经济现象之间的因果关系。其中文化与经济现象之间因果关系的探究是最困难的也是最有价值的。为了剖析上述关系,首先必须考察以下两个层面问题:一是信念与价值观怎么产生的;二是信念与价值观是否随时间变化,如何变化。

① Guiso, L., P. Sapienza and L. Zingales, “Alfred Marshall Lecture: Social Capital as Good Culture”, *Journal of the European Economic Association*, 2008, 6(2-3), pp. 295-320.

(一)文化信念和价值观的代际传承

文化信念、价值观的来源问题是解析文化与经济现象关系的关键。作为考察文化代际传承的开创性研究,Bisin 和 Verdier 提出了代际文化传递模型,他们认为父母会出于对子女的亲缘利他动机而将自身社会化的偏好传递给后代。[①] 在他们的简单模型中,文化特征的传递模型是社会化(socialization)在家庭内或家庭外的相互影响。在家庭内部的社会化称为直接的、垂直的社会化,而通过向老师、同事、同学、同侪等榜样模仿和学习的社会化称为间接的、水平的社会化。进一步地,Bisin 等研究了合作倾向这一具体的文化特质的传递机制。[②] 与 Bisin 和 Verdier 不同的是,直接垂直社会化的概率在这里内生为父代选择的努力程度。特别的,他们认为小众(minority)文化特质的所有者具有更高的激励消耗资源去社会化他们的后代。这一机制也说明在演化过程中为什么小众文化特质(如合作等)没有被淘汰。

在解析社会规范对合作的影响研究中,Tabellini 同样强调了文化传递的重要性。对制度研究的一个自然问题是一些特定的社会规范的起源与演化之谜,以及为什么一些价值观念在某些环境中存在而在其他环境中则不存在。他认为,父母会理性地选择将何种价值观念传递给他们的后代。价值观念随时间演化,如果一种规则是由多数人选择的,则会存在路径依赖,因此,先辈选择时的初始条件可能导致唯一的坏均衡。[③]

Guiso 等同样建立了基于文化价值观念传递的世代交叠模型,他们假设在人们无经验条件下代际的文化传递对事件先验观念的形成具有重要作用。与先前模型不同的是,该模型假设由于父母不能充分地考虑子女在经验中学到的价值观念,父母传递的是相对保守的先验观念(priors),因此,在好的文化价值观念的净利益不够高的情况下,那些初始状态先验观念分散的社会可能会陷入坏的(低信任水平、低合作的)均衡。同时该模型强调,一个强化合作收益的临时正冲击可以永久地将均衡状态推至高合作水平的均衡。虽然该模型中

---

① Bisin, A. and T. Verdier, "The Economics of Cultural Transmission and the Dynamics of Preference", *Journal of Economic Theory*, 2001, 97(2), pp. 298-319.

② Bisin, A., G. Topa and T. Verdier, "Cooperation as a Transmitted Cultural Trait", *Rationality and Society*, 2004, 16(4), pp. 477-507.

③ Tabellini, G., "The Scope of Cooperation: Values and Incentives", *Quarterly Journal of Economics*, 2008, 123(3), pp. 905-950.

主要以信任水平和合作(或称为社会资本)来度量文化价值观念的好坏,但其有关文化价值观念传递与改变的理解还是具有一般意义的。另外,他们还以全球价值观调查和德国社会调查的数据对该模型的预测能力进行了验证。[①] Fernandez 则以关于女性参加工作的观念差异为主要研究对象考察了文化价值观念的代际传递与演化机制。[②] 其他的研究诸如 Benabou、Anderlini 等都对价值观念的形成与改变进行了模型探索。[③]

有关量化分析代际文化价值观传承,Dohmen 等以风险态度和信任为变量实证考察了文化价值观念形成的三方面机制:从父母到子女的价值传递、父母的正选择性匹配再次增加从父母到子女的影响效应、当地环境中主流价值的影响。分析结果发现,父母与子女之间具有类似的风险和信任态度,而这三种传递机制都对影响经济的文化价值观念的形成具有重要作用。[④]

(二)重大社会事件冲击和文化信念变迁

越来越多的证据表明重大社会事件可以深远地改变一个社会的群体信念和价值观。如 Alesina 和 Fuchs-Schuendeln 通过对东西德国的比较分析显示社会主义深远地改变了很大比例人口的信念。[⑤] Di Tella 等通过自然实验证实产权可以导致人们的信念变化。[⑥] 他们的另一项研究发现,在反对私有化态度盛行的背景下,私有企业对供水系统投资的现实改变了人们对私有化的既有信念。[⑦] 这些研究表明,信念与经济结果之间可能存在着双向的因果关系,信念差异带来经济绩效的不同,经济的发展又反过来重新塑造人们的信念。

---

① Guiso, L., P. Sapienza and L. Zingales, "Alfred Marshall Lecture: Social Capital as Good Culture", *Journal of the European Economic Association*, 2008, 6(2-3), pp. 295-320.

② Fernández, R., "Cultural Change as Learning: The Evolution of Female Labor Force Participation over a Century", *American Economic Review*, 2013, 103(1), pp. 472-500.

③ Bénabou, R., "Joseph Schumpeter Lecture: Ideology", *Journal of the European Economic Association*, 2008, 6(2-3), pp. 321-352. Anderlini, L., D. Gerardi and R. Lagunoff, "Social Memory, Evidence and Conflict", *Review of Economic Dynamics*, 2010, 13(3), pp. 559-574.

④ Dohmen, T., A. Falk, D. Huffman, and U. Sunde, "The Intergenerational Transmission of Risk and Trust Attitudes", *Review of Economic Studies*, 2012, 79(2), pp. 645-677.

⑤ Alesina, A. and N. Fuchs-Schuendeln, "Good Bye Lenin (or not?)—The Effect of Communism on People's Preferences", *American Economic Review*, 2007, 97(4), pp. 1507-1528.

⑥ Di Tella, R., S. Galiani and E. Schargrodsky, "The Formation of Beliefs: Evidence from the Allocation of Land Titles to Squatters", *Quarterly Journal of Economics*, 2007, 122 (1), pp. 209-241.

⑦ Di Tella, R., S. Galiani and E. Schargrodsky, "Reality versus Propaganda in the Formation of Beliefs about Privatization", *Journal of Public Economics*, 2012, 96(5-6), pp. 553-567.

Nunn 和 Wantchekon 结合当代的个体调查数据和历史数据发现，400 年前奴隶贸易的历史可能是当今非洲低信任的重要原因。研究发现，历史上奴隶贸易盛行的地区，人类很容易被亲戚、朋友和邻居欺骗及出卖，造成他们对最亲近的人也难以信任，而这种影响甚至持续到现在。①

文化信念和价值观深植于社会结构和生物学情境之中，其产生和变迁有深刻的生物学、心理学意义和广泛的经济社会发展背景，产生、变迁及固化后又对个体和群体的经济社会行为有显著的形塑作用。这类分析主要是规范分析并结合生物演化等理论模型加以阐释。

二、共享信念、价值观与制度

制度作为个体进行创新和投资激励的根本决定因素，对经济发展的影响毋庸置疑。文化信念与元制度密切联系，可以通过影响具体制度和机制进而作用于广泛的经济活动。一系列富有成果的研究把经济增长源泉归因于制度，不同的政治和经济制度在经济绩效的跨国差异方面有很好的解释力。② 而在制度经济学研究领域对制度的认识中，几乎无一例外地将制度定义为"共享信念"的系统③，所以无论是理论探讨还是实证检验，对制度的经济绩效研究立足点是围绕社会群体的共享信念展开的。

文化信念在比较制度分析和历史比较制度分析中居于极为重要的研究地位。Greif 较早地探讨了文化和制度之间的关系。他以意大利热那亚(Genoa)和北非马格里布(Maghribi)两地商人的历史案例分析了两者不同的文化如何导致他们发展成不同的对海外商人的规则制度，进而如何影响后续的发展路径。④ Glaeser 等在对制度与经济发展关系的考察中发现，殖民历史对经济的

---

① Nunn, N., and L. Wantchekon, "The Slave Trade and the Origins of Mistrust in Africa", *American Economic Review*, 2011, 101(7), pp. 3221-3252.

② Alesina, A. and G. M. Angeletos, "Fairness and Redistribution", *American Economic Review*, 2005, 95(4), pp. 960-980.

③ Denzau, A. T. and D. C. North, "Shared Mental Models: Ideologies and Institutions", *Kyklos*, 1994, 47(1), pp. 3-31. Greif, A., "Cultural Beliefs and the Organization of Society: A Historical and Theoretical Reflection on Collectivist and Individualist Societies", *Journal of Political Economy*, 1994, 102(5), pp. 912-950. Aoki, M., "Institutions as Cognitive Media between Strategic Interactions and Individual Beliefs", *Journal of Economic Behavior & Organization*, 2011, 79(1-2), pp. 20-34.

④ Greif, A., "Cultural Beliefs and the Organization of Society: A Historical and Theoretical Reflection on Collectivist and Individualist Societies", *Journal of Political Economy*, 1994, 102(5), pp. 912-950.

有益影响中来自正式制度的要远低于来自引入的人力资本的,这些引入的人力资本包含了特别重要的文化信念因素。① Licht 等认为非正式的制度基础根植于一个国家或地区的文化之中。他们研究了文化和社会制度的关系,以 50 个国家的跨文化心理学数据作为文化的度量并考察了制度的三个重要维度:法制、腐败和民主可问责性。为了识别因果关系,他们使用了语言这一与文化高度相关的变量作为工具变量,发现文化对以治理度量的制度质量有显著影响。② Di Tella 和 Dubra 指出"美国梦"信念系统包括社会正义信念以及对犯罪惩罚的认知,信念通过影响惩罚制度间接作用于经济结果。③ 在强调惩罚的文化中,更有利于形成具有较强执行力的惩罚制度安排,从而推动合约的执行和产权保护,而主张宽容的文化则可能更容易遭受搭便车者和反社会者的破坏。Tabellini 则将文化等同于广义的制度,以此实证考察由历史塑造的特定文化特质如何影响经济表现。他使用全球价值观调查中国家层面的个体重要价值观和信念指标来度量文化,这些指标包括信任、对他人的尊重、对个人努力与成功的信心。④ 为了避免遗漏变量问题,他将研究范围聚焦于欧洲地区。在控制了国家固定效应、1850 年的教育和城市化率水平的前提下,发现文化指标与两个历史变量相关:19 世纪末的地区识字率以及 1600～1850 年期间政治制度的度量指标。具体来说,历史上更落后的地区(高文盲率和差的政治制度)在当今具有以下的文化特质:低信任、不尊重他人、不信奉个人努力能达到成功。这些文化特质又高度相关于当今的区域经济发展水平。

三、文化信念、价值观与经济绩效:经验证据

文化信念和价值观对经济具有重要的影响力,一个自然的解释是不同族群组成的国家或地区拥有不同的文化,文化是决定个人和社会的价值、偏好、

---

① Glaeser, E. L., R. La Porta, F. Lopez-de-Silanes and A. Shleifer, "Do Institutions Cause Growth?" *Journal of Economic Growth*, 2004, 9(3), pp. 271-303.

② Licht, A. N., C. Goldschmidt and S. H. Schwartz, "Culture Rules: The Foundations of the Rule of Law and Other Norms of Governance", *Journal of Comparative Economics*, 2007, 35(4), pp. 659-688.

③ Di Tella, R. and J. Dubra, "Crime and Punishment in the 'American Dream'", *Journal of Public Economics*, 2008, 92(7), pp. 1564-1584.

④ Tabellini, G., "Culture and Institutions: Economic Development in the Regions of Europe", *Journal of the European Economic Association*, 2010, 8(4), pp. 677-716.

信念的关键因素,而这些差异在决定经济表现中扮演关键角色。① 文化在某种程度上是一定群体成员共享的信念体系,而文化背景又塑造成员的信念。一个社会群体持有的主导信念可能是构成包括制度变革、生产创造、市场贸易等的根本动力。Greif 认为不同的文化产生不同的对人类行为合宜性的信念,如一些信念主张执行惩罚而另一些则不主张,这可以改变既定制度环境中的均衡结果。② Landes 也认为西方世界的崛起源于特定的一系列关于世界的认知以及人类行为如何改变世界的信念。③ 信任、对社会地位的决定因素的看法、公平与效率的观念、对性别角色的看法等这些信念和偏好在不同社会和同一社会的不同时期都可能呈现显著差别。这些信念和偏好进而影响个体行为和资源配置方式。作为较早使用全球价值观数据实证研究文化与经济关系的代表性文献,Granato 等主要以几个主要的价值观念作为文化的度量,考察了个人的成就动机对经济发展的影响,使用最小二乘回归对 25 个国家的横截面数据进行了实证分析。结果表明,追求成就和节俭的价值观与经济增长正相关,而关注后物质主义(post materialism)的价值观与经济增长负相关。④

为了证明文化价值观念对经济的重要性,面临的困难在于找到令人信服的方式,表明文化可以被严谨地研究,特别是需要将文化的影响与制度和标准的经济变量进行分离。全球价值观调查等调查数据为度量和分析文化价值观念提供了变量。许多研究以个体在调查中表达的对一系列事项的观念作为文化的度量并将之与经济数据结合起来进行分析。值得注意的是,由于这种研究面临严重的内生性问题,所以,工具变量的选择和使用具有重要意义。

(一)信任信念的经济效果

德国社会学家齐美尔指出,“信任是社会中最重要的综合力量之一”。一个社会的流畅运转依赖于此,人际亲疏、法律规则都是信任的参照,信任就是

---

① Acemoglu, D., S. Johnson and J. A. Robinson, “Institutions as a Fundamental Cause of Long-Run Growth”, *Handbook of economic growth*, 2005, 1(PartA), pp. 385-472.

② Greif, A., “Cultural Beliefs and the Organization of Society: A Historical and Theoretical Reflection on Collectivist and Individualist Societies”, *Journal of Political Economy*, 1994, 102(5), pp. 912-950.

③ Landes, D. S., 1998, *The Wealth and Poverty of Nations: Why Some Are so Rich and Some So Poor*, New York: W. W. Norton & Company.

④ Granato, J., R. Inglehart and D. Leblang, “The Effect of Cultural Values on Economic Development: Theory, Hypotheses, and Some Empirical Tests”, *American Journal of Political Science*, 1996, 40(3), pp. 607-631.

力量,经济活动中的信任更是经济发展的润滑剂。“2016 中国信任度调查”的数据也发现,国人越来越倾向于依靠法律法规制度下的契约精神来重获信任。La Porta、Knack 等在经济学研究也比较早地使用了全球价值观数据,他们聚焦于信任这一重要的文化价值观念与经济绩效的关系,发现了两者之间高度的相关性,但是面临的一个问题就是信任与经济增长互为因果所产生的内生性问题。① Tabellini 基于全球价值观调查数据的实证研究也发现信任与国家之间经济绩效存在相关性。②

信任通过多个途径对经济绩效产生影响。人类大部分合作都依赖于信任,大量来自实验经济学的研究表明,高的信任信念可以提高社会困境博弈中的合作水平。③ 进一步的,信任通过影响制度结构而作用于社会生产效率。譬如 Bloom 等认为,信任水平高的地区的公司组织更可能分散化,高信任通过推动公司之间的重新分配和促使更有效率的公司成长,进而提高整体的生产率水平。④ 另外,Algan 和 Cahuc⑤、Aghion 等⑥都从不同角度考察了信任与制度的关系。

(二)宗教信仰和长期经济增长

另一常被关注的文化经济学领域是宗教信仰问题。Barro 和 McCleary 考察了人们对地狱和天堂的宗教信仰如何影响经济增长,通过工具变量的估计,他们认为存在从宗教信仰到经济增长的单向因果关系而不是相反。Guiso 等

---

① La Porta, R., F. Lopez-de-Silanes, A. Shleifer and R. W. Vishny, “Trust in Large Organizations”, *American Economic Review*, 1997, 87(2), pp. 333-338. Knack, S. and P. Keefer, “Does Social Capital Have an Economic Payoff? A Cross-Country Investigation”, *Quarterly Journal of Economics*, 1997, 112(4), pp. 1251-1288.

② Tabellini, G., “Culture and Institutions: Economic Development in the Regions of Europe”, *Journal of the European Economic Association*, 2010, 8(4), pp. 677-716.

③ Dufwenberg, M. and U. Gneezy, “Measuring Beliefs in an Experimental Lost Wallet Game”, *Games & Economic Behavior*, 2000, 30(2), pp. 163-182.

④ Bloom, N., R. Sadun and J. Von Reenen, “The Organization of Firms across Countries”, *Quarterly Journal of Economics*, 2012, 127(4), pp. 1663-1705.

⑤ Algan, Y. and P. Cahuc, “Civic Virtue and Labor Market Institutions”, *American Economic Journal: Macroeconomics*, 2009, 1(1), pp. 111-145.

⑥ Aghion, P., Y. Algan, P. Cahuc and A. Shleifer, “Regulation and Distrust”, *Quarterly Journal of Economics*, 2010, 125(3), pp. 1015-1049. Aghion, P., Y. Algan and P. Cahuc, “Civil Society and the State: The Interplay between Cooperation and Minimum Wage Regulation”, *Journal of the European Economic Association*, 2011, 9(1), pp. 3-42.

则指出宗教信仰和教派的强度与个体一系列的态度如信任他人，对政府、女性工作、节俭等的看法相关。[①] Guiso 等进而使用宗教信仰作为工具变量研究这些价值观念在国家层面的累积效果与储蓄、再分配、贸易等经济表现之间的相关性。结果表明，关于节俭的价值观对储蓄率具有重要影响，持有节俭观念国民比例的标准差提高 1 个百分点伴随国民储蓄率 1.8 个百分点的增长。[②] 以往的研究中，关于中国民众宗教认同和实践的分析比较模糊。在多次“全球价值观调查”中，儒文化成了一种宗教类别。比如，1981～2002 年间的 4 次“全球价值观调查”数据显示，中国台湾地区和大陆的被访者在祖先崇拜认同及参与的比例分别为 2.5%和 44%，而在儒教认同及参与的比例仅为 0.2%和 0.0%。2002 年的全球价值观调查显示，93.9%的中国大陆被访者认为无宗教信仰，89.7%的中国被访者从未参加宗教活动。从数据上看，中国大陆的宗教信仰程度小，但值得注意的是，虽然从认同的角度来看，中国大陆对于儒教认同的程度较小，但是其具体的儒教实践模式却和祭祖行为紧密相关。

（三）性别和工作价值观念对家庭分工和劳动市场的影响

Fernández 等发现，由工作的母亲养大的男性，其婚后妻子更倾向于参加工作，这是由于代际传递引起的性别与工作价值观念所导致的，进而会对整个经济产生重大影响。[③] 在另外一项研究中，Fernández 以全球价值观调查的数据进行跨国实证分析发现，崇尚家务劳动的观念与女性的工作参与显著负相关。[④] 在不同的文化中，我们很容易发现家庭观念的重大差别，这是否也具有经济意义，回答无疑是肯定的。Alesina 和 Giuliano 使用全球价值观调查中家庭观念数据构造了家庭连带强度，实证表明对家庭越重视，家庭生产程度越高、家庭规模越大，而妇女和少儿的劳动参与程度和迁徙比例则越低。[⑤] 他们

---

① Guiso, L., P. Sapienza and L. Zingales, “The Role of Social Capital in Financial Development”, *American Economie Review*, 2004, 94(3), pp. 526-556.

② Guiso, L., P. Sapienza and L. Zingales, “Does Culture Affect Economic Outcomes?” *Journal of Economic Perspectives*, 2006, 20(2), pp. 23-48.

③ Fernández, R., A. Fogli and C. Olivetti, “Mothers and Sons: Preference Formation and Female Labor Force Dynamics”, *Quarterly Journal of Economics*, 2004, 119(4), pp. 1249-1299.

④ Fernández, R., “John Marshall Lecture: Women, Work, and Culture”, *Journal of the European Economic Association*, 2007, 5(2-3), pp. 305-332.

⑤ Alesina, A. and P. Giuliano, “The Power of the Family”, *Journal of Economic Growth*, 2010, 15(2), pp. 93-125.

的后续研究涉及政治参与和家庭连带之间的关系①,政治参与是社会资本的重要组成部分,对经济发展具有重要意义。这一研究表明,家庭观念强对于经济的市场化进程具有不利的影响,从而也可以部分地解释为什么不同文化间经济绩效存在差异。

(四)语言模式潜在影响族群的经济行为

语言是文化的标签,是制度的载体和媒介。Chen 认为语言从语法方面联系于现在和未来,因而与人类的跨期选择行为密切相关。比如,英语中会明显区分现在和将来的事件(It will rain tomorrow),而德语则只简单叙述(It rains tomorrow)。由于跨期选择是人类面临的重要经济决策,不同族群的语言差别会联系于一系列重要的经济行为差别。基于上述的逻辑,他使用 WVS 数据实证研究了语言对储蓄、退休、吸烟、安全性行为、肥胖等方面行为的数量影响,分析表明确实存在从语言到经济社会行为的因果关系。②

文化信念和价值观影响经济绩效的途径总体来说有两个方面:一个是直接途径,不同社会群体的文化信念和价值观谱系中的因素(如合作、信任、竞争、对成功的看法等)直接作用于经济行为和结果;另一个是间接途径,文化信念和价值观通过影响制度结构、语言系统、人力资本、社会资本等间接作用于经济绩效,此类问题的重点和难点在于中间代理变量的构造以及如何解决互为因果的内生性问题。对于内生性的问题,Algan 和 Cahuc 使用美国移民继承先辈的信任成分作为工具变量对信任与增长的因果关系进行实证分析,发现继承的信任可以解释 1935～2000 年间经济发展水平国别差异中的绝大部分,并认为发展中国家人均收入的落后主要可以由低的信任水平加以解释。③ 另外一个思路就是抽象出历史事件作为自然实验消除内生性,Giuliano 和 Spilimbergo 认为历史事件的冲击可以深远影响人们的价值观念。他们发现,在年轻时经历过经济衰退的个体会倾向于认为人生的成功更多地取决于运气而不是努力,更加支持政府的再分配并倾向选举左翼政党。这种衰退对信念

---

① Alesina, A. and P. Giuliano, "Family Ties and Political Participation", *Journal of the European Economic Association*, 2011, 9(5), pp. 817-839.

② Chen, K., "The Effect of Language on Economic Behavior: Evidence from Saving Rates, Health Behaviors, and Retirement Assets", *American Economic Review*, 2013, 103(2), pp. 690-731.

③ Algan, Y. and P. Cahuc, "Inherited Trust and Growth", *American Economic Review*, 2010, 100(5), pp. 2060-2092.

的影响是长期的，研究者使用了 WVS 调查数据对观点作了验证。①

四、社会价值观与经济政策

在对价值观的研究中，有非常重要的一部分是来自于人们对待个人努力与自身成功或财富的关系看法，或者说人们对社会正义的信念。这一信念具有深厚的心理学基础，人们需要相信他们生活在一个正义的世界里，可以普遍得到他们应得的东西。② 人们需要不断地激励自己（或子女）去努力工作、进行教育投资、在逆境中奋进，以及避免陷入懒惰、福利依赖和毒品的深渊。在这种情况下，激发每个人最终会获得“应得”的乐观信念就极为重要。③ 这种基本的社会正义的人性需求，面对现实的挑战，付出并非总是获得回报，以出生、运气、腐败、关系等非“正义”因素获得高额收入的现象在全世界都不同程度的存在。尽管人类拥有同样的正义信念需求，但是调查显示对待社会正义的信念在不同国家和地区之间具有重大的差异，这种国别之间社会正义信念的差异对各国经济政策到最终经济绩效的实现造成重要影响。

在这一问题方面，一个典型经验事实是在过去几十年间美国和欧洲从公共政策到经济绩效都呈现显著差异。Alesina 等实证分析表明一国的社会福利支出与认为“运气和关系决定收入”的信念强烈正相关。“美国梦”以普遍相信努力工作带来美好生活为特征，表现为自由放任的公共政策，而欧洲则对社会正义持悲观态度并推行高福利政策。他们以全球价值观调查的数据分析显示多数美国人（60%）将贫穷归因于错误的选择或缺乏努力，而多数欧洲人（60%）认为贫穷是难以逃离的陷阱，多数美国人（59%）视财富和成功为天赋、努力、创业精神的结果，而多数欧洲人（54%）则归因于运气、腐败或关系等因素。虽具有类似的资本主义制度基础，在过去的一个世纪，美国的经济绩效显著优于欧洲。④ 随后的一系列研究如 Alesina 和 Angeletos、Benabou 和 Tirole

---

① Giuliano, P. and A. Spilimbergo, “Growing up in a Recession”, *Review of Economic Studies*, 2014, 81(2), pp. 787-817.

② Lerner, M. J., 1982, *The Belief in a Just World: A Fundamental Delusion*, New York: Plenum Press.

③ Bénabou, R. and J. Tirole, “Belief in a Just World and Redistributive Politics”, *Quarterly Journal of Economics*, 2006, 121(2), pp. 699-746.

④ Alesina, A., E. Glaeser and B. Sacerdote, “Why Doesn't the United States Have a European-Style Welfare State?” *Brookings Papers on Economic Activity*, 2001, (2), pp. 187-254.

等认为美国社会相信个人努力决定收入,倾向于选择较低的收入再分配水平和低税率,均衡状态下努力水平高而运气扮演的成分有限,从而市场结果会相对公平,社会信念进一步得以自我实现;欧洲社会更相信运气、出生、关系、腐败等决定财富,倾向选择高税率制度,从而扭曲分配使这种信念也得以维持。[①]一项较新的政治学研究表明,在排除了文化因素、绩效因素、意识形态因素以及人口统计学特征的影响之后,通过分析全球价值观调查 2007 年的中国数据,他们发现:民众对社会流动的乐观预期提升了对执政党的政治信任,能产生"只要努力就能获得成功"的预期。[②]

这类研究中广泛采用模型分析、规范性福利分析。Hirschman 和 Rothschild[③]、Piketty[④]、Benabou 和 Ok[⑤]、Rotemberg[⑥] 均对社会正义信念在社会分配政策中所起的作用进行了模型分析。其中,极具代表性的是阿莱西纳的工作,在 Alesina 和 Angeletos 静态分析模型的基础上,Alesina 等使用了一个政治—经济分析的演化动态模型考察了政策(所得税、财富税和转移支付)、不平等和再分配偏好随时间的演化,并将这一演化过程作为个体对财富差距是否公平的感知变化的函数。[⑦] 他们发现公平信念的不同会使两个在其他方面相同的国家分岔到完全不同的发展道路上。在该模型中,作者还表明对公平观念(或偏好、意识形态)的一次暂时冲击可能会产生长期效果,进而导致政策选择的改变。

---

① Alesina, A. and G. M. Angeletos, "Fairness and Redistribution", *American Economic Review*, 2005, 95(4), pp. 960-980.

② Su, Z., Y. Cao, J. He and W. Huang, "Perceived Social Mobility and Political Trust in China", *African and Asian Studies*, 2015, 14(4), pp. 315-336.

③ Hirschman, A. O. and M. Rothschild, "The Changing Tolerance for Income Inequality in the Course of Economic Development With A Mathematical Appendix", *Quarterly Journal of Economics*, 1973, 87(4), pp. 544-566.

④ Piketty, T., "Social Mobility and Redistributive Politics", *Quarterly Journal of Economics*, 1995, 110(3), pp. 551-584. Piketty, T., "Self-Fulfilling Beliefs about Social Status", *Journal of Public Economics*, 1998, 70(1), pp. 115-132.

⑤ Benabou, R. and E. A. Ok, "Social Mobility and the Demand for Redistribution: the POUM Hypothesis", *Quarterly Journal of Economics*, 2001, 116(2), pp. 447-487.

⑥ Rotemberg, J., "Perceptions of Equity and the Distribution of Income", *Journal of Labor Economics*, 2002, 20(2), pp. 249-288.

⑦ Alesina, A., G. Cozzi and N. Mantovan, "The Evolution of Ideology, Fairness, and Redistribution", *The Economic Journal*, 2012, 122(565), pp. 1244-1261.

五、结论与评价

本文对近些年来经济学界针对文化与经济关系的大量研究文献进行梳理和评价，其中特别关注了此领域中运用全球价值观调查数据所进行的实证研究。可以看出，在社会科学界内部一个日益广泛的共识是，决定当今社会发展的力量很大一部分是来自整个社会群体的主流价值观和意志，这些意志或价值观通过各种机制转化为个体行为和集体行动来推动社会发展。文化信念和价值观通过与社会制度和政治经济政策的相互作用对经济结果产生深远的影响，而文化信念和价值观又内生于制度和社会经济的演化之中，形成复杂的交互演化动态过程。

当今世界文化异彩纷呈，东西文化交相辉映，各取所长、共同繁荣是大势所趋。文化与经济关系的研究为我们提供了一个相对客观的视角，什么文化有利于经济发展？什么文化阻碍经济发展？应该是需要面对的核心问题。比如，从上述的梳理和评析中，我们可以看到，信任他人、相信努力和坚信社会正义在普遍的意义上具有积极的作用，应该是所有文化共同追求的方向。而语言、家庭观念、宗教等综合价值判断则存在显著的跨文化差异，需要更为合理的评价与认识。

在现实的意义上，大量研究表明，文化信念和价值观绝不仅仅是国家软实力的体现，同时也是硬实力的重要保证。加强文化繁荣的建设，不仅能提高精神文明水平，还可以为经济发展提供更为持久的动力。所以，相对于基础设施等有形资本的投资，对文化和教育等无形资本的投资更需要引起政策当局的重视。

［原载于《山东大学学报（哲学社会科学版）》2017 年第 3 期］

文化创新研究

雄安新区研究的新理论增长点

——基于文化、产业、民生的现实维度

范　周

“雄安新区”的设立是以习近平同志为核心的党中央作出的一项重大的历史性战略选择。雄安新区的建设，着眼党和国家发展全局，立足大历史观，深入推进京津冀协同发展战略，探索人口经济密集地区优化开发的新模式，谋求区域发展的新路子，打造当代中国经济社会发展新的增长极。随着新区建设的有序进行，现有县域的产业形态、社会空间、生活方式、治理模式、文化生态、城乡风貌等各方面都迎来颠覆性的转变，而与之相应的是一系列亟待深入研究的重要议题及相关理论的系统建构。本文基于对雄安新区辖域内的雄县、容城县与安新县实地调研，从文化资源、产业与民生三方现实维度，系统梳理了雄安县域文化遗脉、产业结构与民生现状。目前，雄安新区面临公共服务落后、经济基础薄弱、利益主体多元等棘手“考题”，这需要在把握新区自身发展基础与发展特点的前提下，将雄安新区的学术研究置于经济社会发展的宏观系统中予以统筹考量，以期建构雄安学术研究的理论体系，为当代中国社会发展贡献新的理论增长点。

一、文化资源：保护与活化

雄安新区的历史使命与高点定位，决定了文化是立区之魂。没有文化传承就没有雄安未来。在规划编制中体现文化先行的理念，把文化建设放在重要位置，努力把雄安新区建设成中华优秀传统文化传承示范区，守住安全红

线、生态红线,更要守住文化底线。[1] 新区文化是城市文化精神以及城市景观的总体形态,要保护与活化文化历史资源,让城市建筑环境传承历史记忆,形成连续性的城市记忆与城市文脉。

(一)历史古迹:让历史古迹成为新区文化地标

雄安新区历史文脉悠长,承载着超过千年的历史文化资源。雄县、容城、安新三县早在汉代就已建县。目前,三县拥有全国重点文物保护单位2处,省级文物保护单位8处,市县级文物保护单位40余处,登记在册的不可移动文物点140余处,尚未核定公布为文物保护单位的不可移动文物数量更多。雄县境内,古时雄州是边关要塞,宋军为抵御辽军修筑的堪称“地下长城”的大型地下防御工事蜿蜒十几公里,气势恢宏,如今依旧可辨。容城境内,商州时期的晾马台遗址、春秋战国时期南洋遗址以及唐代晾马台遗址均保存完好,并出土了大量陶器,具有重要的历史和学术价值。安新县内的“两塔一庙”历经沧桑,如今已经成为重要的爱国主义教育场所,具有深厚的文化底蕴和光荣革命传统。这些只是雄安新区丰富深厚的历史文化遗产积淀的冰山一角。经过系统梳理,我们发现文物保护区范围内的遗址保存相对完整,这里的文化挖掘和保护工作正在展开,文化遗存的修复与保护工作也已经被列入计划。一处处历史遗迹记录着千百年来这座城市的发展轨迹,在时空变换的新陈交替与变迁之中,恰恰是这些不同时代、不同维度的遗址构成了城市独特的魅力,并世代延续。

历经千百年时间沉淀的文化古迹不仅见证着这座城市的历史变迁,构成了这个城市的历史文化空间,更塑造了这座城市特有的文化基因,代表着城市独有的文化精神。正因为这样,我们才要精心地保护文物建筑、城市历史,建设众多的博物馆来保护这些可移动和不可移动文物。雄安新区未来的城市建设,文化自然不能缺失,其中历史文化更要重点保护,而作为历史文化重要载体的历史古迹则应该成为雄安新区的文化地标。

要让历史遗迹成为雄安新区的文化地标,首先必须系统梳理新区历史文化,并进行保护与活化,让原住民能够记住新区的历史,让外来移民能够深入了解与感悟新区的历史积淀。其次要借鉴国际经验,让古迹在新区复活。用

---

[1] 参见《雄安新区建设欲守住文化底线:无文化传承,无雄安未来》,http://www.chinanews.com/gn/2017/06-27/8262749.shtml,2017年7月4日。

丰富多彩的方式，提高名胜古迹的利用率，从新的角度诠释文化遗产在现代生活中的作用，并产生可观的经济效益。在这一过程中，严格遵守文物保护规定，不使古迹受损是底线。再次，统筹古迹内外环境，延续历史氛围。只有完善基础研究，熟悉内外环境，才能有的放矢寻找保护与活化的措施。除此之外，要将先进的科学技术引入文物与遗迹的保护之中，用现代化的措施与手段提高修复、建设与保护的能力。

（二）非遗传承：让非遗传统“活”在当下

雄安新区文化积淀深厚，一批各具特色的非物质文化遗产成为新区文化发展的宝贵财富。雄县共有非遗项目21项，其中国家级非遗项目2项，县级以上非遗代表性传承人23人；安新县共有国家级非遗项目2项；容城县共有市级非遗项目2项。

随着雄安新区建设的推进，非物质文化遗产的保护必然会面临生存环境变迁、传承人断代以及外来文化的冲击等问题，这些问题的出现将对目前非遗保护带来一定的阻碍。就目前来说，雄安新区的非物质遗产保护存在着传承意识与传承主体两方面的问题。

首先，基层文化部门对于非遗的认识及重视程度有限，一些非遗项目或散落民间，或未能发掘。例如“容城八景”是已挖掘的两处市级非遗项目之一，据《容城县志》记载，该非遗项目原为容城县的八处景观，现在传承下来八个传说，但该项目已没有传承人，只有三贤文化研究会的一些会员可以完整讲述这八个传说。除此之外，尽管还有一些类似于酒曲制造等地方特色传统技艺存在于新区，但并未收录进非物质文化遗产的名录。

其次，非遗的传承与保护主要由中老年人承担。例如容城的市级非遗项目高腔戏，它起源于清代乾隆年间，为飞叉会表演前奏曲目，代表作有《五鬼拿刘氏》等。但由于目前高腔戏的传承人年事已高，受身体原因所限，传承活动基本已经不再开展。在雄县，起源于宋元时期的雄安古乐是国家级非物质文化遗产，是研究民族古典音乐的宝贵文化资源。但目前的表演队伍，半数以上是年过半百的中老年人，年轻学员数量稀少。在雄安新区，曾经家家户户编苇席的盛况早已不再，编苇这项技艺甚至只有60多岁的老人们掌握，耄耋之年的老人仍然孜孜不倦地致力于非物质文化遗产的传承。但随着传承人的逐渐老去，年轻的传承力量却断代严重，为非遗传承带来了一定难度。

因此,让雄安新区的非遗传统活在当下,要从以下几个方面入手。首先,要尊重客观规律,从上至下,从高层至基层树立起保护非物质文化遗产的意识。要着重观察这些非物质文化遗产在当代社会的生存情况、生存环境,既要注重维护非物质文化遗产的具体形态,更要保护其根本的生命力。其次,针对传承人,应该形成政府主导与社会力量共同参与的局面。一方面要依靠政府的资金与政策扶持;另一方面要鼓励社会力量与民间资源的参与,尤其是要在未来一批高等院校进驻雄安新区之后,加强与高校之间的通力合作,为民间传统技艺输送一批专业管理人才。最后,激活非物质文化遗产,增强其竞争力与知名度。要突破单纯封闭式、抢救式的保护模式,在某种程度上与市场接轨,用更开放的思想拥抱市场、实现传承,不断增强非物质文化遗产的竞争力与生命力。

(三)红色文化:铭记红色历史,弘扬革命精神

雄安新区在中国民族革命时期扮演着重要的角色,这片热土曾涌现出许多可歌可泣的人和事,镌刻着鲜明的红色印记,孕育了深厚的革命精神。在雄安新区的建设过程中,一定要将红色文化作为一个着眼点,将此处的红色文化资源与其他的文化资源糅在一起,创造出雄安新区的文化名片。

总体来说,雄安新区的红色文化资源类型丰富且历史价值高,影响广泛,文化基础厚重。就历史价值层面而言,茂密葱茏的白洋淀里,一道道芦苇形成天然“水长城”,为抗击日寇发挥了重要作用。一支神出鬼没、骁勇善战的抗日武装——雁翎队,智取十方院岗楼、夜袭大淀头岗楼、巧用矛盾端岗楼等对日抗战的英雄事迹至今广为流传。岁月磨平了多少当年曾辉煌一时的往事,而雁翎精神却伴随着历史的发展教育了一代又一代人。在白洋淀人民长期抗战过程中,逐渐形成了敢于斗争、机智灵活的雁翎精神,体现了中华民族的民族性格和民族气节。就影响范围而言,很多文学作品和影视作品例如《小兵张嘎》《荷花淀》等,对历史上发生在白洋淀这片红色土地上的事迹都进行了很好的宣传与弘扬。白洋淀既是革命圣地又是华北明珠,这些在碧波万顷的芦苇之间生长出来的红色文化,与绿色的绝美景致构成了白洋淀文化更广阔的想象空间。

相比于其他文化,红色革命文化有更加特殊的历史与现实意义,它带有鲜明的民族性、时代性与人民性,体现着中国文化的先进性,具有传承历史和教

育人民的作用，对红色文化的发掘既要注重实体性遗产的保护利用，更要注重精神内涵的提炼升华。这些红色文化不能只是被动地承载传统、反映历史，更要成为培育先进文化的酵母，为社会实践活动提供思想源泉、精神养分和创新动力。

基于此，在雄安新区未来塑造红色文化名片时，要做到以下几个方面。第一，红色文化资源要与个体、群体环境形成互动。白洋淀的革命文化经过战争年代血与火的淬炼，包含众多人、事、物、魂等具体内容，要挖掘红色文化中生活化、草根化的内容，适应群众需要，真正将红色文化渗透到人民群众的生活之中。第二，红色文化资源要与经济功能形成合力，不论是物质形态还是非物质形态的红色文化资源，在具有政治与教育功能的同时，还应具有市场经济功能，要充分利用良好的知名度和现有的品牌效应，科学规划，合理开发，将红色文化与历史文化、民俗文化、生态文化等进行整理，打造品牌，多元融合，形成一张独特的城市名片，做到铭记历史文化，弘扬历史精神。

（四）民俗文化：延续文化生态，为雄安留住乡愁

美国人类学家罗伯特·雷德菲尔德提出了“大传统”和“小传统”的理论模式，所谓“大传统”指的是一般所说的占统治地位的文化，所谓“小传统”则主要指民间文化、民俗文化。民俗与民众的生活须臾不可分离，是一种与生俱来的日常生活文化，展现了这个地方的民众生活智慧，传承了独有的文化基因。但同时，民俗文化又是一个城市、一个地区的根脉文化，为这个地方的精英文化、典籍文化甚至外来文化提供母体、奠定基础。雄安新区的人民长期以来伴水而居，相对封闭的生活环境为生活方式打上了浓郁的地方特色。

第一，民风民俗淳朴，文化发展方式传统。雄安三县历史悠久，早在新石器时代就有人类生息繁衍，在长期的生产生活中，民间形成了独具特色、丰富多元的民俗文化。容城县的民间花会年年举办，中元节时用荷叶或荷花制成河灯放在水中的习俗流传至今，捕鱼、织网、苇编和那些朗朗上口的渔谚都表现着雄安新区与众不同的文化气质。

第二，传统观念影响深远，移风易俗初期受到阻碍。这种情况在乡镇和农村地区表现较为明显。以白洋淀为例，白洋淀周边各村村民生活经营方式较为传统，主要以捕鱼、手工业、服装业为主，至今这个片区还有水葬的风俗习惯。村民们的传统观念不容易改变。

第三,文化名人的精神影响世代传承。无论是来源于生活的传统民俗,还是植根于心灵的文化精神,在雄安新区这片热土,都以其最淳朴的方式影响着祖祖辈辈生活在这里的人们。容城三贤之一杨继盛第十四代传人杨四合老先生曾为了感念祖先的无畏精神,号召组织村民捐款复原重建了杨继盛祠堂。祠堂逐渐受到政府和各界的关注,吸引全国各地的人汇聚于此。每月初一和十五,祠堂必有进香供奉,杨继盛的精神得以流传,渐渐成为了容城这一方土地的文化象征。

一方土地对于我们而言,不仅是可供居住和使用的场所,我国在城镇化发展的过程中取得了世界瞩目的成就,但也带来了许多问题,例如造城运动带来农村空心化、传统民俗文化大量消亡。雄安新区的城市建设,不能只看见未来而抛弃过去,要保护传承优秀的民风民俗,要让雄安人民即使是在很多年后也能感受到"乡愁"的温度。对于民俗文化的保护和传承,要遵循民俗文化发展的内在规律,在保护的基础上,对其进行合理利用,激活其内在活力和生命力,积极有效融入当代元素,使民俗文化在活态传承中得到保护。保护和传承民俗文化,并不是"原汁原味"地将民俗文化作为标本进行保护,而是要保护其文化内涵、文化基因、核心工艺,把它们变为现代生活文化的一部分,变成"活"在我们身边的必不可少的活态文化。

(五)文学流派:荷花淀派与白洋淀诗群

雄安新区坐拥着被称为"华北明珠"的白洋淀,它既是华北平原水文湿地的自然遗产,也是在人类文明历史上人与自然和谐共处、相融相济的文化遗产。

以"荷花淀派"为代表的文学流派是新中国的第一个文学流派,在中国文学史上有举足轻重的地位。荷花淀即白洋淀,"荷花淀派"以孙犁为代表,起源于孙犁 1945 年写作的《荷花淀》。在创作上,"荷花淀派"主要描写白洋淀地区农村日常生活,语言清新、朴素,富有诗情画意,有"诗体小说"之称,主要作家还有刘绍棠、从维熙、韩映山等。如今,孙犁已经成为白洋淀地区的文化名人,孙犁纪念馆也成为白洋淀地区的文化地标,这里完整收录了孙犁的主要作品、生平思想和创作历程,具有珍贵的文化遗产保护和研究价值。

"白洋淀诗群"为新诗潮的形成起了奠基作用,使安新县成为 20 世纪 80 年代朦胧诗全面复苏的发源地。"白洋淀诗群"形成于"文化大革命"时期,主要创作群体是1968年底大规模“上山下乡”运动期间到白洋淀地区插队的北京知青，包括根子、芒克、多多、依群、方含、宋海泉、林莽等。他们自发地组织民间诗歌文学活动，以其创作高度把“文化大革命”时期的“地下诗歌”推向高潮，被称为“新诗潮在潜流期最具典型意义的诗歌群体”，为20世纪80年代朦胧诗的全面复苏唱响先声。

白洋淀不是独立存在的单一生态体，它令人心醉神驰的自然风光与其浓重深厚的文化色彩，延续着雄安新区悠长的历史文脉，承载着新区的文化价值。这里是人文的热土，是历史的积淀，是创意的起点，如何在新区建设中雕琢这块瑰宝，使其在新时期绽放光芒，是值得深思的问题。

二、产业现状：机遇与挑战

雄安新区将成为“创新、协调、绿色、开放、共享”五大发展理念[①]的集中施展平台。然而，目前雄安新区所辖范围内整体业态发展水平比较低端，产业结构以劳动密集型为主导，未来新区产业布局中挑战巨大。与此同时，新区建设也将为当地企业迎来产业转型升级，产业结构由劳动密集型向知识密集型、技术密集型方向发展的历史机遇。挑战与机遇的并存，正是当地产业生存与发展所面临的现实，也是当地民众心之所系。

（一）产业现状

1.雄县四大产业支柱：纸塑包装、乳胶制品、压延制革、电线电缆

雄县产业发展以民营经济为主。民营企业起步于20世纪70年代末80年代初，经过40年左右的积累发展，逐步形成了以塑料包装、压延制革、乳胶制品、电器电缆为支柱，以箱包加工、制帽、机械制造等为主的门类比较齐全的工业体系。目前全县共有民营经济组织15723家，从业人员121020人。2016年，年营业收入432亿元，利润43.2亿元。其中规模以上企业118家，从业人员7520人。年营业收入219亿元，占当年总营业收入的50.7%；利润6.8亿元，仅占当年总利润的15.7%。这些数据切实说明雄县的民营经济是切切实实的富民产业（见图1、图2）。

---

① 中国共产党第十八届中央委员会第五次全体会议强调，实现“十三五”时期发展目标，破解发展难题，厚植发展优势，必须牢固树立并切实贯彻创新、协调、绿色、开放、共享的发展理念。

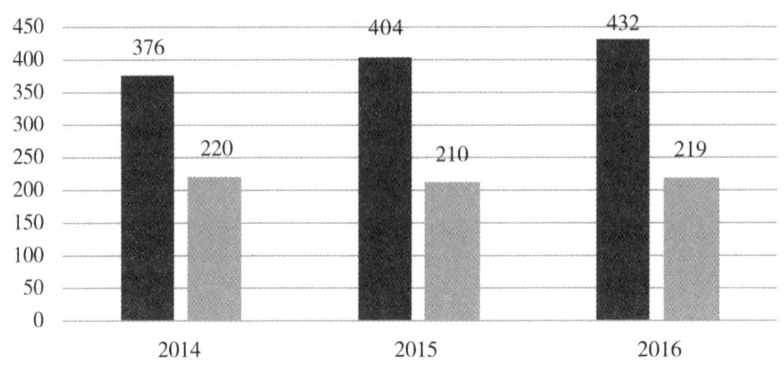

图 1 2014～2016 年雄县民营经济组织营业收入(单位:亿元)

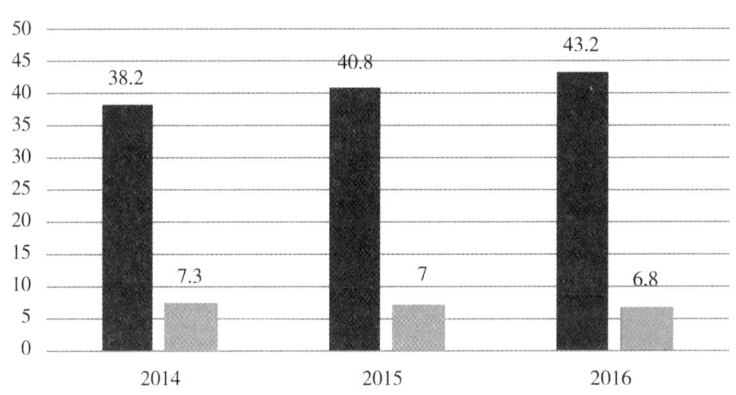

图 2 2014～2016 年雄县民营经济组织利润(单位:亿元)

2016 年,雄县生产总值完成 101.14 亿元,年均增长 7.92%,超过全国平均发展水平;固定资产投资完成 69.86 亿元,年均增长 13.5%;规模以上工业增加值完成 72.74 亿元,年均增长 19.7%,发展迅速。

(1)塑料产业。塑料包装企业主要分布于雄州镇三街、县城周边专业村以及龙湾乡。塑料管材企业主要集中在昝岗镇、米北乡、张岗乡等专业村。雄县现有塑料企业据官方统计为 20000 余家,据行业协会数据为 80000 余家,从业人员 80000 余人。塑料行业资产总额 110 亿元,固定资产 55 亿元,产值 367 亿元,主要产品占国内市场 8%,国际市场 4%,已形成原材料、生产、回收、再加工、生产与再生产的塑料产业链(见图 3)。

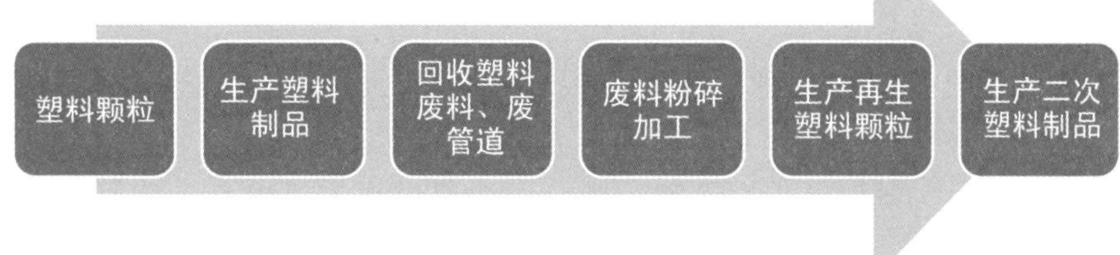

图3　塑料包装产业链

(2)压延制革。压延企业主要集中于雄县县城至白沟镇路两边的革塑工业园区。现有压延制革企业670余家,其中现有一定规模的中小企业20余家,产业链条相关配套小微企业650余家,从业人员7000余人,拥有生产线70条。压延行业产值1105亿元,利税60亿元。产品占国内市场份额30%左右,是我国北方最大的灯箱布生产基地。

(3)乳胶制品。雄县现有乳胶企业75家,集中分布于龙湾大步村、昝岗镇。其中气球生产企业70家,安全套生产企业3家,乳胶手套生产企业4家,从业人员30000余人,拥有乳胶手套生产线590条、气球生产线660条、手指套生产线80条、医用手套生产线10条。乳胶行业资产总额35亿元,固定资产25亿元,年产值56亿元,利税6亿元。其中气球产品占全国市场份额的80%以上、占国际市场的60%,而雄县大步村更被称为“中国气球第一村”。

(4)电器电缆。目前雄县拥有电器电缆企业350余家,从业人员3000余人,主要设备包括成缆机、压胶机、连流护套生产线等。雄县有优质聚乙烯塑料产业生产区,可满足塑料外皮包装所需要阻热阻燃阻电的特种塑料的生产。行业固定资产21亿元,产值169亿元,利税7亿元,主要产品占国内市场6%。

从整体看,雄县四大支柱性产业起步之时正值改革开放之后民营经济的兴盛,以“轻小集加”①为代表的乡镇工业异军突起,支撑起了雄县经济的半壁江山。21世纪以来,这些民营经济一方面为我国以房产和汽车为代表的第二次消费升级提供各种生产材料和配件,另一方面为快速发展的物流、电商、娱乐、体育等现代服务业提供产品。所以在很多地区民营经济低迷的当下,雄县的民营经济仍然保持了不错的发展态势和发展空间。

① 轻工业、小企业、集体经济、加工业。

2. 容城县:服装业

目前,容城县共有服装企业 945 家,服装加工户 2000 余家,已经形成龙头企业带动、骨干企业支撑、服装加工户遍地开花的产业格局。全县年产各类服装 4.5 亿件(套),2016 年完成产值 256 亿元,产品涵盖衬衫、西服、休闲、棉服、内衣、裤装等六大系列上千个品种。服装企业引进了先进的专业生产设备,制作工艺达到国内一流水平。全县共拥有设备 7 万余台(套),95%以上生产设备采购于日本重机和兄弟、德国杜克普、意大利迈 P 及国内先进设备生产企业,其中国外进口设备 5 万余台(套),占设备总量的 70%以上。在服装业的带动下,纺织、印染、拉链、制线、纽扣、包装、装潢等服装配套行业得到迅猛发展,服装产业化程度进一步增强,产业链条进一步延伸。2016 年,配套产业完成产值 65 亿元。

目前,全县初步形成了"一城、两园、三区"的发展布局,服装配套产业专业村建设成效明显,产业聚集程度进一步提高。规划占地 10.4 平方公里的服装工业园一期工程已有 21 家企业入驻,大河服装工业园已有企业 60 家。通过实施"建名企、出名品、创名牌、塑名城"四名战略,全县涌现出一批省著名商标和省名牌产品。目前,服装产业拥有国家精品 1 个、国家免检产品 1 个、18 个省级名牌、25 个河北省著名商标,位居全省前列。容城服装产业被河北省政府命名为"十大特色产业",容城被中国纺织工业协会和中国服装协会命名为"中国男装名城"和全国纺织产业集群试点,成为闻名全国的北方服装名城和服装出口基地,与浙江义乌、诸暨并称"全国三大衬衫生产基地",行业内素有"南石狮、北容城"之誉。

3. 安新县:服装业与制鞋业

安新县的服装产业主要集中在大王镇北六村,不少村民利用自家大院四层高楼作为厂房进行服装加工生产,部分村民则作为雇工参与服装生产。作坊式的服装加工生产使得百姓早早地走上了致富道路。20 世纪 80 年代初期,趁着改革开放的新机遇,北六村的服装产业迅速发展,全村进入服装生产行业。当时的服装产业以衬衣、裤子和童装为主打,背靠京津做内销。后来,随着中国与苏联关系的缓和,中苏边境贸易逐渐恢复和发展,此后中苏边境贸易遵循"自找货源、自找销路、自行谈判、自求平衡、自负盈亏、自主经营"的方针,步入了稳步发展阶段。从 20 世纪 80 年代末期到 90 年代初期,随着市场需求的增大,北六村乃至安新县服装产业逐渐走上规模化生产的轨道——以家庭作坊式为主开展大批量的订单贸易。现在村内有企业和工商户200多家，生产成本低廉，形成了辅料、扎围、包装、缝纫、绣花、印花、制版的完整产业链，发展势头良好，大部分产品远销俄罗斯、乌克兰和国内新疆等地。

安新县的另一个核心产业——制鞋业，主要集中在三台镇。制鞋业从家庭小作坊逐渐发展成为现代化的制鞋公司，这些企业主要经营外贸和内销，外贸产品主要销往中东、欧洲、美国、日本等地，大多是在给国外制鞋公司做生产加工。以欧洲为例，制鞋企业根据欧洲公司的要求选购材料并按照对方提供的设计样式完成鞋子制作，质量检测报告达标后贴牌运回欧洲市场销售。当前，也有一些当地公司独立开发自有品牌和款式，例如华北地区的双星鞋基本都是由三台镇生产。

（二）面临困境

1.领军企业：兴奋与隐忧并存

目前，雄安新区内代表性产业的装备较为领先，自动化程度也在不断提高，产业链条相对完整，领军企业也进行了管理变革，部分乡镇自发形成了产业集聚区，产品的国内市场占有率较高，在海外也有一定销路。然而，在一张张闪亮名片的背后，这些企业还面临着新区规划的诸多不确定性与变化，未来的它们如何适应雄安新区的建设目标，是具有挑战性的。对于这些领军企业来说，新区建设所带来的机遇令他们兴奋不已，而与兴奋并存则是对未来的隐忧。这些企业在新区产业格局中如何布局，其产业业态如何转型升级需要进一步思考。

首先，"高能耗，高污染，低投入"是河北目前经济运行的现实，也是以"塑料包装""乳胶制品""服装加工""制鞋产业"为主要产业的部分领军企业共同面临的问题，这与"构建蓝绿交织、清新明亮、水城共融的生态城市"目标显然还存在着较大差距。基于此，这些企业势必要尽快作出相应调整。

其次，新区成立后，对现有的建筑、户籍等进行了管控，尤其是基于拆迁的考虑而作出的未完成工程都必须停工的要求，这直接造成了订货单和生产能力的不确定性。在未来一段时间内，基于政策的不确定性，产业收益或将受到较大影响。

最后，当地部分领军企业虽然"摊子"够大，却管理混乱。主要问题是缺乏从全区角度着眼的产业系统谋划，致使产业发展在产业形态或是产业分布方面,表现出散乱无序的状态,呈现出显著的乡土特征。这直接导致大企业内部缺少必要的合作意识,大型生产企业各自为盟,难以形成推动产业有效升级和相互促进的机制。

2.中小微企业:夹缝中如何生存

对于中小微企业来说,在雄安新区建设的关键时期,它们面临的形势则更为严峻。面对“疏解非首都功能”的战略新要求,中小微企业可能很难通过新区产业和环境的遴选标准。尤其是在当前新区各项规划与相关政策还尚未明朗的敏感时期,转型的路往何处走是当地中小微企业最为困惑的问题。

相较于当地的龙头企业,这些中小微企业大多以家庭小作坊式生产为主,资金流入少、产业链短、抗风险能力低,上有政策严密管控、大企业垄断市场的现实,下有市场规模小、生产价值不大、市场控制力低的限制,即使是微小的政策调整也会对其产生巨大的影响。面对未来可能的厂房拆迁问题,中小微企业如果重租厂房,则费用昂贵;如果放弃产业,则面临失业。此外,中小微企业搬迁过程中的赔损问题、企业的贷款问题、合同问题、土地问题等都需要站在新区发展战略的高度谋划全局。

3.劳动密集型,品牌附加值低

雄安新区的主要支柱产业,如服装产业、制鞋产业、塑料包装产业等皆属于劳动密集型产业,存在产品科技含量较低、附加值不高、财富贡献率低的问题。以服装产业为例,当地的服装产业以贴牌、代加工生产为主,几乎不存在真正意义上的自主设计,当地服装产品附加值极低,极大地压缩了产品利润。这样以“走量不走质”为主要特点的服装制造行业,面对着人口红利向东南亚转移的现实,其生存本身就面临挑战。而在雄安新区的建设背景下,其低端的产业定位必定与新区发展格局格格不入。

与之紧密相关的是人才问题。人才难留也是当地产业品牌附加值低的重要原因之一。无论是打造自主品牌的服装企业,还是一流生产加工企业都必须依托于人才。现阶段,雄安新区服装业从业人员规模庞大,但质量不高,一线员工受教育程度普遍在初、高中水平,设计人员更是形同虚设,多是负责打版、成衣等工作,基本不具备设计水平。雄安三县作为县级城市,在人才引进方面还有着诸多限制。

4.面临失业的产业工人

产业的问题即“人”的问题,产业变迁与民生问题高度关联。以雄县为例,雄县目前有12万产业工人，占雄县总人口的32%，其中大多数都在中小企业工作。这些中小企业可能很难通过新区的产业和环境遴选标准，那么十多万的雄县产业工人将面临失业、再就业、技能培训的问题，这将涉及雄县各家各户的生计。当地许多从业者在某一行业从事多年，职业技能有限，很难重新进入其他行业。安新县三台镇约有90%的本地人都从事跟制鞋相关的工作，一旦面临产业转移或搬迁，这些人及其所在的家庭都将受到极大的影响。

(三)未来机遇

根据总书记讲话精神，雄安新区将成为一座有着新发展理念的实践之城、示范之城，也是人们宜居宜业的理想之城、幸福之城，雄安迎来了巨大的历史机遇，公共服务、现代服务业、环保生态、交通业都将可能是直接受益的产业。从产业角度来讲，雄安新区也迎来了千载难逢的历史性机遇。

1.农业现代化升级转型

按照“蓝绿交织、清新明亮、水城共融的生态城市”发展要求，三县传统农业应该向现代农业、特色农业转型。实行区域化布局、专业化生产、规模化建设、系列化加工、社会化服务、企业化管理，形成种养加工、产供销、贸工农、农工商、农科教一体化经营体系，使农业走上自我发展、自我积累、自我约束、自我调节的良性发展轨道，构建起现代化经营方式和产业组织形式。其中具有“地热+互联网+农业”特色的智慧生态循环农业示范园区，集花卉科研、培育、展示、交易、观光等全产业链于一体的鲜花港等项目在新区建设中迎来了全新的发展机遇。

2.工业转型升级

当地传统加工业自身实现产业转型升级的需求与雄安新区定位的转变的叠加，使得新区工业转型升级迫在眉睫。一方面，传统产业面临升级转型，合理地疏散“散小乱污”企业，加强产业集聚，有助于推动当地制造业向高端化迈进、向智能化升级、向服务化转型、向绿色化发展；另一方面，作为非首都功能疏解集中承载地，可以瞄准承接京津产业转移，把央企、知名民企、世界500强、国内500强作为主攻方向，把引进高附加值、高税收项目作为主要目标，有机会引进具有带动能力的重大产业项目。同时，也可以与迁入当地的各高等院校、科研院所通力合作，开展全方位产学研联盟，打造自主品牌。一方面，要通过知识共享不断优化生产流程，科学指导企业管理实践；另一方面，要用高校与科研机构的技术资源能力促进生产设备技术更新,推动产业科技创新。

3. 现代服务业迎来高速发展契机

目前,雄安新区的文化旅游、电子商务、现代物流、健康养老等现代服务业刚刚起步。在雄安新区的规划带动和资源聚集下,一方面乘借现代服务业东风,服装制造等传统产业将进一步壮大规模、提升档次;另一方面,依靠系统布局,现代服务业也将利用产业集聚打造整体合力,大量央企、上市民企、互联网公司将会在雄安布局,共同推进在文化旅游、电子商务、现代物流、医养服务等领域的建设发展,这些合作也会大大提高当地的教育、医疗、物流等服务水平。

三、民生现状:安乐与隐忧

关怀民生现状,关注民心、体察民情、解决民生等现实问题,是建立新区的稳定根基。只有根基扎实稳定,新区建设才能根深本固。在新区建设的国家战略背景下,保障与改善民生是一切工作的前提与出发点。必须始终贴近群众最关心、最直接、最现实的利益问题,让人民群众共享新区建设发展的成果,实现包容性增长,做到时刻关注人的生存和发展,满足人的物质生活需要,维护人民的根本利益,改善人民群众生产生活状况。

雄安新区成立的消息公布以来,当地民众表现出欢欣鼓舞与忧愁隐患并存的心理状态。一方面,人们对新区未来建设充满殷切期盼,作为雄安人民的自豪感与幸福感洋溢在谈笑之间;另一方面,随着时间的推移,人们的心中逐渐萌生出故土难离、乡情难去的复杂情绪。"安居"和"就业"成为老百姓在这个时期最为关心的问题,当地民众心中安乐与隐忧的交织是这一时期新区民生现状的真实写照。新区的成立不仅是产业转型升级的问题,同时还会触及当地居民的民生问题,因此增强新区"民生温度"建设是题中之意。

(一)居民就业与收支:产业转型中的民生温度

雄安新区规划范围内的雄县、容城、安新三县覆盖557个行政村,总人口数约110万。2016年,三县城镇居民人均可支配收入实现1.8万元,其中,雄县作为三县经济实力最强的地区,城镇居民人均可支配收入已经达到2.8万元。三县的服装制作、纸塑包装、乳胶制品、压延制革、电线电缆、毛绒玩具制作、箱包制作、制鞋业等多种产业,技术完备,产业链条完整,从业人员众多,普遍属于"富民行业",老百姓因此生活富足。

其一,家庭手工作坊带动就业,自产自销。近年来,三县通过大力推进产业结构调整,产业转型升级步伐加快,传统产业活力迸发,新兴产业蓬勃发展。以容城县为例,全县加工户达1170家,从业人员1万余人,箱包产品出口20多个国家和地区。容城县基本上每个村都有较大型箱包生产家庭手工作坊,将来源于白沟、义乌、广州等地的原料进行手工加工后,远销巴西、俄罗斯、阿联酋等国家。这种家庭手工作坊为村民就业搭建了渠道,已形成较为完整的产业链条,自给产销。也有一些家庭手工作坊已迁到外地扩大工厂规模,工人达到400名左右。

其二,集体资产带动村庄建设,服务村民。雄安三县的部分村庄都拥有集体资产,有一部分属于集体土地用于县城开发,改建成了蔬菜市场和批发市场。村民通过拥有自己的摊位,获得长期收入来源。另有一些主要是土地征收过程中的集体提留款,在基础设施建设过程中,政府对村里的相关土地资源进行征收,予以补偿,补偿的一部分以提留款的形式补充进入村集体资产。这些集体资产都作为村内基础设施建设和村民发展的帮扶款。

其三,先富带动后富,携手致富。以容城县城子村为例,当地村主任及村支书在带领村民摆脱贫困的路上发挥了重要作用。他们通过引进先进种植技术,克服了传统西瓜种植必须倒茬的不足,并探索出了多种作物混种、接茬种等搭配种植的新模式,扩展了包括茄子、辣椒、西红柿等在内的作物品种。此外,他们通过帮助村民贷款、开拓市场等举措,带动村民走上了致富之路。

(二)公共文化:供需错位,发展受限

雄安新区公共文化服务处于初级阶段,城乡差异明显,百姓期盼更多的文化获得感。受限于县级财力基础,目前三县经济发展状况存在差距,公共文化服务能力也有高低之分,但总体均处于初级阶段,大部分内容仍未达到国家相应标准。县乡村公共文化设施虽有一定基础,但建设层次、规模数量与运营情况差强人意,乡镇以下公共文化建设资源紧缺。基层政府虽然重视对民间文化能人和文化爱好者的培养,但受限于资金和管理能力,目前群众文化活动多处于自发状态,文化凝聚力不足,缺乏具有号召力的文化领军人物。

第一,文化部门机构设置不够完备。由于历史原因,雄安三县文化主管部门设置不完备、人员不齐全等问题普遍存在,程度不一。雄县、安新县设有专

门的文广新局,统筹本县内的文化发展。雄县文物保护及遗存整理由地方志办公室负责,而安新县的文化资源梳理则更多交由作家协会承担。容城县设有文体教育局,但从目前已开展的工作内容来看,教育管理工作占据主要方面。

第二,公共文化基础设施利用率低。从公共文化基础设施质量的指标来看,新区所辖三县城乡公共文化服务工作不容乐观,县城虽已建有可供市民休闲娱乐活动的大型文化场所,但所提供的公共文化服务种类传统单一,文化场馆使用效率也有待提升。询问县级图书馆,出现若干百姓无人知晓的境况;“农家书屋”书目种类齐全,但书屋形同虚设,乏人问津;每月开展的“电影下乡”活动,村民反应冷淡,观影热情不高;剧团转企改制后,下乡公益演出活动也随之停止。三县现有公共文化服务内容几乎乏善可陈。

第三,公共文化服务的“功利性”问题亟待解决。享受公共文化服务是提升个人文化素养、促进人的全面发展、丰富百姓精神食粮的手段。当前三县老百姓的文化素质水平相对较低,物质生活与精神生活的失衡问题日益严重。农村公共文化服务的功利性和指向性较强,往往把文化作为务农及婚丧嫁娶的附属品,让文化失去了提升村民整体素质的价值,容易造成文化服务的物质化和工具化。

(三)文化消费:形式单一,消费低迷

雄安所辖三县文化消费市场具有巨大潜力,但从实际情况看,这种潜力并未得到充分的发挥。相对较低的文化消费会对文化市场的发展形成制约。一方面,雄安三县居民收入水平较低,成为影响文化消费的主要因素;另一方面,文化创新产品的匮乏,导致新兴文化消费品和传统文化消费品发展的不平衡。此外,文化产品的供给较为滞后,产品的数量和质量都影响了文化消费的发展。

一方面,老百姓文化消费意愿低迷。雄安三县村民普遍没有形成文化产品付费的习惯,有偿文化消费匮乏,享受公共文化设施和服务并自发组织参与活动是当地人满足精神文化需求的主要方式。目前三县的经济发展水平参差不齐,比较富裕的村庄文化消费场所较多,人均文化消费支出在可支配收入中占据一定的比例,但是在经济欠发达的村庄,文化消费几乎是一张白纸。经济收入的高低直接影响着文化消费的能力,也成为养成文化消费意愿的必要前

提。除此之外,广场舞与电视节目可以一定程度上满足一些村民的消费欲望,中老年人对新生事物的接受度普遍较低,年轻人忙于工作无暇顾及,导致出现文化断层,消费意愿低迷。

另一方面,文化消费市场喜忧参半。雄安新区所辖白洋淀地处九河之尾,早在金代就已经成为皇家的游览胜地,作为京津冀地区重要的文化旅游消费圣地,这里吸引了众多的游客前来观光休憩。但是雄安新区以白洋淀为核心的旅游产业未来发展也面临着诸多问题:一是水位不稳定。从20世纪80年代开始,白洋淀容水量以每年60万立方米的速度递减,连续干淀,为了生存,渔民在淀中种了麦子。水是白洋淀旅游发展的前提,水位不稳定是其致命的制约因素。二是白洋淀水质污染未得到根本治理。由于上游来水较少,对水污染物的稀释、净化能力下降,同时伴随着淀周边地区经济的发展,大量未经处理的生活污水、工业废水、生活垃圾直接入河进淀。近年来,安新、雄县政府也对白洋淀的污染治理做了大量工作,但由于污水源头问题没有解决,其水质污染状况仍很严重,淀区的生物多样性遭到了严重破坏。三是旅游项目内容缺乏,文化特色不够凸显。人们到白洋淀旅游,往往都是以“水”为中心。城镇景区都是从码头乘游艇到淀里游览,来回不足3个小时,整个旅游线路走马观花,有当地文化特点的景点匮乏。村镇景区旅游项目,多是游船、劈苇叶、下网捕鱼,其内容贫乏简单无法长时间地留住游客。整个白洋淀的旅游项目产业吸引力不够,限制了白洋淀景区旅游经济效益的提高。四是白洋淀旅游管理不到位。白洋淀周边有安新、雄县、任丘、容城、高阳5个县市,从这些地方都可以进入白洋淀观光游览。各县市在对各自所属景区的管理上缺乏协调和统一,景区存在着多头管理、体制不顺和政出多门等问题。

(四)民众心理:欣喜与忐忑交织

筹建时期的雄安新区临时党委、筹委会高度重视群众工作,对认真做好110万群众的思想工作进行了全面的安排部署,共有1560名驻村干部进村入户,557个村实现了驻村工作组全覆盖。各级干部进村入户、走访企业,宣讲政策、了解诉求,合理引导群众心理预期,激发起群众参与新区建设的热情。

雄安新区建设过程中,坚持以人民为中心,注重保障和改善民生,是建设初期解决一切问题的根本前提。驻村干部坚持“管控”和“摸底”工作,对新区内一砖一瓦实行每日检查,全面了解居民情况,变等待“上访”为每家每户主动

“入访”,梳理了涉及户口、房屋与就业安置、迁坟、承包期限未满、村公产分配等关系到老百姓切身利益的问题。即便如此,老百姓心中仍然是欣喜与忐忑交织。

第一,民众心理变化周期性波动。在短短两个月时间里,雄安新区老百姓起初激动和自豪的情绪随着所有工厂、在建房屋全部停工,一些人面临失业现实问题的产生,而被浮躁和迷茫的情绪所冲淡。关乎切身利益的大事,如何处理?所谓产业即民生。单就雄县而言,解决好这里的1500多家民营企业、12万产业工人、无数的产业家庭在新区建设中合理安置的问题,是民生的底线,是新区民生问题解决的重中之重。

第二,阵痛转型中的企业家、劳动者。随着新区的设立,雄县产业也面临“脱胎换骨”的改造。一方面,传统制造业正面临着转型升级的巨大机遇;另一方面,一些不适应规划发展的产业和项目或将面临淘汰危机。针对传统行业的“散、小、乱、污”企业,河北省也出台相关政策进行整治和改善。毫无疑问,随着新区建设的推进,雄县传统产业会优胜劣汰,企业将会面临转型升级的机遇和挑战,转型既需要成本,也要关注企业下岗人员再就业问题。

第三,民众获得感亟待提升。产业转型升级,民生为要。雄安新区作为北京疏解非首都功能的重要承载地,绿色、生态、智慧、人文、创新是雄安新区发展的关键词。然而雄县原有企业不符合新区的产业发展定位,传统产业在政策的管控中如何转型升级?企业和劳动者又应该怎么面对转型阵痛期?政府如何化解新区建设的阵痛,守住民生的底线,增强居民的获得感?这都是新区建设中的重中之重。

四、雄安新区发展对策:顶层设计与底层关怀

(一)以人为本,谋定后动

雄安新区要始终将“人”放到新区建设的首位,动态深入地了解民情民生民意,让雄安成为人们生产、生财、生活的理想之地。一个城市的价值就是一个城市每个市民的价值,只有将人研究透彻,所有的政策、对策和顶层设计才能找到有效的出口。未来的雄安人主要将包括原住民、疏解于此的北京人、国际精英人群等多种结构和层次的人群。他们各有不同的生活追求与价值诉

求，因此需要提前全盘谋划与考虑，以人为本，谋定而后动。

当前最重要是解决好原住民的问题，要改变观念，将他们看成是新区的见证者与贡献者，而非“包袱”。要解决好拆迁补偿、异地安置、就业转岗、持续收入、社会保障等问题，让他们在雄安建设中拥有更多的幸福感、获得感与认同感，能在雄安体面的生活，而不是最终成为“四保人群”①，成为新区建设中的边缘人。

其中重点和关键是要解决好拆迁补偿和群众的民生保障问题，结合陕西西咸新区的经验，雄安可以探索建立“五金制度”②，全面保障拆迁群众的未来生活。在房屋拆迁、土地征收与流转时，群众可以领到补偿“现金”，回迁后可以利用闲置或空出的房屋收取“租金”；政府在安置区为回迁群众预留商业用房，群众以房入股，村经济组织统一经营后，群众可以获得“股金”；通过开展劳务用工对接、加大就业创业培育等，推荐群众到新区企业进行工作，参与新区建设，让群众获得“薪金”；通过合理提高社保和养老标准，让群众获得足够的“保障金”，进而减少群众的后顾之忧，保障新区的长治久安。

（二）塑造文化特色，树立传承创新示范区

以历史大视野规划雄安文化发展，塑造文化特色，将雄安建成为中华民族文化传承与创新发展的示范区。文化是一个城市的灵魂与精神之所系，魅力与竞争力之所依。但凡名城，无不与其独特的文化魅力联系在一起。事实上，一个新区发展水平越高，对文化的追求也越迫切，深圳、浦东皆是如此。因此，作为“千年大计、国家大事”的雄安新区，从一开始建设，就应强化文化意识，做好顶层设计，让城市拥有独特的文化气质与魅力。如果千城一面，则失去了文化之魂。

首先，是要将文化发展专项规划纳入到新区“1＋N”的总体规划体系中，强化新区在文物保护、文脉传承、创意经济、文化服务和社区营造等方面的部署，推动“文化＋”建筑、设计、旅游、健康等领域的融合发展。其次，要明确文化发展使命与特色。在实现中华民族伟大复兴中国梦历史背景下建设的雄安新区，其文化必须站在全新的历史高度进行规划，既要延续文脉，以华北文化积

---

① 保安、保姆、保洁、保险。

② 国家发展和改革委员会：《国家级新区发展研究报告（2016）》，中国计划出版社 2016 年版，第 224～225 页。

淀为背景，以白洋淀地区文化为核心进行传统文化的传承，又要海纳百川，吸收世界各国先进文化之精粹，顺应时代文化发展之潮流，融会贯通，自成格局，打造一种基于创新性传承和创造转化的新型文化，将雄安建设成为中华民族新文化的创新实验区和发展引领区。再次，要加快设立雄安新区文化发展专家咨询小组(专家咨询委员会)。雄安新区的建设，是贯彻落实新发展观、推动“五位一体”的建设，不仅需要城市规划、区域经济、产业研究、交通景观等领域的专家参与，同时也需要文化领域的专家进入。因此，我们建议邀请国内外文化领域的顶级专家，组建雄安新区文化发展专家咨询小组(专家咨询委员会)，为雄安新区文化发展建言献策。

(三)汇聚高端要素，实现“双轮驱动”

新区建设以世界眼光，汇聚高端要素，出台特色政策，实现高新产业的蓬勃发展与在地产业转型升级的“双轮驱动”。高新产业是雄安新区发展的新动能，在地产业涉及雄安百万群众的生计，需要统筹安排。

一是要瞄准“发展高端高新产业，积极吸纳和集聚创新要素资源，培育新动能”的战略任务，把握全球高新产业发展的最前沿，结合雄安新区的地域优势、资源优势与承载能力，大力发展新一代信息技术、高端装备、新材料、新能源汽车、新能源、节能环保、数字创意等战略性新兴产业，将新区打造成为具有全球影响力的战略性新兴产业发展策源地和技术创新中心。

二是要立足当前新区产业发展的实际，推动传统服装、纸塑包装、乳胶制品、压延制革、电线电缆等产业的淘汰、迁移或升级。其中要充分重视文化的力量，将文化创意和设计服务融入工业生产，提升工业产品附加值，推动产业环节向“微笑曲线”两端延伸。例如，江苏南通将创意设计与传统蓝印花布相结合，每年推出数万种花型，成为了继纽约第五大道和法兰克福之后的世界第三大家纺交易中心，为南通赢得了“中国蓝印花布之乡”的美名。

三是创新产业发展政策。产业政策是一个国家的中央或地区政府为了其全局和长远利益而主动干预产业活动的各种政策的总和。[①] 在中国特色的市场经济体制下，政策对我国产业的发展发挥了巨大的引导和推动作用。例如，深圳特区、浦东新区、滨海新区的快速发展，无不得益于特殊的政策支持。因此，

① 参见苏东水:《产业经济学》，高等教育出版社2015年版，第330页。

新区政府应积极争取国家支持，制定新区特色的优惠政策，助推产业培育与升级。

（四）鼓励“双创”，打造创客天堂

新区建设要鼓励创新创业，将雄安打造成为最吸引中国乃至全球有梦想年轻人的一块热土，成为创客的天堂。哪里有创业者，哪里就有活跃的经济。深圳特区的发展，得益于一批充满激情的创业者，其影响一直持续到今天。建议雄安新区制定“创客计划”，创新科技成果转化制度、留学制度、企业创投制度等系列制度，积极营造一个适合创新创业的城市生态体系，吸引全球顶级的孵化机构、创投机构、众创空间运营机构落户雄安，全球有梦想有创意的精英集聚雄安。

一是建议积极打造双创载体平台，大力发展各类众创空间。例如，浙江舟山群岛新区为了推动科技创新创业，建立了国家大学科技园、青年创业园、山海云间—智库创客总部、科学城创客码头、普陀湾众创码头等众多载体平台。二是应创新“双创”的培育方式。例如，滨海新区以腾讯为龙头推动创业，具体而言，即依托腾讯资源，线上为创业者提供云存储、广点通开发、应用宝分发、QQ物联智能硬件开放平台等运营服务；线下开放创业基地，定期举办腾讯公开课、开发者沙龙、创业训练营等活动，通过龙头带动创客集聚。三是要做好创业服务。针对创新创业企业不同阶段的现实需求，提供全程化、全链化的管家式服务。例如，滨海新区建立了“首问负责、专人对接、一管到底、全程代办”的管家式服务机制，为创业者提供设立、金融、运营、市场等四类专业化服务，同时开通了“双创通”线上平台，集成企业在线注册、生成服务订单等功能，不断完善创业服务。①

（五）探索发展新模式，落实发展新理念

新区建设要不断探索城市建设与发展新模式，打造全面贯彻落实新发展理念的创新发展示范区、绿色智慧的生态之城。一是要积极探索基于新一代城市雨洪管理概念的海绵城市建设模式，从机构设施、制度建设、技术研讨、工程建设、产业扶持等方面着手，推动海绵城市建设理念在新区中的落地实施，

---

① 参见国家发展和改革委员会：《国家级新区发展研究报告》（2016），中国计划出版社2016年版，第298～299页。

打造海绵城市建设的全球典范。二是应创建基于信息时代的智慧城市营建模式。通过千兆光网、下一代物联网和5G网的提前布局，推动智能交通、电网、建筑、医疗、教育等智慧应用，构建智慧生活的全球示范城市。三是要探索土地开发与市政基础设施建设的PPP模式，充分调动社会各方面的力量，减少政府财政负担，提升设施的建设与运营效率。例如，湘南新区、贵安新区、西咸新区等新区，都在PPP建设模式上积累了不少经验，雄安新区可以参考借鉴。四是要探索基于交通导向(TOD)的空间布局模式。吸收东京、首尔大都市圈等地新城建设的经验，避免传统"摊大饼"式的城市发展，发挥交通的带动作用，形成多中心、多组团的空间格局，同时要重视优美特色小镇的建设。五是探索基于经济与生态和谐共进的发展模式，以科技创新为核心驱动力，着力发展新一代信息技术、高端装备、节能环保、数字创意等环境污染小、附加价值高的战略新兴产业，通过生态一票否决、负面清单管理等方式，从产业源头上减少生态破坏与污染。六是要探索基于产业链和价值链的区域协同模式，立足"北京非首都核心功能疏解集中承载地"的战略定位，积极承载北京转移过来的经济、科技、教育、医疗等方面的功能，打造区域创新驱动发展的新引擎，促进京津冀地区协同发展。七是探索基于多中心治理理论的公共治理模式，建立"小政府、大市场、大社会"的基本格局，发挥市场在资源配置中的决定性作用，同时更好发挥政府作用，激发更多力量参与新区建设。

(六)制定城市根本大法，奠定千年发展基石

要推进制定城市根本大法，为雄安新区奠定千年发展之基石。良法才有善治。新区建设不仅要有坚实、现代的城市基础设施，更需要有可供遵循的城市根本规则。从管束效力来说，制定城市根本大法，无疑是保障新区发展有序性与持续性的重要措施。在国际上，通过立法推动新城建设也是重要经验。例如，英国政府颁布了大伦敦建设的《新城法》(1946)，日本政府制定了《首都圈整备法》(1956)，韩国先后颁布了《首都圈管理法》(1982)、《新行政首都特别法》(2003)、《关于世宗市设置等的特别法》(2010)等。对于雄安而言，也应积极谋划新区法律或条例的制定，从法律上确定新区的基本定位、发展方向和重大任务等，强化新区建设的法律基础，用良法推动善治，用善治实现千年雄都之梦想。

五、雄安研究的未来展望:责任与担当

中央建立雄安新区,是历史与现实的必然选择。面对千年大计,学术研究应当立时代之潮头、通古今之变化、发思想之先声。肩负学术责任与理论担当,做好雄安理论研究的全局谋划;紧跟发展大趋势,探索新区发展新模式;汇聚精英力量,为雄安产业转型升级提供理论支撑;将调研持续跟进,以雄安为范本,总结其发展特点与规律,建构雄安新区研究理论体系,为当代中国社会发展贡献新的理论增长点。

(一)以大文化视野,总揽新区建设全局

千年大计,国家大事,沃土丰盈,文脉传承。雄安新区的建设若要实现以新的发展理念为引领,文化建设就不能缺位。当然,这里的文化建设绝不是“就雄安谈雄安文化”,而是“大文化”的研究视野——既要积极吸收国际先进文化,拥有包罗万象的国际先进思维,又要以华北文化积淀为背景,以白洋淀地区文化为核心进行传统文化的传承,让雄安新区既是中国的,也是世界的。未来十年,这种大文化概念应该完整、科学、艺术地渗透到雄安新区的设计、规划、实施等方方面面。

大文化视野正意味着要以本土文化为根基,兼容吸收外来文化,要以“和而不同”的文化多元性创造出健康的城市文化生态。联合国教科文组织在《世界文化多样性宣言》中提出:“文化在不同的时代和不同的地方具有各种不同的表现方式。文化多样性对人类来讲就像生物多样性对维持生物平衡那样必不可少,从这个意义上说,文化多样性是人类的共同遗产,应该从当代人和子孙后代的利益考虑予以承认和肯定。”①文化自身所具有的这种社会性、融合性和开放性等性质,在全球化加速和西方文化主导的当下,更加触发了城市多元文化的发展。都市人类学的观点认为,城市社会的异质性与乡村社会相比来说复杂程度要高出许多。

雄安新区的城市文化建设,要尊重城市文化演化的自然性和规律性,以中华传统文化为核心,兼容与融合世界多元文化,促进城市文化生态的多元化发

---

① 邹广文:《坚守文化的多样性》,2014 年 3 月 25 日《光明日报》。

展。随着高端服务业、高新产业的进驻,逐渐吸引来自全球高端人才,集聚于新区工作与生活。对于城市建设以城市景观、办公场所、公共配套设施等基础设施和硬件设施为核心,学术研究应考虑如何将传统文化与美学设计有机融入,探索新区文化融入、创新营造的新模式。

"大文化"并不是世界文化符号的堆砌地,而是秉承寻找城市精神的宗旨,构建"文化之城"。然而,面对外来的"异质文化",一方面要避免"文化霸权主义",另一方面又要避免文化自卑心理,树立文化认同与自信。应该认识到的是,中华优秀传统文化及其当代意义在与聚集到城市中的各种文化的接触、碰撞过程中,既要能够认同与汲取其他文化精髓,又要保持自身的整体性和独立性,以和平共处、相互尊重的健康心态面对他者的文化选择。雄安新区的城市多元文化生态,不仅将是中国当代文明的象征,同样也将是世界各种文化交流与融合的典范。这些发展路径都需要学术研究在理论上作深入分析,在思想上给予方向指引。

(二)"小政府、大社会",探索新区发展新模式

雄安是一座崭新的城市,中央将之定位为"小政府、大社会",这将成为贯彻总书记"五大理念"的最好试验田,成为推进治理能力现代化的重要实验区。从计划经济转向市场经济的过程中,政府的行政管理职能也从政府一把抓的"大政府、小社会"模式转为"小政府、大社会、大服务"的管理模式。这种模式以政府、非政府部门的公务机构、中介机构和群众团体为主体的多元管理体系,促使传统体制下的部分政府职能从政府中分离出去,从而充分发挥各类企事业单位和市场的作用。随着"小政府、大社会"理念的深入发展及其在现实中的深刻实践,减弱政府的职能,使社会逐渐承接并独立管理原属政府职能范围的某些事项,成为未来必然发展趋势。

然而,面对快速城市化背景下我国社会治理体制改革进程与社会形态的变迁,雄安新区的建设同样面临根本性挑战:在异常复杂的社会样态长期存续的前提下,社会治理何以可能?我国社会治理体制的改革创新必须充分考虑这种城市化背景下社会结构样态的变迁,既要针对特殊样态,探寻社会治理的多元模式,又要把握共性,做好顶层设计,从总体上推进社会治理体制的改革创新走向深入,促进社会和谐有序的快速发展,实现政府机构、人员缩小,社会权力扩大,社会自治能力提高,从而促进效率,推动社会快速前进。这些问题

都需要学术研究密切关注公共管理的新理论、新思维、新举措和新走向，吸取国外理论与实践经验，综合新区建设实际，提出新城发展过程中社会治理的新模式、新理念、新路径，钻研中国特色新城社会管理、国家治理的新理论，形成新成果，给实践以理论指导与学理支撑。

(三)以高精尖产业驱动，汇聚新区驱动力量

未来十年里，雄安新区的经济结构将是中国经济结构的精华版和浓缩版，也代表着中国经济改革和发展的前沿趋势。在经济社会发展新常态的背景之下，我国的经济增长早已向创新驱动发展转变，土地占用多、资源消耗大的粗放型发展模式逐渐被淘汰，与国际前沿相对接的生物产业、智能产业、新能源产业、现代服务业、航空产业、康养产业、数字信息产业等高精尖产业终将成为新区经济的驱动力量，这些领域必将成为未来雄安新区的发展重点，并且始终占据发展前沿。

世界眼光、国际标准、中国特色、高点定位，这决定了新区未来产业发展的基础。因此，学术研究要把握全球产业发展前沿趋势，拥有区域经济发展视角，秉承系统经济哲学思考，从而更好地为新区高精尖产业布局与切入寻找到学理支撑，寻找到新区产业发展格局的长期与短期路径。高精尖产业集聚，一方面需要外来产业类型的引入，另一方面需要实现雄安新区在地产业的转型升级，学术研究需要做好传统产业的科学评估，寻找传统产业转型升级之路径，尝试用信息化、数字化等手段对之进行改造。同时要做好规划，在新区内合理布局，以集群化和集约化不断提升发展竞争力。

(四)以雄安为范本，为当代中国社会发展贡献新的理论增长点

雄安新区是疏解北京非首都功能的集中承载地，处于深入推进京津冀协同发展国家战略的大背景之下，要建设成为绿色生态宜居新城、创新驱动发展引领区、协调发展示范区、开放发展先行区，与国家“十三五”规划、五大发展理念一脉相承。新区的建设过程，同时也是新区辖域内传统乡村社会形态、空间治理模式、生存方式等方面深刻变迁的过程。

中国传统社会本质上是农业社会，在很长一段时间内，以村落聚居为主的文化格局在中华文化圈中占据着主要地位。村落文化的形成具有特定的社会背景和自然环境，是人们的社会实践经过长期积累、沉淀、变迁和延续的产物，

在农村社会发展变迁中具有重要的地位。制定建设有中国特色的社会主义现代化发展战略必须面对中国传统乡村社会的实际,必须发掘传统乡土社会可利用的资源并予以整合,必须考察现代化进程中农民的生活以及与之共生的民俗文化心理,促进全面的、深刻的、具有世界历史意义的整体变革。同时还要把握中国传统村落的现代走向,发掘传统村落里可利用的文化资源,探索传统家族村落向社会转型的有效途径,从而促进中国社会的现代化转型。

伴随着雄安新区建设的推进,在外在环境和内在行为、价值观念等因素的影响下,村落文化也将发生深刻变迁。传统村落由一个相对封闭的社会空间,逐渐向复杂和多元的方向发展,这将导致传统文化发生延续、延伸的社会现实。村落承载着厚重的中国农耕文明和乡土文化,村落文化的凋零会让人们失去“文化自觉”的基底。在现代化进程中,村落文化变迁的现状如何?村落文化要如何与时俱进,在促进社会发展与进步的同时促进自身的发展?在新区建设过程中,如何保存独特、优秀的村落文化,并使其融入新区文化?这些问题需要更进一步深入研究。

在建设雄安新区的进程中,社会形态的变迁、既有产业的转型升级、民众实际生活状况的改变及其对生活质量的感受与评估,政府在其中所发挥的功能与作用,都是研究机构及其研究人员理应研究的重大课题,也是新区成长过程中需要进行持续性研究的课题。通过透视微观家庭纵览宏观社会,通过个体的价值取向、行为变迁与心理变化衡量社会变迁的程度,通过了解民意促进政府工作决策的民主化、科学化进程。

综上所述,建构雄安新区研究理论体系,要结合雄安实践,总结发展特征,从产业经济、政府效能、公共服务、社会空间、社会形态、社区党建、创意产业、科技创新、产学研合作以及文化研究、纪实文学等方面进行理论体系建构的全局谋划与系统研究。同时还应具备研究体系的本土关怀,在对本土问题的关注中拓宽雄安新区的研究思路。要以雄安新区为范本,为当代中国社会发展贡献新的理论增长点;要以雄安新区的城乡变迁为缩影,为中国伟大复兴历程中开创又一历史新篇章作序。

[原载于《山东大学学报(哲学社会科学版)》2017 年第 5 期]

文化产业促生经济增长新动力研究

齐　骥

我国经济目前正从高速增长转向中高速增长，经济发展方式从规模速度型粗放增长转向质量效率型集约增长，经济结构从增量扩能为主向调整存量、做优增量并存的深度调整，经济发展动力从传统增长点转向新的增长点①，通过挖掘和培育新动力促进经济持续发展，越来越凸显出重要作用。作为战略性新兴产业，文化产业近十年来的成长速度、产业黏度、联动发展特性和协同创新优势，越来越凸显出在经济发展中的价值和意义。特别是文化产业在推动产业融合、加速产城融合、优化区域发展布局、参与全球文化经济角力及实现社会包容性发展等方面，不断实验新路径、创造新模式、衍生新业态，对促进形成新的动力体系也有重要作用。

一、当前我国经济发展急需解决的动力问题

（一）新旧动能接驳时期伴生的动力断层问题

改革开放以来，传统动力一直是驱动我国经济高速增长的主要动力，但是近年来其所呈现出的增长率放缓、动力缺乏问题及所反映出的诸如“僵尸企业”、产能过剩等现象和投资收益递减、政策刺激效果不明显等问题，说明经济发展的拐点已经来临。与之相反，“工业 4.0”使信息化和传统精良制造结合起来，推动制造业更加智能化，新技术革命带来的新动力正在一些新领域成为驱动经济增长的引擎。例如，2015 年第三产业增加值占国内生产总值的比重达

① 参见杨永利：《努力打造经济发展新动力》，2015 年 5 月 7 日《经济日报》。

到"半壁江山","互联网+"、物联网、云计算、电子商务等新兴产业和业态蓬勃发展[①],分享经济、体验经济和虚拟经济等经济形态异军突起,并逐渐成为领衔新经济业态增速的佼佼者。而伴随着新动力涌现凸显出的问题是,新旧动能交替过程中,动力接驳往往难以完全平稳过渡,新技术导入和适应周期的漫长以及新动力介入前后思维观念转变的相对滞后,往往产生技术市场失灵、政策设计有限以及产业生态整体滞后等问题,经济增长和社会发展不可避免地面临"阵痛"和压力。在业态创新和结构升级中,转变观念,创新思维,促进实现新旧动能平稳接驳,打通新动力运行的"高速公路",为经济增长提供持续稳定的新动力,迫在眉睫。

(二)供给侧结构性矛盾导致的动力抑制问题

从供给侧角度看,支持经济增长特别是长期增长的"动力源"主要由五个要素构成,分别是劳动力、土地及自然资源、资本、制度和创新。主要的国际经验都表明,各个经济体在进入中等收入阶段之前,前面三项(劳动力、土地及自然资源、资本)对经济增长的贡献容易比较多地生成和体现出来。在进入中等收入阶段之后,后面两项即制度、科技和管理创新等方面形成的贡献可能会更大,而且极为关键。[②] 随着我国经济发展进入转型升级新阶段,当前的制度结构、生产结构已经不能满足庞大的中等收入家庭多元化、个性化的各类新需求,而经济社会发展中因供给抑制和供给约束并存、供给不足与供给过剩并存导致的动力抑制甚至衰减的问题愈加突出。例如,当前我国庞大中产阶级的崛起对高品质文化产品和服务提出了新的要求,而时下文化产业供给往往有"高原"缺"高峰",文化精品供给不足;相反,在一些领域又存在低端供给过剩、无效供给库存严重的现象。文化产业供给不足和供给过剩并存,已成为制约文化产业结构优化的重要瓶颈。如何构建有效的动力机制,以"创新"作为经济增长的主要动力,从注重外延式拉动转向更加注重内生动力式发展,从注重短期高速增长转向更加注重持续健康稳定发展,势在必行。

---

① 参见郑世林:《"S型曲线"理论用新动能带动"新经济"》,http://www.gov.cn/zhengce/2016-05/17/content_5074156.htm,2016年9月10日。

② 参见贾康:《供给侧改革的三个问题》,2016年1月18日《学习时报》。

(三)需求侧非均衡发展导致的动力约束问题

改革开放以来,我国城镇人口从1978年的1.7亿人增加到2015年的7.7亿人,常住人口城镇化率达到56.1%。快速城镇化在推动经济快速增长的同时也伴生了突出的结构矛盾、社会问题、城乡差距和区域鸿沟。从发展经济学二元经济理论的角度看,长期以来的城乡分割使得农业部门释放劳动力的潜力和工业部门吸纳农业剩余人口的能力均较低,在一定程度上抑制了农业现代化和工业化进程,阻滞了产业和城市的深度融合,"人的城镇化"难于实现,这进一步导致了城镇化进程受到约束,以工促农、以城带乡的动力也就更加不足。这也必然会削弱城镇化带来的动力源在经济发展中的作用,甚至会因为"人的城镇化"滞后于"土地城镇化"而导致一系列社会问题,使消费刺激难以发挥效果,需求侧市场产生非均衡疲软。因此,在新型城镇化进程中寻找原生动力、内生动力,既可以有效解决需求下降和需求外移,又可以解决供给约束和供给抑制,从而破解全要素创新不足问题,建立起城乡之间动力流动转化机制,解决动力约束问题。

二、文化产业增长动力的演进逻辑

文化产业是为社会公众提供文化产品和文化相关产品的所有文化生产活动。[①] 从文化产业的本质看,一方面,文化生产活动离不开国民经济体系支撑。《文化及相关产业分类》本来就是《国民经济行业分类》的派生分类,文化作为与经济、政治和社会相对应的范畴,与国民经济和社会发展相辅相成、相互促进。经济发展调整结构和动力续航寻求创新的整体要求,也为文化产业自身结构的合理化和高度化提出了更高要求。另一方面,市场主导和资本驱动下的现代文化产业,逐渐凸显出以知识和创意为主要资源和核心资产的特征。知识经济背景下,文化产业服务于经济领域的空间广阔,服务于消费领域的行业多元,在文化产业和国民经济从并行到融合的演进过程中,文化产业自然而然全面深入地渗透到不同行业领域中,并往往因为文化的更新推动了产业创

① 本文对文化产业的界定来自国家统计局《文化及相关产业分类(2012)》。国家统计局关于文化产业的定义及分类更体现"统计"特征,其看重统计数据可得性和注重统计数据比较性的特点,有利于为文化产业发展的宏观决策提供基础数据支持。

新、融合或蔓生乃至裂变，在一定程度上促进了经济领域跨界升级和经济动力的迭代转型。

(一)创新性：接驳经济发展新旧动能

文化产业是战略性新兴产业，其最核心的特征是“创新”。文化产业的“创新性”首先体现在文化产业作为新业态并处于高速成长阶段所具有的基本特质。“十二五”时期，我国文化领域呈现出蓬勃发展的态势，文化产业增加值从2010年的1.1万亿元增加到2015年的2.58万亿元，增速远远超过同期GDP增速，释放出强劲的发展活力。在与数字创意和互联网相关的行业发展方面，2016年上半年，全国规模以上文化及相关产业10个行业的营业收入均实现增长。其中，实现两位数以上增长的5个行业中，以“互联网+”为主要形式的文化信息传输服务业营业收入为2502亿元，增长29.7%。文化产业以技术创新为引领，通过新旧技术的转换更迭推动形成技术不断进步的高峰，对塑造新动能起到了行业导向作用。文化产业已经开始跳出作为战略性新兴产业的“产业”认知框架，而变成一种发展理念、发展思维的发展远见。

文化产业的“创新性”还体现在“文化巧实力”在经济发展和社会管理中的创造价值。现阶段，正值供给侧管理释放改革新动力的历史机遇期，文化产业的规制方式创新聚焦于以市场经济的方式实现文化的政治、经济和社会的价值性转换，文化产业的治理路径着重于保证基本文化权益并主动寻求创造性的文化价值来实现包容发展，更“可以起到优化政府管理经济、社会方式的创新作用，从而更加充分释放和激活文化公平与正义”①。文化产业的治理思想树立了“有效规制”的改革总体思路，实现了政府这只“看得见的手”和市场这只“看不见的手”的协同运作②，全面释放了经济社会的创造活力，对经济动力起到强大的“续航”作用，也使文化产业在推动经济新动力中发挥了更为重要作用。

(二)蔓生性：优化经济发展组织结构

文化产业是一个综合性、渗透性、关联性比较强的产业，与多个产业存在天然耦合关系，具有跨界融合的深厚基础和广阔空间。文化产业横纵联合、深

---

① 胡惠林：《在文化发展的实践中推进文化理论的创造性发展》，《中国编辑》2015年第2期。

② 参见张蕴萍：《供给侧改革：中国垄断行业政府规制体制改革的新动力》，《理论学刊》2016年第5期。

度交融和产业黏性，既符合经济社会发展向多元动力、混合动力发展的市场逻辑，又具备不断地颠覆原有动力结构并优化经济发展的组织结构的特征。从产业属性上看，文化产业“蔓生性”表现在以跨界创新接续动力或完成动力转化的特性上。文化产业的融合发展不断地颠覆传统动力，有效推动了产业结构、产业链条、产业形态的创新，实现了组织优化和产业转型。文化产业的融合发展还把与产业功能高度重合的城市功能剥离出来，通过创造核心和主导产业彻底转变了城市形象，实现了城市驱动力的升级。

从区域演进上看，文化产业的“蔓生性”体现在通过文化地理格局重构带来经济版图能量交换的变化上。随着“一带一路”、长江经济带和京津冀协同发展战略的推进，国内不同区域板块（东部、中部、西部和东北四大板块）间以及我国与周边国家的经济地理间的信息交流与能量交换[①]，构成了经济增长新动力，文化产业的空间组织也开始进入城市群和产业群协同发展的时代。以文化产业集群为代表的产业组织形态，以高度的集聚性，实现了产业的集约化、专业化和规模化发展，构成了世界经济版图上色彩斑斓、块状明显的“经济马赛克”。[②] 其所体现并重构的多元文化、混合动力发展体系，不断成为全球创新活力最强劲的地区和资本、技术、人才等要素流通最迅速的中心地，它们构建的创新生态为全球市场提供了优质的内容供给和有利于创新的产业空气。可以说，文化产业在重构经济地理格局、打破高度甚至过度依赖资源的区域发展掣肘方面，创造了永续增长动力的可能性。

（三）触媒性：释放经济发展内生动力

文化的本质特征是多样性，文化产业的“触媒性”来自于文化的特色。特色凸显了文化产业在经济发展中高度的识别性，也凸显了文化产业在解决区域发展困境和发展鸿沟方面的动力触发作用。这是因为发展特色文化可以更好地通过因地制宜的本土化经济战略和多元融合的协同创新战略，实现以文

① 参见胡鞍钢、周绍杰：《“新常态”至少可延伸至2030年　如何培育中国经济新增长点》，《人民论坛》2015年第18期。

② “经济马赛克”现象的核心就是在一个地区，围绕一种主导产业，形成了原料、销售、科研、教育培训、文化、专业咨询、广告、商务中介等服务体系，这种产业丛群、企业集群的经济现象像一片马赛克镶嵌在土地上。经济马赛克现象的最大特征是系统集成，强大产业。据统计，美国新兴财富的绝大多数都是在“经济马赛克”分布的块状区域被创造出来的。20世纪90年代中期，美国380个产业集群生产了全美近60%的产出。

兴业、以文塑城，不但释放了城镇化内生动力，而且在一定程度上消弭了经济快速发展伴生的社会问题。

文化产业以“触媒性”释放经济发展内生动力主要体现在两个方面。一是以文化驱动城镇化创造产业的增量价值。以文化为驱动力的方式所引领的城镇化，在尊重文化发展规律的前提下，挖掘先进文化基因，传承民族文化传统，可以有效破解人口城镇化滞后于土地城镇化的困境。例如，“特色小镇”建设中以自然村为单位、以农民为生产主体、以传统手工艺生产或休闲农业经营等特色文化产业为主业实现“就地城镇化”的方式，有效破解了城镇化进程中动力约束的问题。城镇化创造出城乡融合、产城一体、文化生态与文化旅游结合的新业态，不仅转变了农民的身份，而且转变了农民的观念，使市场意识和商业意识逐渐渗透到农村生产、生活中。二是以文化扶贫实现文化小康盘活产业的存量资产。例如，经济不发达地区依靠发展特色文化产业实现文化富民的案例并不少见，尤其是西南贫困少数民族地区，已经演绎出经济欠发达地区拉响“文化第一提琴”的典范。而诸如“易地扶贫搬迁”等经济战略一旦与特色文化和资源禀赋对接，既可以有效解决农村剩余劳动力就业问题，使贫困落后地区经济发展中的社会问题迎刃而解，还可以更好地传承本土文化，延续历史文脉，通过再造文化生产方式营造生活方式来消除“异地”不适，激活主体空间的内生动力。

三、文化产业培育经济增长新动力的思路

(一)从产业链到价值链优化消费结构

随着当今世界进入消费时代，消费者逐渐上升为市场经济的重要主导者，并在一定程度上决定着文化生产。文化产业既是消费服务业，又是生产服务业，消费与生产互动，有其自身的产业特征和发展规律。① 文化产业的产业特征也一再表明，发展文化产业是在市场经济条件下满足人民群众多元化、多样化、多层次精神文化需求的基本途径。改革开放以来，我国居民消费结构随着经济发展开始向高收入国家迈进而经历了“排浪式”变化，以“互联网＋”为基

① 参见邓安球:《文化产业发展研究》，中国社会科学出版社 2010 年版，第 37 页。

础的传统产业改造以及相应的新模式、新业态、新经济，共同推动居民消费转向对多元丰富的精神性产品和服务消费需求更加旺盛的阶段，文化消费类型开始从以中低端文化产品和服务为主的基本文化消费，转向逐渐注重品质与体验价值的发展型消费和注重个性化与精品化的享受型消费类型。而世界各国的经济发展史证明，在从中等偏上收入国家向高收入国家迈进的时候，恰恰是产业结构变化最剧烈的时候。在我国经济进入新常态、面临一系列新的突出矛盾和主要问题的环境下，产业结构供给侧失衡，供给抑制和供给约束共同存在的问题也开始显现出来。

文化产业以价值链创新为主导、聚焦消费结构变化的改革创新，聚焦于“跨界融合”，着力营造创新驱动“新经济”发展的生态环境，注重营造创新驱动创业的生态环境。[①] 一方面突破了传统产业发展的“天花板”，解决了“S型曲线”导入期市场失灵的问题；另一方面打破了边界固定、行业分立明显的产业困境局面，不断实现行业的整合、要素的集聚，起到了推动新旧动能转换“加速器”的作用。同时因文化产业创新性、蔓生性和触媒性等特征相互作用、交织影响而不断延长产业链，改变并影响消费价值，重塑价值链，扮演了新旧动能转换“稳定器”的角色。例如，文化产业与旅游、信息、制造、建筑、体育、休闲、会展、商贸、零售等相关业态的融合，文化产业与科技、创意、资本、市场、人才、品牌、渠道等相关要素的融合，核心是引导市场中的创新力量去推动解决文化产品和服务领域高端供给不足的结构性问题，关键在于把握了供给主体问题。只有供给主体充满市场活力、形成与时俱进的竞争力，才能形成供给侧改革的内生力量，源源不断地向市场提供更优质的有效供给，不断激活市场需求，创造消费动力。[②] 故而优化文化产业结构，促进文化消费升级，是经济领域和文化领域共同存在的解决“供给抑制”和“供给约束”矛盾的重要突破口。

（二）从需求侧到供需协同优化产业结构

一个国家或地区国民经济发展谋求的是社会总供给和社会总需求的相对平衡[③]，而当前我国经济领域出现的供给侧结构性矛盾导致的动力抑制问题，

---

① 参见郑世林：《李克强谈“S型曲线”理论：用新动能带动新经济》，http://www.gov.cn/xinwen/2016-05/21/content_5075377.htm，2016年6月1日。

② 参见董小麟：《着力优化供给主体结构和市场环境》，2016年3月14日《南方日报》。

③ 参见张蕴萍：《供给侧改革：中国垄断行业政府规制体制改革的新动力》，《理论学刊》2016年第5期。

以及需求侧非均衡发展导致的动力约束问题,对协调供需管理、优化产业结构提出了具体要求。从供需角度看,需求侧的“三驾马车”是从运行结果出发的,便于宏观调控进行短期的逆周期调节,是应对宏观经济波动的需求侧动力,但不是发展的原动力。而供给侧是从运行源头入手,力图从制度变革、结构优化和要素升级等根本的、可持续的动力出发,其更加突出长远的转型升级。[①] 供给和需求的相互协同,既是实现经济科学发展的重要条件,也是优化文化产业结构的基本要求。

文化产业发展以产业转型为目标,以全面的要素创新为手段,在增长动力的演进过程中,通过先导性跨界创新和连续性迭代创新,实现了文化产业结构优化和主体创新的双轮驱动;通过重构文化逻辑,优化经济地理布局并实现空间正义;通过激活“禀赋”和“特色”的触媒点链接全球化和城镇化进程中的经济因子,释放内生动力。其核心正是以供需协同为重点构建动力框架,不但对实现供求之间在短期的双向动态均衡起到重要作用,而且对经济结构长期的优化升级提供了可借鉴的范式,为经济发展中传统动能发展遭遇“天花板”和新旧动能交替时期面临“玻璃门”的现实境况,提供了解决经济发展动力不足或动力断层的破题公式。

(三)从试验试点到全面创新构建政策支柱

制度创新是最为重要的经济“发动机”之一,制度创新始终是创新体系中执行难度最大的内容。然而,制度却提供了一种经济的激励结构。随着激励结构的演进,制度决定经济变化的走向是增长、停滞,还是衰退。[②] 文化产业以制度创新为根本,其着重转变政府职能和改革治理方式的创新探索,在经济发展动力体系构建中最大的贡献在于,通过文化产业政策的试点、实验和文化治理模式的探索、创新,对过往的文化经济发展路径进行了勘误,也使未来的转型发展避免了弯路。就前者而言,以国家文化产业创新实验区、国家文化金融合作实验区为代表的区域合作模式和发展范式,是对以制度创新为核心的实验机制的探索,更是对以“有形之手”破除“市场失灵”、以“无形之手”解决“政

① 参见国家行政学院经济学教研部编著:《中国供给侧结构性改革》,人民出版社 2016 年版,第 12～13 页。

② 参见李兴耕、李宗禹、荣敬本:《当代国外经济学家论市场经济》,中共中央党校出版社 1994 年版,第 158 页。

府失灵”的制度创新的尝试。从后者来看，建立“文化治理体系”是国际上通行成功的社会参与文化管理形式，也是推进国家治理体系和治理能力现代化的重大举措。例如，当前在文化领域正在推进的文化消费试点城市，以文化消费有效供给为着眼点，打破了文化产业和公共文化事业的界限，以有效文化治理为手段，一方面尊重了市场之手，另一方面创新了政府之手，是尝试最大限度激发全民创造活力和消费能力的制度创新实践。而改革文化治理模式即树立“有效规制”的改革总体思路①，以市场经济的方式实现文化的政治、经济和社会的价值性转换，进而改变和重塑国家治理模式。它增强了文化治理的协调性，并将与文化产业相关的工作纳入政府整体的工作体系、规划设计和考核制度，使文化产业成为国民经济的重要组成部分。同时，它激活了文化治理的能动力，充分释放文化市场的公平与正义②，更全面释放了经济社会的发展活力，为经济发展提供了有效动力。

四、发展文化产业对重塑经济新动力的启示

（一）以永续创新塑造经济发展的持续动力

创新既是文化的形态所需，又由文化的本质所赋。构建创新驱动型经济是我国实现可持续发展、促进经济结构优化、增强国际竞争力的必然要求。从国际经验看，文化创新在一定程度上优化了国家发展战略，重塑了新的经济路径价值导向。从历史的角度看，20 世纪 70 年代，欧美国家人均 GDP 先后达到 5000 美元进入工业化中后期时，这些国家出现了产业转型升级的趋势。在产业转型中，大众对知识、智慧、创新和审美等文化要素的需求更加强烈，将文化纳入国家发展战略并以政府力量推进文化建设成为这些国家重塑经济动力的共识。以“创造性”为主题的国家文化发展战略的确立为这些国家经济高级化构建提供了有利条件。可以说，文化产业在产业转型升级、经济结构调整优化中发挥了巨大的作用，并积累了丰富的创新经验。

文化产业对塑造经济发展永续动力的启发，首先源自文化产业自身不间断创新的本质。文化产业作为一种战略性新兴产业，以创新创意为灵魂，低耗

① 参见张蕴萍：《供给侧改革：中国垄断行业政府规制体制改革的新动力》，《理论学刊》2016 年第5 期。

② 参见胡惠林：《在文化发展的实践中推进文化理论的创造性发展》，《中国编辑》2015 年第 2 期。

能、高附加值的产业特征本身便是经济发展的新动力,其具备的强大的动力“续航”能力不断突破经济“L”形走势,频频创造发展亮点。而与此同时,文化产业自身也在不断进行供给侧结构性改革,力图进一步优化产业形态、集约空间布局、实现经济结构合理化和高度化,为构建新动力、创造新动能提供稳固支柱。文化产业在全要素创新中自我更新,正是实现永续动力的基本逻辑。而事实上,以创新求发展,从来就是社会的进取法则与内在动力,也是经济发展的重要引擎与改革源泉。文化领域的创新和突破,不但颠覆了文化与经济基本属性二元对立的偏颇认知,而且更为经济发展和经济社会全方位的供给侧改革提供了新的思路和远见。

(二)以跨界逻辑重构区域经济的发展秩序

随着我国人均收入和精神生活水平的继续上升,文化需求层次不断提高且日益多样化,新一轮科技革命又不断促使技术、信息、资本等要素跨国界、跨区域流动日趋频繁,以“跨界”为新供给特征的现代文化市场体系逐渐凸显出新的趋向。从跨行业区间的要素融合看,文化与信息化的深度融合,将加速促使产业升级,增强产业竞争力;文化与城镇化的良性互动,将加快构筑优势互补、特色集约的城镇产业格局;文化与农业现代化的相互协调,则将加快形成因地制宜、产城人文有机融合的城乡一体化格局。文化产业于传统工艺中寻求载体,在历史文化中寻求灵感,从村落记忆中寻找素材,释放了二元经济地理结构下乡村的发展活力。不难看出,文化产业正不断通过创新驱动激活区域内生增长动力。从跨时间区间的资源整合看,文化产业擅长于从“时间”的逻辑主线中寻找素材,并力图通过历史与未来的对话,在“留住往日的时间”中“再造往日的空间”的过程中实现文化的时间价值,正是一种跨界思维的体现。从跨空间区间的区块链接看,文化产业以文化认同构筑文化纽带的特点,使它在区域空间中很容易形成新的逻辑框架。它们或者以“文化线路”的形式带状分布形成文化经济带,或者以“文化集群”的方式圈层扩散形成增长极。这些打破行政区划而由文化聚合力重组而成的区块,如同“经济马赛克”一般,闪耀着创新的光芒并不断颠覆着传统动力模式。

跨界逻辑对传统经济发展动力的颠覆和重构是建立在供给侧结构性改革基础上,适应和引领消费趋势的裂变式创新。文化产业视阈下跨界发展的市场逻辑,一方面打破了传统动力的线性模式,突破了单一的、静态的串联式产业链而演化为复合的、动态的并联式协作的网络，重塑了以“大文化”为纽带、打通经济发展时空关联的动力机制，为“一带一路”、京津冀和长江经济带等经济地理战略创造出基于“文化”的诠释。另一方面，文化产业打破了传统资源的排他型消费模式，将传统生产活动和生活图景在市场化的环境下转化成文化商品，为文化遗产传承和创新、文物产品的创意开发以及历史文化村镇保护性开发建构了文化经济的新秩序。

（三）以共生创新推动传统产业的迭代升级

当前，全球化、技术的交叉渗透、产业界限与企业边界日益模糊、信息技术的快速发展等，对创新提出了新的要求。开放市场环境和开源技术环境下，新产品、新技术的生命周期被不断缩短，市场要求的创新频率不断加快，新产品的开发与应用所需的投资也日益增大，传统的纵向一体化模式（产品的设计和开发、生产、分销等产业链上的各个环节全部由一个公司来完成）①的创新越来越难以独自实现。而随着文化与科技深层次、全领域的融合，文化市场的驱动方式也不断发生异质性变化，通过共生创新来源源不断地提供优质产品和服务越来越成为新的动力诉求。

文化产业对塑造经济发展迭代动力的启发，主要源自文化产业在集群模式的合作中构建的共生创新系统。建立在“共生”生态上的文化产业集群，是全球资本、技术和人才等要素流通最迅速、对创新和创造成果的应用最敏捷的地区。它们打破了单打独斗的“独立创新”范式，以生态关联构成了全球文化经济的协作网络。其“共生创新”的基本理念是，以智力成果和知识资源为集群凝聚的核心，以创新为动力，建立在受文化保护作品的创作、生产、传播、使用和消费基础之上的产业组织形态。可见，文化产业共生创新的核心在于构建了“共生”的系统和在该系统模块下创新单元、创新环境、创新基质和创新界面协同的网络。在共生网络中，创意阶层、创新环境营造者、创新制度和法制环境、创新反馈等共同推动着发展动力的更新、换挡、超越，共生创新方式构建的知识体系和创新网络，为经济发展寻求迭代动力、实现传统产业的迭代升级提供了有效范本。

---

① 参见赵志耘、杨朝峰：《创新范式的转变：从独立创新到共生创新》，《中国软科学》2015 年第 11 期。

(四)以平台思维激发产业转型的内生动力

平台思维是基于“分享经济”的商业模式，通过对使用权的重新安排使资源得到最大化的利用，又为市场需求者提供更优质的服务，实现了生产与消费的有机统一。平台思维还是适应供给侧改革要求的创新范式，它以按需分配为基础，以共同生产为纽带，使每个人既是生产者同时也是消费者。每个人都可以按照自己意愿与能力进行选择与才能发挥，从而实现人的自由发展。每个人都是“平台”上的节点，都可以通过“平台”实现产品和服务的生产与供给，都可以为满足他人的需求与发展创造条件。① 文化产业发展往往以文化创意资源的开发整理为主体，以文化创意和技术创新为驱动要素，能够有效实现资源要素的市场配置，其本质正是把知识的获取、共享、创新和应用置于开放环境并打破区域行政壁垒的平台思维。

开放平台的建立，能够对要素结构、需求结构和产业结构进行综合配置并在基于产业本身知识价值链基础上展开分工与合作，实现资源共享。开放平台的建立，还可以更好地推进隐性知识创新并提高隐性知识显性化所创造的产业附加值。可见，平台思维是“文化＋”和“互联网＋”的高级阶段，也是将单一的“加法”运算向综合函数转变的复合法则。平台思维让各个具有不同创造能力和技术知识水平的创意企业，在平台的界面规则或关系契约下，实现了创意设计、生产、流通等各个环节灵活而专业的分工合作和业态耦合，形成非线性的、多层次、多功能的网络合作关系。② 这种多层次的、灵活的网络通过创造“产业空气”，正是激发市场主体内生动力的“催化剂”。作为一种实现优质供给和有效供给的协同网络，平台思维激发经济发展内生动力的关键是创造优化经济发展的激励机制，构建产业结构优化的激励基础，完善市场竞争的激励机制，形成创新资本积累、创新制度积累、创新人才涌现、创新技术突破和创新治理渐进的动力机制，从而实现以开放的平台促进社会的公平与正义，以信息的共享促进社会的自由与开放，以高频与速度促进社会运行的效率提升，以永无止境的创新促进社会不断进步的改革路径。③

总之，文化产业的多重属性决定了文化产业动力逻辑的多元性，而文化产

① 参见姚鸿：《分享经济释放社会发展新动力》，《红旗文稿》2016 年第 7 期。

② 参见余晓泓：《创意产业集群模块化网络组织创新机制研究》，《产经评论》2010 年第 4 期。

③ 参见韩智英：《中国经济增长动力机制研究》，《知识经济》2016 年第 13 期。

业政策价值取向的多样性又使文化产业动力逻辑呈现出混合性，以“经济性、政治性、社会性、文化性和意识形态性”①为多重性和多样化特征的文化产业，既遵循经济运动的基本规律，也具有文化运动的特殊法则。正是文化产业的多重属性和文化的多元特征，文化产业发展并未完全囿于传统动力桎梏，而是通过不间断的创新和共生创新重塑并创造了永续动力与迭代动力，通过跨界思维和平台思维改造传统动力并激发内生动力，这对经济社会全方位、各领域的改革创新都具有重要的意义和价值。

[原载于《山东大学学报(哲学社会科学版)》2017 年第 3 期]

---

① 胡惠林:《论文化产业的属性与运动规律》,《上海交通大学学报(哲学社会科学版)》2007 年第 4 期。

从功能城市到文化城市:“欧洲文化之都”公共文化建设研究

陈 慰 巫志南

“欧洲文化之都”(European Capitals of Culture)项目始于1985年6月13日,由当时的欧共体部长理事会根据希腊文化部长美莲娜·梅尔库丽(Melina Mercouri)的提议而开展。2000年以前项目名称为“欧洲文化之城”(European City of Culture),之后更名为“欧洲文化之都”。2011年起,每年都有两座欧洲城市荣获这一称号。每一个申请成为“欧洲文化之都”的城市,都应开展持续12个月的文化活动。“欧洲文化之都”评选的宗旨是用文化作为桥梁,目的是以文化带动城市发展,保持欧洲文化多元化与丰富性,致力于把“欧洲人连接在一起”(bring the peoples of the Member States closer together)。“欧洲文化之都”为当选城市提供了贯穿全年的大规模集中展示城市文化建设成果的机会。更重要的是,在长达六年的筹备过程中,许多欧洲城市借此机会进一步完善了城市的公共文化服务体系:让市民充分参与到文化、经济和社会中;营造城市文化氛围,为各类文化项目的开展做准备。① 从传统的“功能城市”到今天的“文化城市”,公共文化是“欧洲文化之都”建设的重要内容。“欧洲文化之都”的筹备和当选,客观上对于引导城市更加自觉地按照“文化之都”理念去统筹和整合城市公共文化空间和资源起到十分积极的推动作用。

一、“文化之都”兴起的国际趋势:从“功能城市”到“文化城市”

美国学者R. E. 帕克认为:“城市是一种心理状态,是各种礼俗和传统构成

① “European Capitals of Culture: More Than 30 Years”, https://ec.europa.eu/programmes/creative-europe/sites/creative-europe/files/library/ecoc-fact-sheet_en.pdf,2017-03-05.

的整体。换言之，城市绝非简单的物质现象和简单的人工构筑物。城市已同其居民们的各种重要活动紧密地联系在一起，它是自然的产物，尤其是人类属性的产物。"①因而，城市外观及城市管理维护所传达、折射出的个性特征，方能真正反映出城市的历史积淀和文化内涵。

（一）"文化城市"的提出：追求城市的精神价值

1933年，国际现代建筑协会第四次会议提出的《雅典宪章》，从物质空间决定论的视角，把城市功能作为城市规划的依据，按照城市活动划分为居住、工作、游憩和交通四大功能。随着城市、社会生产力发展，城市功能的复杂性越来越明显，原有四大功能已难以包容。20世纪70年代，西方国家经历了持续高速经济增长期，社会呈现出了竞相发展的氛围，但部分城市单纯强调以经济增长为本，片面追求财富积累，产生了人口快速膨胀、土地过度承载、文化设施相对匮乏等问题。中国学者单霁翔在《从"功能城市"走向"文化城市"》一书中指出："如何振兴城市经济与文化，继续成为许多西方国家经济社会发展的重要问题。同时，国际城市规划领域新的流派和理论不断涌现，出现了批判现代城市规划千篇一律、缺乏特色的倾向，认为这是偏重功能、技术和经济效益，忽视人的精神追求造成的。这种批判再次引发了对主张功能城市的《雅典宪章》各项规划原则的深刻反思，迫切需要在城市规划的主题纲领方面进行重新思考。"②1977年的《马丘比丘宪章》摒弃了物质空间决定论观念，宣扬社会文化论的基本思想，提出在城市发展规划过程中"追求文化、精神上的东西，即人与人、人与社会、人与自然的紧密结合，关注人文内容的表达和追求，使科学、技术、规划更加智能化和人性化，从城市发展史的角度看问题，突出文化在城市发展中的重要位置"③。《马丘比丘宪章》比之《雅典宪章》更多地注重城市人文生态功能，认为城市不仅是空间上的概念，同时也是文化学的单元或功能载体。刘易斯·芒福德（Lewis Mumford）在《城市中的文化》（*The Culture of Cities*）一书中提出文化是最重要的城市功能，把"文化储存、文化传播和交流、文化创造和发展"称为"城市的三项最基本功能"，并认为"文化既是城市发生

① ［法］R. E. 帕克等：《城市社会学》，宋俊玲等译，华夏出版社1987年版，第1～2页。

② 单霁翔：《从"功能城市"走向"文化城市"》，天津大学出版社2007年版，第131～132页。

③ 姚子刚：《城市复兴的文化创意策略》，东南大学出版社2016年版，第67～70页。

的原始机制,同时也是城市发展的最后目的”。[①] 自此,城市文化功能和精神价值逐渐上升为城市建设理论的核心内涵。

(二)从“功能城市”向“文化城市”转型

“文化转向”(cultural turn),即以文化作为推动城市发展的基本策略。该策略运用始于20世纪70年代美国:政府需要改善日渐紊乱的城市内部景象,私人投资者期待营造浓郁的文化氛围来吸引顾客,大量艺术团体呼唤合适的城市发展空间,新的城市改造合作方式逐渐在政府、私人投资者和艺术团体之间形成。在政府推动下,城市文化艺术设施开始和商业、办公、旅游等功能设施混合布局,用于带动旧城区的更新改造。在随后的城市改造进程中,文化元素逐渐成为较为重要的方面,世界上一些知名城市大多经由文化改造而转型为“文化之都”。它们培育城市文化,推动文化与政治和商业融合,注重多元文化的交叉和发展。尤其是20世纪70年代以后,文化政策主导下的“城市更新”已经成为西方“城市复兴”的一种主流方式。[②] 到了20世纪八九十年代,严酷的经济衰退现实,迫使城市政治家们赋予城市文化改造政策更多的经济利益诉求,“文化价值”更倾向于文化和艺术的“外部利益”,文化成为政府借以推动经济复兴的政治工具。因此,这一时期,城市大型文化项目和文化旅游发展受到了更多的关注。[③] 90年代开始,世界各国主要城市“文化转向”成为时代趋势,各国政府纷纷调整和更新文化发展战略。1993年,英国政府以《创造性的未来》为题发表了“国家文化艺术发展战略”;1994年,澳大利亚政府第一次推出了本国的文化政策,制定以“创造性的民族”为核心的国家文化发展战略;1995年,日本在《新文化立国:关于振兴文化的几个重要策略》的报告中,确立了21世纪的文化立国方略,为加强对文化的领导,设立了文化咨询机构,将文化发展战略作为国家和城市发展战略的核心[④];2000年,新加坡制定《文化复兴城市》发展战略,提出将新加坡发展“成为一个充满动感与魅力的世界级艺术城市”,目标是“21世纪的文艺复兴城市,即国际文化中心城市之一”。此外,意大利等国政府也积极促进文化政策成为推动国家和城市发展的重要举措。

---

① Lewis Mumford, *The Culture of Cities*. London: Secker & Warburg, 1940, pp. 296-300.

② 参见李亚娟:《现代城市治理与城市文化建设研究》,上海人民出版社2015年版,第42页。

③ 参见吴忠、王为理等:《城市文化论》,海天出版社2014年版,第226～227页。

④ 参见单霁翔:《从“功能城市”走向“文化城市”》,天津大学出版社2007年版,第140页。

“文化城市”作为应对新一轮城市转型挑战而采取的一种城市发展战略相继被提出。①

在欧洲,各国在经历了20世纪80年代初的经济衰退后,开始寻求解决城市问题的新方法,文化作为促进城市发展手段之一开始被各国重视。这些手段包括新建旗舰型文化建筑、举办文化大事件、规划和发展文化产业或创意产业集聚区等,并形成了对城市复兴贡献的三种模式:“文化引导型复兴”“文化复兴”和“文化与复兴”。② 在这一大背景下,“欧洲文化之都”的评选应运而生,并被认为是促进城市转型发展最成功的长效机制。随后,“欧洲文化之都”这一概念跨越了欧盟,并于20世纪90年代开始向其他地区传播。在美洲大陆,35个成员组成的美洲国家组织(OAS)在1997年决定以“欧洲文化之都”为样板,发起名为“美洲文化之都”的大型年度文化活动,“阿拉伯文化之都”和“伊斯兰文化之都”参照“欧洲文化之都”这一城市文化评选活动方式快速推进。在英国,由于受到利物浦获评“欧洲文化之都”的启发,英国文化、传媒和体育部在2009年发起了英国国内的“英国文化之城”评选等。③ 近年来,在亚洲地区,“东盟文化城市”和“东亚文化之都”陆续启动。此外,联合国等国际及地区机构也积极推进世界范围内各城市对自身文化发展的关注,如联合国教科文组织于2004年起搭建“联合国全球创意城市联盟”(The Creative Cities Network of UNESCO's Global Alliance),在全球范围内遴选民间艺术之都、设计之都、电影之都、烹饪之都、文学之都、音乐之都以及传媒艺术之都等。越来越多的国家和地区从“文化之都”活动中获得了实际收获。有中国学者在《文化规划——基于文化资源的城市整体发展策略》中指出:奥运会、世博会、欧洲文化之都等大型文化活动的开展提升了城市建设中对文化重要作用的进一步认识。西方学者亨廷顿在他的《文明的冲突与世界秩序的重建》一书中所提出的观点——世界上众多国家将被迫或主动地转向自己的历史和传统,寻求自己的“文化特色”(cultural identity),试图在文化上重新定位。其预示了未来的世界城市竞争将是以文化为主导。事实上,随着对文化及其作用的讨论,世界范围内基于文化的全球城市竞争已经开始。各个地区、城市相继注意到文化对

---

① 参见李双幼:《“欧洲文化之都”对泉州“东亚文化之都”建设的启示》,《中共郑州市委党校学报》2014第6期。

② 参见李沁:《英国城市文化复兴实例研究——以谢菲尔德为例》,同济大学硕士学位论文,2008年。

③ 参见王可:《“欧洲文化之都”成欧洲城市点金石》,2010年3月29日《北京商报》。

于城市发展的巨大潜力，以期通过城市的文化特色来提高城市的竞争力，在全球城市竞争中占据有利的位置。全球范围内文化正成为城市发展的一个核心议题。[①]

国际“文化之都”“文化之城”的持续开展，其目的是以城市文化品牌化、城市综合发展的角度促进区域文化发展，通过文化增进融合、提升共识，解决区域内共同关心的政治、经济和社会问题。本义在于对已有的都市资源与空间进行文化再生产，使文化功能更多地渗透到城市结构与社会的各方面。本质上是城市结构与功能的一种当代生产形式与空间表现形态。[②] 特征是文化资源、文化生产、文化功能成为推动城市形态演进与社会发展的重要力量与机制，这一特征突出反映在对城市公共文化发展所具有的积极影响。

“欧洲文化之都”举办的成功与否，是对当选城市在文化建设，尤其是公共文化服务和管理水平高低的最好检验，而“欧洲文化之都”的当选又对城市文化管理层面改善及提升文化管理水平带来巨大的触动。在“文化城市”实施的背景下，“欧洲文化之都”当选城市公共文化服务内容的饱满性和丰富性不仅关系到市民在艺术审美享受、文化科技素养熏陶以及精神道德滋养方面的深刻性，还直接关系到市民文化权利的保障落实和城市文化艺术品格的养育塑造。“欧洲文化之都”可谓是对“文化城市”的最成功典范和诠释。

二、欧盟推动“文化城市”的政策分析

(一)“欧洲文化之都”理念的提出

欧盟国家率先推行文化引导的城市复兴，实施“欧洲文化之都”评选。围绕“文化转向”，依托区域性国际组织的统筹协调，对于原先无论是因政治中心的设置而成为的政治之都、因经济的发达与市场的繁荣而成为的经济之都，还是诸者兼容的都市，城市文化均逐步被认为是城市营销和“国际化”策略中的一个重要组成部分。[③] 尽管区域发展和城市情形存在诸多不同，参与国际性

---

① 参见黄鹤:《文化规划——基于文化资源的城市整体发展策略》，中国建筑工业出版社 2010 年版，第 3 页。

② 参见刘士林:《从当代视野看文化都市》，2007 年 9 月 3 日《文汇报》。

③ 参见周松峰:《在“东亚文化之都”建设中的文化资源价值及其全域联动提升路径》，《中外企业家》2014 年第 29 期。

"文都"评选城市的文化政策具有内在一致性，文化在城市整体性发展方面扮演着越来越重要的角色，城市文化独特发展理念和城市文化规划的侧重也逐步显现。

1981 年 1 月，希腊正式加入欧共体，成为第十个成员国。希腊的加入，不仅显示了欧共体在文化上加快欧洲一体化的决心，还推动着欧共体历史上的"第二次文化扩大"。① 随着国际交往程度的不断加深，欧共体开始把文化议题提上议事日程。1983 年，欧盟理事会在斯图加特峰会召开后发布了《神圣宣言》，进一步推动了欧共体文化行动的发展。该宣言指出，欧共体应该鼓励各项文化事务之间建立更紧密的合作关系，把提升欧洲公民的共同文化意识作为构建未来欧洲认同的主要手段，同时为欧盟理事会的各项文化行动提供政策支持。1984 年，在欧洲理事会召开的文化部长正式会议上，欧盟理事会与各国文化部长对会议的各项文化建议作了进一步探讨，并正式成立了欧洲文化事务理事会。②

此后，欧洲文化事务理事会采取了各种措施来加强和提升欧共体的欧洲公民认同与其世界形象，满足各国公民的文化期望与诉求，一致同意举办一系列围绕欧盟文化一体化、欧洲文化认同的文化活动，如"欧洲文化月""欧洲音乐年""欧洲文化之都""欧洲雕塑艺术比赛"以及组建欧洲青年管弦乐队等。这些文化行动是对欧洲公民在思想上消除文化障碍的潜移默化教育，与欧洲一体化紧密相关。文化合作有效促进了不同国家文化之间的交流对话，增进了文化人才的跨国流动，带动艺术作品和文化产品的跨国流通，使民众逐步树立"欧洲公民"意识。

(二)"欧洲文化之都"目标的推进

当选城市在享受"欧洲文化之都"称号的一年中不仅有机会展示本市、本地区具有象征性的文化亮点、文化遗产和文化领域的发展与创新，而且吸引欧盟其他成员国的艺术家、表演家到该市表演和展出。对于欧盟层面而言，举办"欧洲文化之都"能够保持并展示欧洲文化的丰富性和多样性；发挥文化纽带

---

① Commission of the European Communities, *Cultural Action in the European Community*, Luxembourg: Office for Official Publications of the European Communities, 1980, p. 30.

② 参见张生祥：《欧盟的文化政策：多样性与同一性的地区统一》，中国社会科学院出版社 2008 年版，第 103 页。

作用,加强欧洲各国团结;促进各国人民交流,增进彼此之间理解;培育欧洲公民身份认同感等。从当选城市层面,利用"欧洲文化之都"建设之机改造城市文化基础设施,通过文化建设,推进城市旅游业、文化产业发展,扩大城市知名度,吸引更多游客,带动新的投资,为城市建设、更新和复兴注入新的活力、带来新的机遇。

"欧洲文化之都"在连续开展的32年间经历了多次规则调整(见表1),不仅令每个欧盟成员国都有均等机会举办这一活动,还鼓励新入欧盟甚至未加入欧盟的欧洲国家参与评选(见表2、表3)。

表1　"欧洲文化之都"发展阶段①

发展阶段	当选城市	同时期欧盟重大文化决议和政策
第一阶段: 1985～1996年。 城市数量:12。 城市分布特点:12个欧盟成员国,各国1个城市	1985年　雅典 1986年　弗洛伦撒 1987年　阿姆斯特丹 1988年　柏林 1989年　巴黎 1990年　格拉斯哥 1991年　都柏林 1992年　马德里 1993年　安特卫普 1994年　里斯本 1995年　卢森堡 1996年　哥本哈根	1985年:宣布欧洲文化之都项目为每年举办的欧盟文化项目(欧盟85/C/153/02决议) 1990年:启动欧洲文化月(European Culture Month)项目 1992年:马斯特里赫特条约为进一步支持欧盟文化政策和项目提供立法依据(128条) 1996年:启动万花筒项目(欧盟719/96决议)

① Beatriz Garcia and Tamsin Cox, "European Capitals of Culture", http://www.europarl.europa.eu/RegData/etudes/etudes/join/2013/513985/IPOL-CULT_ET(2013)513985_EN.pdf,2017-04-25.

续表

发展阶段	当选城市	同时期欧盟重大文化决议和政策
第二阶段： 1997～2004年。 城市数量：19。 城市分布特点：2个非欧盟成员国，2个即将加入欧盟的国家	1997年　萨洛尼卡 1998年　斯哥德尔摩 1999年　魏玛 2000年　阿维尼翁、卑尔根、博洛尼亚、布鲁塞尔、赫尔辛基、克拉科夫、雷克雅未克、布拉格、圣地亚哥德孔波斯特拉 2001年　鹿特丹、波尔图 2002年　布鲁日、萨拉曼卡 2003年　格拉茨 2004年　热那亚、里尔	1997年：开始允许非欧盟成员国参选欧洲文化之都（欧盟90/C162/01决议） 1998年：开始明确评审标准和申请截止日期（欧盟92/C336/02决议） 2000年："欧盟文化2000"项目替代了万花筒项目，欧洲文化之都提出了文化项目要具有欧洲范畴和国际视野的目标（欧盟508/2000决议） 2004年：欧盟新增了10个成员，欧洲文化之都当选城市增加
第三阶段： 2005～2021年。 城市数量：34。 城市分布特点：分布在28个欧盟成员国中，其中13个为欧盟新成员国，2个非欧盟成员国	2005年　科克 2006年　帕特雷 2007年　卢森堡、锡比乌 2008年　利物浦、斯塔万格 2009年　维尔纽斯、林茨 2010年　埃森鲁尔、佩奇、伊斯坦布尔 2011年　图尔库、塔林 2012年　吉马良斯、马里博尔 2013年　马赛一普罗旺斯、科希策 2014年　于默奥、里加 2015年　蒙斯、比尔森 2016年　圣塞瓦斯蒂安、弗罗茨瓦夫 2017年　奥胡斯、帕福斯 2018年　瓦莱塔、吕瓦登 2019年　马泰拉、普罗夫迪夫 2020年　里耶卡、戈尔韦 2021年　蒂米什瓦拉、埃莱夫西纳、诺威萨	2005年：欧洲文化之都上升为全欧洲的行动；申请城市必须要有欧洲范畴的项目规划（欧盟1419/1999号决议） 2009年：欧盟新成员国举办欧洲文化之都 2010年：欧洲文化之都的遴选标准有所改变；明确"欧洲范畴"和"城市与市民"为两大重要内容

表 2　　欧洲一体化扩大进程表

时间	加入国家
1950 年	创始国:法国、意大利、荷兰、比利时、卢森堡、西德(现联邦德国)
1973 年	爱尔兰、丹麦、英国加入,欧共体扩大为 9 国
1981 年	希腊加入,欧共体扩大为 10 国
1986 年	葡萄牙、西班牙加入,欧共体扩大为 12 国
1995 年	奥地利、芬兰、瑞典加入,欧盟扩大为 15 国
2004 年	波兰、拉脱维亚、立陶宛、爱沙尼亚、匈牙利、捷克、斯洛伐克、斯洛文尼亚、马耳他、塞浦路斯加入,欧盟扩大为 25 国
2007 年	保加利亚、罗马尼亚加入,欧盟扩大为 27 国
2013 年	克罗地亚加入,欧盟扩大为 28 国

表 3　　1985～2019 年"欧洲文化之都"当选城市所在国家的欧盟所属关系和地理分布情况①

"欧洲文化之都"发展阶段	地理位置	属于欧盟12国范围内的国家	属于欧盟15国范围内的国家	属于欧盟25国范围内的国家	属于欧盟27国范围内的国家	即将加入欧盟的国家	非欧盟国家	合计
第一阶段 1985～1996 年	北欧	3						3
	南欧	4						4
	西欧	5						5
第二阶段 1997～2004 年	东欧					2		2
	北欧		2				2	4
	南欧	6						6
	西欧	6	1					7

① "European Capitals of Culture: Success Strategies and Long-Term Effects", http://www.europarl.europa.eu/RegData/etudes/etudes/join/2013/513985/IPOL-CULT_ET(2013)513985_EN.pdf, 2017-05-01.

续表

“欧洲文化之都”发展阶段	地理位置	属于欧盟12国范围内的国家	属于欧盟15国范围内的国家	属于欧盟25国范围内的国家	属于欧盟27国范围内的国家	即将加入欧盟的国家	非欧盟国家	合计
第三阶段 2005～2019年	东欧			4	2			6
	北欧	3	2	3			1	9
	南欧	4		3			1	8
	西欧	5	1					6
总计		36	6	10	2	2	4	60

三、“欧洲文化之都”建设与城市公共文化发展的互动关系分析

(一)需求相互契合

城市与文化本来就处在互动之中,正是这种互动,“欧洲文化之都”对城市文化的发展促进作用表现出了新的特征,文化转向的轨迹更加明显。当选城市的公共文化建设与“欧洲文化之都”在理念、宗旨和建设过程中体现出了强有力的互动、协调和带动能力,改变了过去“功能城市”简单顺应公众浅表层次文化需求的格局,有效增强了公共文化产品和服务的引导力、向心力和凝聚力。公共文化是以满足公民基本文化需求为主要目的,由政府主导、社会力量参与,向全体公民提供公共文化设施、产品、活动和其他服务,强调的是文化的普惠性、共享性和基本性。从宏观层面上看,公共文化这一概念不只是文化类型、样态、形态区分的结果,也是城市诸多功能中十分重要的功能之一,城市有责任为生活于其中的公众提供丰富的日常文化生活,保障公众获得、享有和参与各种健康有益的文化活动。

完善公益性基础设施建设、以丰富的文化艺术活动惠及全体市民以及促进城市间国际文化艺术交流,既是公共文化的分内之事,也是城市建设的基本职能。正是其内在宗旨和目的之高度统一,使公共文化普遍成为“欧洲文化之都”经济社会发展的自觉追求。丰富的公共文化不断提高社会凝聚力,对社会

发展提供精神动力和智力支持。可以说,"欧洲文化之都"与城市公共文化服务之间的相互关系,集中体现为城市基本服务功能与城市发展取向的有机统一,是推动城市有序发展的引领机制与驱动力量的高度一致,城市公共文化丰富了欧洲文化之都建设内涵,欧洲文化之都建设为城市公共文化服务创造了新的发展契机。"欧洲文化之都"当选城市,大多成功搭建了集确立城市科学发展目标、涵育城市文化发展潜力、壮大城市文化集聚效应、优化城市文化品牌、提升城市文化服务质量于一体的长效发展平台。

获得"欧洲文化之都"称号的城市并不都是国内的首都、一线或大型城市,也有许多规模较小的二、三线城市。在1985～2017年的当选城市中,有18个首都城市,约占32%。早期受政治因素影响,国家在城市的评选上更倾向于选择综合实力较强的首都,这类城市一般是国家的政治、经济、文化中心,对城市文化发展重视程度高,承担"欧洲文化之都"这类大型工程的能力较强。在"欧洲文化之都"评选的前期,特别是2001年以前,24座当选城市中14座为首都城市。随着遴选机制的不断改进完善,更多不同类型和规模的城市参与竞争。2001年以后,首都城市当选的比率开始下降,越来越多的工业城市、港口城市、历史文化名城、旅游城市等参与"欧洲文化之都"评选。许多欧洲城市工业化和城市化发展到一定水平,经历了从辉煌走向衰落,面临着城市转型的问题,迫切期望借"欧洲文化之都"建设机会,通过文化发展为城市重建、复兴、转型带来机遇。[①] "欧洲文化之都"建设活动,的确扩大了这些城市知名度,吸引了更多游客,促进了文化旅游业发展,同时拉动了新的投资,为城市建设注入了新的活力。

(二)目的相互一致

公共文化是基于社会效益,不以营利为目的,为社会提供非竞争性、非排他性的公共文化产品和资源配置活动。而公共文化服务体系是指以政府为主体建立的,为满足社会的公共文化需求,保障公民基本文化权益,向公众提供公共文化产品和服务的设施、机构、运行管理系统以及制度的总称。其最主要的特征是公益性、基本性、均等性、便利性,核心是通过公共文化资源的有效配

① 参见高梦楚:《欧洲文化之都发展与图书馆建设》,北京大学硕士学位论文,2014年。

置,向公众提供基本的文化产品及文化服务。[①]

“欧洲文化之都”活动基本形态是面向公众的公益性文化活动,内容和形式上与公众有较强的互动参与,其公共性、公益性、公开性、无差别性,与公共文化面向大众、服务大众的公益性、基本性、均等性、便利性相互一致,二者的目标都是要建立起文化与市民的纽带,满足市民的基本文化需求,增进文化内容与大众的亲近感,从而持续提升大众的精神文化素养。“欧洲文化之都”当选城市的公共文化主要是通过两个方面来服务大众:一是提供丰富的文化艺术类型和服务产品;二是以免费或优惠的票价吸引大众,使普通民众甚至低收入群体都能走进艺术殿堂。“欧洲文化之都”在面向大众、面向基层提供文化服务,提升市民文化素养和城市文化品位方面发挥出了十分积极的作用。例如,2004 年“欧洲文化之都”法国里尔市的活动主题为“以一种新的方式共同创造”。围绕这一主题,里尔市设计了许多独特的文化活动:“平行世界”,在当选年中的 33 个周末,与欧洲其他城市同步开展文化活动,旨在让人们了解到世界各地的文化;“文化休闲之家”,在旧工厂或建筑遗产中布置了 12 处示范场所,年轻艺术家们居住在里面邀请居民们参加他们组织的文化艺术活动;“文化塔楼”,在远离市中心的城区,举办围绕当地需求或以当地民众感兴趣的题材开展展览活动;“露天舞会”,在菲沃城区(Fives)举办“欢迎到里尔牧兰区来”等文化交谊活动。这些都是喜闻乐见、便于参与、质优且免费的文化集会和联欢活动。[②] 在当选年期间,里尔市政府支持并创办了很多大型活动,既宣传了城市文化多样性,又实现了公众的广泛参与性。

“欧洲文化之都”的一大特点就是将文化资源从城市中心区域扩散和延伸至城市社区,注重提升市民文化参与的普遍性。“欧洲文化之都”为当选城市提供了高度集聚的公共文化资源和服务,激发了市民的艺术兴趣,扩大艺术欣赏的人口比例,从而提升市民的艺术素养,并最终使城市受益于市民文化归属感增强、社会文化氛围的营造、城市形象的改造与升级。公共文化与“文化之都”建设秉持着共同的惠民服务宗旨,在建设过程中起到了相互促进和带动的作用。公共文化借助“文化之都”建设机制,让文化走进社区、街头、工厂、码

① 参见蒯大申:《重构公共文化服务制度基础——上海公共文化服务体系建设观察》,《中国公共文化发展服务报告(2007)》,社会科学文献出版社 2007 年版,第 252～263 页。

② 参见[法]罗朗·德雷阿诺、让·玛利·埃尔耐克:《2004 欧洲文化之都:创意城市里尔》,赵淑美译,《国际城市规划》2012 年第 3 期。

头、学校等场所，在“欧洲文化之都”当选期间，大量国内外文化艺术资源聚集于当选城市，使公众有更多接触文化、欣赏文化、参与文化、享受文化服务的机会。

在利物浦、埃森鲁尔、图尔库、里加、吉马良斯、马赛—普罗旺斯等历届“欧洲文化之都”城市中，在拓展市民参与的方式上一般采用将文化活动和资源进社区、送到市民身边的“社区文化”(neighbourhood culture)。2011 年“欧洲文化之都”芬兰图尔库市开展了“社区文化活动周”(neighbourhood weeks)，打造“在身边”的文化活动。为了让市民“唾手可得”地享受当选年文化活动和项目，图尔库市于 2006～2012 年间花费了 5549 万欧元，举办了 8000 多场活动项目，其中近 5000 场都是免费开放的公益性文化活动(见图 1)。“欧洲文化之都”深入社区开展的文化活动，恰与公共文化面向城市基层的服务重点十分吻合。

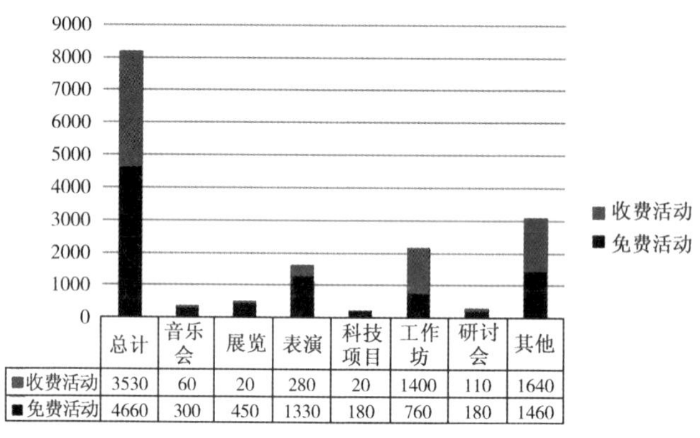

	总计	音乐会	展览	表演	科技项目	工作坊	研讨会	其他
收费活动	3530	60	20	280	20	1400	110	1640
免费活动	4660	300	450	1330	180	760	180	1460

图 1　2011 年图尔库“欧洲文化之都”当选年免费和收费活动数量统计①

2014 年“欧洲文化之都”拉脱维亚首都里加市开展了“积极邻里”(active neighbourhoods)活动计划，注重地方文化的宣传和推广。里加市在当选年的大部分文化活动和项目都是免费的(约 63%的活动无须门票)，直接为市民提供全开放式的“触手可及”(accessible culture)的文化参与渠道，文化活动覆盖了约 67%的里加市民。② 根据 2014 里加基金会(Riga Foundation)数据统计，

① “Final report of the Turku 2011 Foundation about the realisation of the Capital of Culture year”, http://www.turku2011.fi/sites/default/files/liitteet/turku2011_finalreport_eng_web.pdf, 2017-04-19.

② Tim Fox and James Rampton, *Ex-post Evaluation of the European Capitals of Culture Final Report*. Luxembourg: Publications Office of the European Union, 2015, p. 55.

里加于2014年"欧洲文化之都"当选年中所提供的文化活动覆盖了里加全市的58个社区，实现了当选年期间文化活动的全市覆盖。

同时，"欧洲文化之都"十分注重发展城市文化志愿者，着眼于在文化志愿服务中"培育欧洲公民的身份认同感"。例如2004年"欧洲文化之都"法国里尔市设立了"里尔文化大使计划"，鼓励和吸引全民参与文化志愿者服务。实行无门槛进入策略，市民只要注册，均能如愿成为志愿者。"里尔2004"文化年"文化大使计划"，当选年前后共招募了1.7万名志愿者参与，文化志愿者总人数达到了历年最高值。市民既是文化活动的受益人，也在其中提升了对"欧洲文化之都"的关注度和参与度，增强了对城市的文化自信和自豪感，这些活动对当选年文化活动顺利开展起到了很大促进作用。虽然"欧洲文化之都"当选城市还有更为广泛的目标，即便如此，社区重塑、社区凝聚力提升、城市形象更新、文化传统以及形成国家标志性特色，甚至拉动内需、创造就业等方面①的多重效应，均与公共文化服务公众、带动社会功能化存在大面积复合、交集和叠加。

(三)建设过程相互带动

"欧洲文化之都"为当选城市公共文化建设带来的新的发展机遇，主要体现在公共文化基础设施建设和公共文化服务供给两方面。多年来，"欧洲文化之都"城市借筹备和当选建设之机，加速了城市物理空间复兴、文化资源复兴、精神价值复兴，并实质性推动了城市公共文化设施和服务网络的完善。

1.促进公共文化基础设施建设提档升级

公共文化设施是整个公益性文化事业发展的基础，也是"欧洲文化之都"活动开展的重要支撑。林奇(Lynch)的《城市意象》、拉普普特(Rapoport)的《居住的文化与形式》、亚历山大(Alexander)的《城市不是一棵树》、文丘里(Venturi)的"后现代主义"以及佐京(Zukin)的《城市文化》等，均对城市空间环境及文化环境之间的关系进行了卓有建树的研究和阐述。② 在"欧洲文化之都"的评选标准中就明确提出当选城市须具备的"文化传递能力"(capacity to deliver)：一是申请城市必须拥有来自本地、本省和本国政府的强有力的政治支

---

① 参见王春雷、赵中华：《中国节庆产业发展年度报告(2009)》，天津大学出版社2010年版，第54页。

② 参见卢涛、李先逵：《城市核心可持续发展研究的多学科调适理念》，《城市发展研究》2002年第1期；单霁翔：《从"功能城市"走向"文化城市"》，天津大学出版社2007年版，第41页。

持和稳定的环境，二是当选城市需要有用于当选年活动开展足够的、可用的基础设施。① 比利时首都布鲁塞尔市于 1995 年宣布当选 2000 年“欧洲文化之都”后，吸引了资金赞助，最终完成了推迟已久的乐器博物馆和城市文化中心建设工程。2003 年“欧洲文化之都”的奥地利历史文化名城格拉茨市通过当选完成了规模宏大的艺术博物馆建设工程。自 2004 年宣布当选“欧洲文化之都”以来，英国商业中心和工业港口城市利物浦市投入了 2 亿多英镑用于城市的文化和旅游基础设施。② 2009 年的立陶宛首都维尔纽斯市新建或改造了至少 18 座文化设施，使其能够更好地服务于公众特别是残障人士。2010 年“欧洲文化之都”匈牙利历史名城佩奇市，在筹备阶段(2007～2010 年)完成了多项重大公共文化设施建设工程③：一个市政音乐厅和一个会议中心的柯达伊音乐中心(Kodály Centre)、用于艺术与音乐及儿童活动的乔尔纳伊文化区(Zsolnay Cultural Quarter)、展览区(Grant Exhibition Space)、地区图书馆和知识中心(Regional library and Knowledge Centre)、文化广场和文化公园。2013 年“欧洲文化之都”斯洛文尼亚工业城市科希策，从欧盟结构基金(EU Structural Funds)所获得的 5900 万欧元投入到了文化基础设施建设中，一定程度上缓解了文化设施建设资金短缺的状况。2010 年比利时工业城市蒙斯市宣布当选 2015 年“欧洲文化之都”后，共新建了 5 座博物馆、2 座音乐厅和 1 座会议中心，并通过公共财政和吸引大量私人投资，在 2002～2015 年间通过新建、修复，大面积对城市文化基础设施进行了完善。同期当选的捷克名城皮尔森市则创立了该国首个文化创意产业孵化空间“DEPO2015”，其址前身是一座废弃的电车和公交车站。④

从欧盟官方的评估报告可以看出，1995 年以来，“欧洲文化之都”当选城市加大了对城市基础设施的建设投资，几乎每一座当选城市在申请和筹备阶段都经历了史无前例的“硬件”投资和建设计划(见图 2)。综观“欧洲文化之都”当选城市的文化建设成果，通过公共财政投入和吸引大量社会投资实现新建、

① “European Capitals of Culture 2020 to 2033: A guide for cities preparing to bid”, https://ec.europa.eu/programmes/creative-europe/sites/creative-europe/files/library/capitals-culture-candidates-guide_en.pdf,2017-04-20.

② 参见马桂花:《利物浦以“欧洲文化之都”促城市复兴》,2008 年 1 月 16 日《经济参考报》。

③ Michele Tubaldi, “The ECoC Title for a Central European City: the Cast of Pécs 2010”, 5th Central European Conference in Regional Science-CERS, 2014, http://www3.ekf.tuke.sk/cers/files/zbornik2014/PDF/Tubaldi.pdf,2017-04-10.

④ 参见疏影:《当选“欧洲文化之都”有哪些好处》,2016 年 3 月 7 日《中国文化报》。

改建、修复等举措，对城市文化基础设施进行了完善，为"欧洲文化之都"公共文化活动的开展创造了条件，让公共文化空间本身成为了民众心仪的文化产品，提高了城市"文化之都"建设和公共文化双重参与率。可以肯定的是，"欧洲文化之都"筹备和当选为城市公共文化设施建设创造了不可多得的发展良机。

2.推动公共文化服务供给能力不断提升

在公共文化服务供给方面，"欧洲文化之都"为当选城市提供具有国际性、多样化、大规模的文化生产和服务能力，并使其在本国或本地区的城市网络中发挥了关键节点作用。以埃森(Essen)为代表的德国鲁尔区(Ruhrgebiet)城市群因工业遗址的成功改造和品牌重塑当选为2010年的"欧洲文化之都"，成为"欧洲文化之都"经典案例之一。

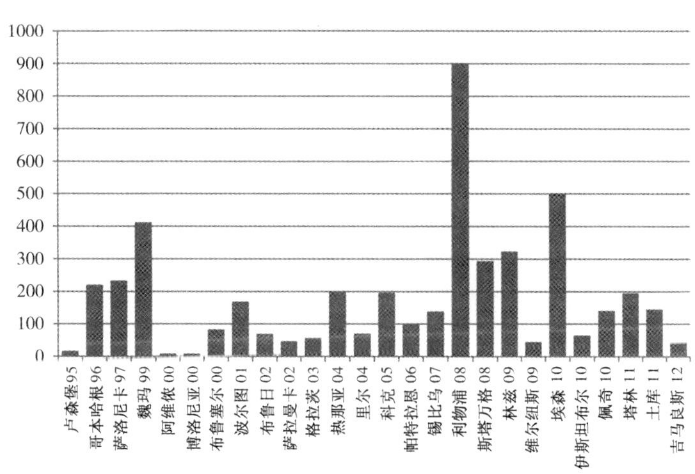

图2　1995～2012年"欧洲文化之都"当选城市基础设施建设经费投入情况①

20世纪60年代开始，德国遭遇了严重的煤炭、钢铁工业经济危机，鲁尔区不得不减少工业生产的产能，鲁尔区约90%的煤炭工厂和钢铁工厂都倒闭。20世纪70年代开始，鲁尔区开始进行调整工业结构与布局，发展第三产业和优化生态环境等方面的综合整治②，并尤其注重通过文化产业、发展文化创意

① "European Capitals of Culture: Success Strategies and Long-Term Effects", http://www.europarl.europa.eu/RegData/etudes/etudes/join/2013/513985/IPOL-CULT_ET(2013)513985_EN.pdf, 2017-05-02.

② "Overview of the Ruhr Metropolis", http://www.metropoleruhr.de/en/home/ruhr-metropolis/data-facts.html, 2017-05-02.

产业来带动地区文化复兴，提升地区整体文化实力。截至 2011 年，鲁尔区全区 53 座城市共拥有约 100 座音乐厅、200 座博物馆、120 个剧院、100 个文化中心、19 所大学、1000 个工业纪念遗址、3500 处工业遗迹，约有文化创意公司 1.3 万家、7 万多名从业人员①(2015 年已有 4.6 万家企业、雇员 15.7 万人的产业群)，可谓是一个充满文化艺术活力的大都会，为其成功当选 2010 年“欧洲文化之都”奠定了坚实基础。

2010 当选年的活动主要在鲁尔区 5 个城市(埃森、波鸿、多特蒙德、杜伊斯堡和奥伯豪森)同时展开，并分为“探索鲁尔”和“体验鲁尔”两大部分，每个部分又细分了多个活动子项。这些活动项目构成了“埃森鲁尔 2010 年文化之都”的整体框架和丰富内涵。2010 年鲁尔的“欧洲文化之都”活动遵循三个关键词：传奇、都市、欧洲，分四大主题：机会之都(city of opportunities)、艺术之都(city of art)、文化之都(city of cultures)和文化产业(cultural industries)。鲁尔区利用当选“欧洲文化之都”的这一契机，将更多文化内容注入老工业基地之中，从而给旧工业区赋予了新的文化生命力，推动了社会、经济结构和城市空间的同步发展。经过改造，废弃的工厂没有成为城市锈迹斑斑的伤痕，而是被州政府成功地与本地的文化产业联系在一起，或改造成为景观公园、休闲娱乐场所，或成为工业博物馆、文化艺术与设计中心等。

“欧洲文化之都”得到了鲁尔政府和社会力量的大力支持以及来自欧盟、联邦德国政府和各州高达数千万欧元的投资。在哈根(Hagen)、多特蒙德(Dortmund)、杜伊斯堡(Duisburg)和埃森等鲁尔区城市中，不断有新的博物馆和文化中心拔地而起。② 2010 年“文化之都”当选年中，鲁尔区整体推出了 6 个经典改造项目(见表 4)，成为了城市的文化新地标。③ 如今，鲁尔拥有德国最好的博物馆和歌剧院，如阿尔托剧院(Aalto Opernhaus)、埃森爱乐厅、埃森大剧场(Colosseum Theater Essen)，杜塞尔多夫每年要举办近 50 场国际博览会，参展公司达 2 万多家，到访 180 多万人次(其中 1/3 来自国外)，带来的旅

① “Ex-post Evaluation of 2010 European Capitals of Culture”，https://ec.europa.eu/programmes/creative-europe/sites/creative-europe/files/files/capitals-culture-2010-report_en.pdf，2017-05-02.

② 参见王春雷、赵中华：《中国节庆产业发展年度报告(2009)》，天津大学出版社 2010 年版，第 62 页。

③ 参见张兴国、周挺：《2010 年“欧洲文化之都”活动——德国埃森鲁尔旧工业区转型新路径》，《新建筑》2011 年第 4 期。

游、餐饮收入高达 25 亿欧元。此外,鲁尔区还是德国重要的信息技术中心之一。①

表 4 鲁尔区旧工业遗址改造典型代表

项目	改造内容
北杜伊斯堡的景观公园(the North Duisburg Landscape Park)	在原蒂森钢铁厂的遗址上改造的景观公园,将工业遗址与现代休闲生活融为一体
奥伯豪森储气罐(the Oberhausen Gasometer)	将旧工业储气罐改造成展厅和天体演示大厅,通过现代媒体技术手段展示太阳系的运行
埃森矿业同盟 Zoll XII 煤矿基地(the Zollverein Pit Shaft12)	世界文化遗产,内部被改造为鲁尔博物馆
盖尔森基兴北塔(the Nordstern Tower)	旧储煤塔,内部增加了结构楼板,部分用作博物馆,部分供私人公司使用,上部增加了四层玻璃体量,高度达 100 米,顶端作为景观平台对公众开放
多特蒙德 U 形大楼(the Dortmund U)	旧啤酒工厂改造的创意中心,建筑外墙被完整保留,改造后参观者通过中庭可直达外部的露天景观平台
埃姆歇“四面体”装置(the Emscherblick Spoil Tip-Tetrahedron)	原为工业废渣,改造后成为现代雕塑、矿区地形景观的一部分

(四)国际交流相互协同

类似于“欧洲文化之都”的这种城市大规模文化活动的开展对城市公共文化服务等方面的重要影响在于:其一,改善公共文化基础设施,夯实文化发展的基础;其二,催生演绎精品,提高文化生产力;其三,创意服务方式,让高雅艺术进社区,群艺精品进殿堂,促进公共服务体系建设;其四,优化城市形象,增强国际竞争软实力。② 作为文化活动开展的重要方面,“欧洲文化之都”为公共文化的国际传播提供了平台,而这一平台对于欧洲中小型城市的转型发展而言,更具有不可替代的重要意义。在2011 年“欧洲文化之都”芬兰图尔库市,当

① “Overview of the Ruhr Metropolis”, http://www.metropoleruhr.de/en/home/ruhr-metropolis/data-facts.html,2017-05-02.

② 参见“第九届中国艺术节对区域文化建设作用研究”课题组:《中国艺术节对区域文化建设作用的分析报告:以第九届中国艺术节为例》,《福建论坛》2010 年第 10 期。

选年活动成功吸引了瑞典、德国、美国、英国等国家的参与(见图3),为国际化程度不高的这座北欧城市注入了国际元素。

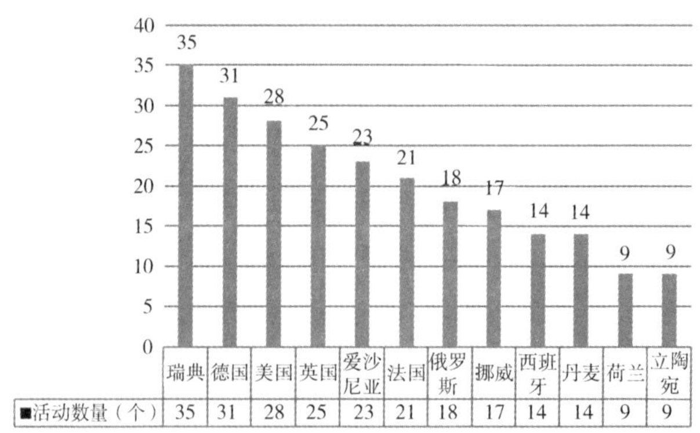

图3 2011年图尔库“欧洲文化之都”当选年不同国家的活动参与情况①

2014年“欧洲文化之都”瑞典小城于默奥市成功地将“街头文艺系列展”(CORNER)这一艺术展品牌发展成为具有国际化色彩、贯穿全年、持续开展的跨国文化艺术交流。于默奥市的“街头文艺系列展”是组委会与斯德哥尔摩市、里耶卡市等历年“欧洲文化之都”城市共同发起的城市系列艺术展。从2010年发起至今,吸引了欧洲17国的艺术机构和近60位艺术家参与,如克罗地亚Pogon独立文化和青年艺术中心、斯洛文尼亚Exodos艺术中心、英国北爱尔兰艺术委员会(Arts Council Northern Ireland)和波兰的Gdansk城市文化艺术中心等。“街头文艺系列展”不仅包括了摄影、视频、音乐、舞蹈、表演等多种适合街头展示的艺术形式,主题上也涉及了儿童、年轻人等,更重要的是贯穿全年的街头艺术展形式,为来自不同国家的艺术家们搭建了一个个“独特视角”,艺术家们主要从城市车站、地铁、街头、广场等公共场所取景,这些艺术作品从不同角度理解、传递和展示于默奥这座城市的文化魅力。②“街头文艺系列展”不再是里加城市范围内的市民艺术节,而是通过文化之都这个大平台,走向了全欧洲,以至受到了世界其他国家和地区的关注。

“欧洲文化之都”当选城市还注重加强与有相同历史文化背景国家之间的文化交流与互动,其间公共文化扮演了重要角色。爱沙尼亚、拉脱维亚、波兰、

① Ecorys, *Ex-post Evaluation of the 2011 European Capitals of Culture*, Birmingham: Vincent House, 2012, p. 55.

② “Corner About”, http://www.cornersofeurope.org/about/, 2017-04-25.

捷克、奥地利、斯洛文尼亚、匈牙利、意大利等部分中东欧国家"欧洲文化之都"当选城市，在文化跨国交流时，围绕中世纪中东欧地区文化、商贸发展"琥珀之路"建设①，在博物馆、美术馆、纪念馆、展览馆等公共文化场所开展了众多主题性文化艺术交流活动，凸显欧洲文化开放包容与共同发展的战略思路。

［原载于《山东大学学报（哲学社会科学版）》2017 年第 5 期］

---

① 琥珀之路（Amber Road）是一条古代运输琥珀的贸易道路，这条水路和陆路结合而成的通商道路，从欧洲北部的北海和波罗的海通往欧洲南部的地中海，连结了欧洲的多个重要城市，维持了多个世纪。在公元前后的很长一段时间，琥珀作为装饰品中的重要组成部分，被从北海和波罗的海海岸的产地，经由维斯瓦河和第聂伯河运输到意大利、希腊、黑海和埃及。琥珀之路联结了琥珀的产地和在欧洲、中东地区和远东地区的消费地，并经由另一条通商道路丝绸之路继续通往亚洲。

“十三五”文化产业发展前沿

从增长缓滞看中国文化产业发展势能转换

魏鹏举

按照内生经济增长理论的观点，短暂的轻度萧条有利于创新的改善和生产力的发展①，本文称之为“滞缓效益”。中国的文化产业发展在“十三五”开局之年经历了过渡性的增长缓滞现象，在总体上不改变文化产业成为国民经济支柱性产业的大趋势下，增长放缓有利于文化产业的结构性优化与发展能力的可持续提升。

一、文化产业“逆势上扬”的预期遭遇“增长缓滞”的现实

2016 年是“十三五”的开局之年，作为“国民经济支柱性产业”重点培育的文化产业发展增长态势有些差强人意。根据国家统计局公布的数据，2016 年前三个季度全国规模以上文化企业营业收入比上年同期增长 7%，全年最后的统计结果是增长 7.5%（名义增长未扣除价格因素）。② 全年增加值的数据虽然还没有发布，但估计大致与 2015 年的 11%增速持平。文化及相关产业的这种增长态势与多年以来国内基于文化产业的超高增长性而乐见其“成为国民经济支柱产业”的热切期待形成比较大的反差。从过去十年左右的较长时段来看，文化产业的增长速度长期以来都远远高于同期国民经济的整体增速。值得注意的是，2008 年受国际金融风暴的影响，国民经济增速下滑，在基于国

① 熊彼特认为周期性的经济萧条可以提供某种清洁机制，有利于减少甚或消除组织的无效以及资源配置的失误。这种观点成为内生经济增长理论的重要构成部分。（参见[美]菲利普·阿吉翁、彼得·霍依特：《内生增长理论》，陶然等译，北京大学出版社 2004 年版，第 213～215 页）

② 参见《2016 年前三季度全国规模以上文化及相关产业企业营业收入增长 7.0%》，http://www.stats.gov.cn/，2016 年 10 月 31 日。

际过往经验的基础上，有关文化产业“逆势上扬”的判断得到普遍认可，认为“经济危机或萧条时期往往正是文化特别是文化产业得以发展与繁荣的机遇期”①，政府在2009年底顺势出台了《文化产业振兴规划》。统计数据也佐证了这种看法，金融危机发生的同期，文化产业增速持续高涨，2009年增长22.6%，2010年甚至达到25.8%(见图1)。2011年十七届六中全会以文化大发展大繁荣为主题，明确提出文化产业成为国民经济支柱性产业的任务目标。在整个“十二五”期间，在政策层面对于文化产业发展不断加码，2014年甚至被称为文化产业政策密集出台的“政策年”。然而从数据上来看，整个“十二五”期间文化及相关产业的增速总体呈现快速下滑的趋势，从2013年开始，文化产业的增速下行到11%左右，三年来基本持续这种增速。总体来看，文化产业的增长速度在最近十多年来都远大于宏观经济的增速，文化及相关产业对于中国经济发展的贡献率显然超出平均水平。但是，需要注意的是，文化产业发展与宏观经济增长呈现增速收敛的趋势，也就是两者的速率差越来越小，出现了增速趋缓的现象(见图1)。这种增长缓滞现象正好出现在中国经济进入高速增长遇到瓶颈亟待调整转型的“新常态”时期，按照美国等先发市场经济国家的经验或我国在金融危机时期的实践，文化及相关产业作为具有典型“口红效应”的新经济业态往往会呈现与宏观经济在增长速度比较上的敞口特征，即当宏观经济增速下行时而文化产业增速上扬。那么，进入“十三五”中国文化产业的这种增长缓滞与“逆势上扬”的判断是不是存在悖论呢?

文化产业整体数据呈现的增长缓滞与逆势上扬的期待存在显然的反差，代表性行业——电影产业的发展也表现出类似的情形。2016年中国电影领域的投资(包括制作、院线等相关领域)大幅度增长，全国新增影院1612家，总数达到7853家，同比增加19.6%；新增银幕9552块，同比增幅30.2%，银幕总数超过4.1万块，一举超越长期稳居世界第一的美国而取而代之。② 国家政策也积极扶持，被称为文化产业第一法的《中华人民共和国电影产业促进法》，于2016年11月7日由第十二届全国人民代表大会常务委员会第二十四次会议通过。在资本和政策同时发力的情况下，与整体文化产业增长特征几乎趋同，电影市场的实际表现令人困惑。2016年全国电影总票房为457.12亿元，规模

① 王家新:《文化产业在经济萧条时期的独特作用》，2009年1月20日《光明日报》。

② 参见《2017年中国银幕数、单银幕及单影院票房产出分析》，http://www.chyxx.com/industry/201703/506741.html，2017年3月24日。

上勉强超过去年，同比增幅只有3.73%。同2015年的48.45%相比，2016年的电影市场的增速呈现断崖式下滑(见图2)。电影界高歌猛进的乐观情绪突然遭遇冷冰冰的现实，这引发了诸多争议和讨论——是什么原因导致这种增长突然停滞的现象发生？

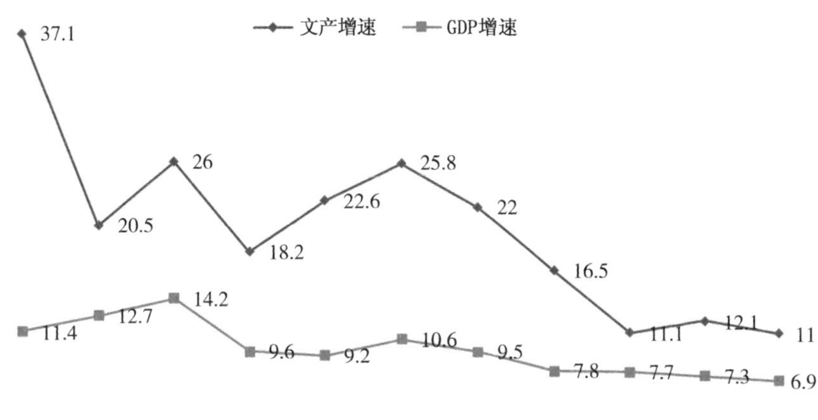

图1 2005～2015年中国文化产业增速与国民经济增速(%)

数据来源：根据国家统计局公布的公开数据整理而成。

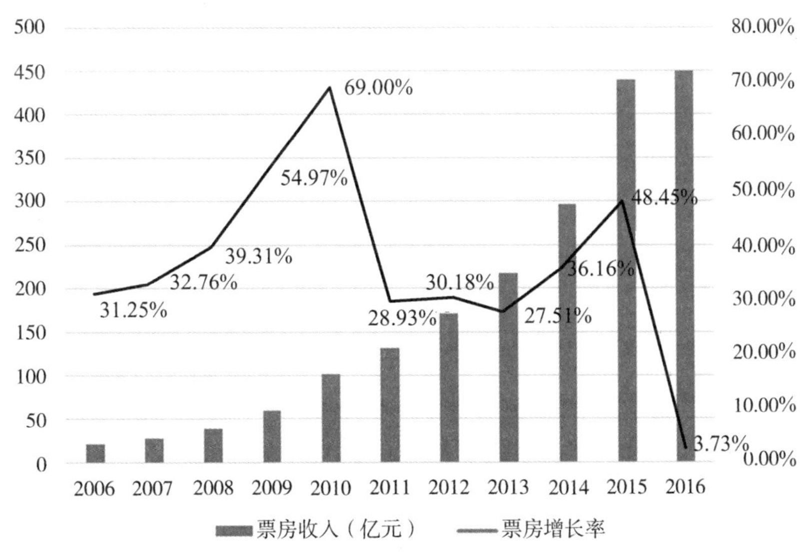

图2 中国电影票房收入及增长(2006～2016年)

数据来源：依据国家新闻出版广电总局公布的公开数据整理而成。

二、文化产业的“旧”经济与“旧”体制问题

进入“十三五”以来，相关统计数据促使我们重新审视在新常态下中国文化经济发展的趋势性问题。文化产业虽然总体上是新经济，但鉴于中国文化产业发展的实际情况，也需要对其“新”的程度进行实事求是的分析。必须看到，中国文化产业目前依然在很大程度上受到旧经济和旧体制的影响。纳入国家统计口径的文化及相关产业，有半数是文化产品生产与销售领域。根据国家统计局公布的数据，2013 年文化制造加批零增加值占比为 53%(产品制造为 42.9%，产品批发零售为 10.1%)；2014 年占比为 51.4%(产品制造为 41.4%，产品批发零售为 10%)；2015 年占比为 49.9%(产品制造为 40.6%，产品批发零售为 9.3%)。[①] 中国有着很成熟的工业制造业，在过去十多年以来，文化制造业是文化产业发展的重要部分，也是相对有较好国际竞争力的文化产业部分，因此中国的文化产品贸易规模成为全球最大。[②] 随着中国制造业的整体下行，文化产业中这部分“旧”经济也随之萎缩。

前文提到的电影市场在 2016 年遭遇的不景气则折射出中国的另一种“旧”经济——房地产的原罪。电影是中国文化产业中颇具典型意义的行业、文化与科技融合的复杂艺术，市场化程度高，商业模式清晰，增长速度快，行业统计较为规范完整。全球的电影产业大都是以内容创新为核心价值追求，在中国却受困于房地产的经济模式。2017 年一季度(截至 3 月 29 日)国内电影总票房为 134 亿元，相比去年同期下降了 7%。虽然票房遇冷，但中国银幕依然处于疯狂增长中。2016 年全年日均新增银幕数为 26 块。2017 年一季度新增银幕数 3179 块，日均新增 36 块，同比去年增加了 40%。其中最为疯狂的一月份新增银幕 2417 块，每天有近 14 家影院开业，日均新增银幕数 78 块，破单

---

① 本文所用到的国家统计局数据都来自于国家统计局社会科技和文化产业统计司、中宣部文化体制改革和法制办公室编写的 2013～2016 年度的《中国文化及相关产业统计年鉴》(中国统计出版社 2013～2016 年版)，都是依据《文化及相关产业分类(2012)》统计标准的可比性数据。

② 联合国教科文组织数据研究院(UIS)2016 年 3 月 10 日发布最新报告称，中国目前是文化产品的最大出口国，其次是美国。2013 年，中国的文化产品出口总值达 60.1 亿美元，比美国的 27.9 亿美元高出一倍多。(参见李永群：《中国成为文化产品最大出口国》，http://world.people.com.cn/n1/2016/0310/c1002－28189473.html，2016 年 3 月 10 日)

月新增银幕数历史记录。[①] 之所以说房地产是中国电影产业发展的一种原罪，一是因为电影的资本大量地被房地产吸纳，这表现为院线直接投资和影院地产租金。二是因为院线在电影收益链条中占有显著的市场权力，53%左右通行的票房分成比例严重挤压了制片方(35%左右的分成)的利润并将风险也叠加在了制作端。三是由于中国目前还没有类似美国防范电影产业垄断的派拉蒙法案[②]，像万达这样通过房地产优势而快速掌控电影市场的发展模式在国内被普遍效仿。加之中国电影的主流盈利模式还是靠粉丝效应变现，电影的那点利益基本上被院线方与明星们蚕食了，真正能用来进行内容创造和制作的资金其实少得可怜，造成的景观就是院线投资很热，明星风光无限，而电影作品却苍白乏味。电影行业被房地产模式捆绑，这也反映了整体上中国文化产业的地产化问题。20 世纪 90 年代以来，中国文化产业的发展史同时也成为文化地产发达史，打着文化旗号的纯粹地产和经营房地产的文化园区比比皆是，而且成为各种名目政府扶持的基地或集聚区，房地产模式不仅架空了文化创新，也掏空了文化产业。

文化体制改革背景下的国有控股或集体控股文化企业是当前中国文化经济发展的重要主体，但这部分企业的市场活力相对不足，现代企业管理机制不够健全。国家统计局在 2012 年颁布了现行文化及相关产业统计标准，因此本文以国家统计局编制《中国文化及相关产业统计年鉴(2013)》公布的 2012 年数据为例，通过计算资产收益率发现，国有控股的规模以上文化制造业企业资产收益率为 3.5%，在各种所有制类型中是最低的，与最高的私人控股企业 11.9%相比差距悬殊；国有控股的规模以上服务业企业以及批发和零售业企业资产收益率表现也差强人意(见图 3)。同比 2015 年的数据，国有控股的制造业企业与服务业企业的资产收益率都呈现较大幅度的下滑(见图 4)。国有控股文化企业的资产规模庞大，资产质量很高，甚至很大部分是非公资本无法拥有的垄断性优势资产，但经济效率相对低下，而且最近几年还呈现比较明显的下滑，这种状况对于中国文化产业的发展显然是不利的。

---

① 参见《一季度银幕增三千块单银幕产出自 15 年持续降低》，http://www.entgroup.cn/news/Exclusive/3039300.shtml，2017 年 3 月 30 日。

② 派拉蒙案[United States v. Paramount Pictures, Inc., 334 US 131 (1948)]，1948 年 5 月美国最高法院根据反托拉斯法对"派拉蒙案"作出裁决，判定大制片厂垂直垄断为非法，要求制片公司放弃电影发行和电影院放映的业务。

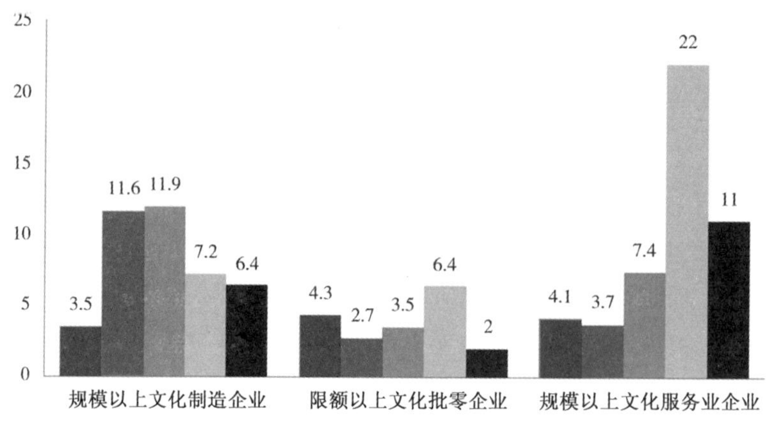

图 3　2012 年按所有制划分的文化企业资产收益率比较(%)

说明:资产收益率(ROA)=营业利润/总资产。

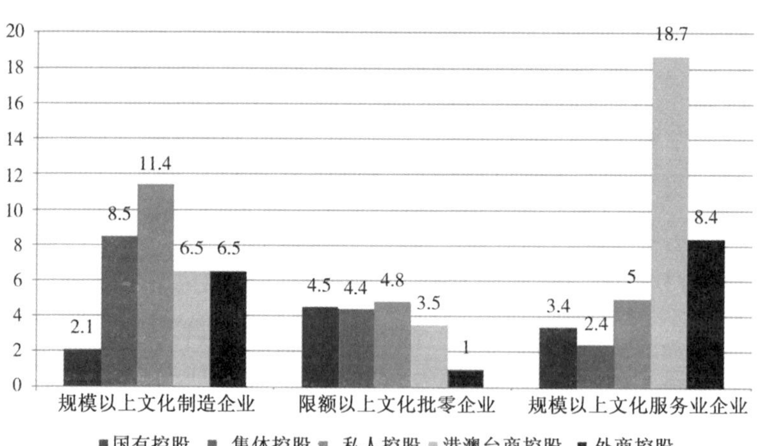

图 4　2015 年按所有制划分的文化企业资产收益率比较(%)

三、从新旧发展势能的转换看“滞缓效益”

中国文化产业从旧经济和旧体制中一路走来,无疑创造了令世人瞩目的发展辉煌,近二十年来几乎是从无到有、从小到大,成为世界上规模前列的文化市场大国。但上述的数据分析让我们看到,在新常态下,旧经济和旧体制的红利快速衰减,中国文化产业的规模增长放缓甚至停滞的现象可能会持续一段时间。那么,中国文化产业是真的增长乏力了还是在蓄势待发?新的更可持续的增长势能在哪里呢?

危机中往往蕴含着新的生命力,只要环境合适,这种新生机就是最大的转机变量。从2016年前三季度及全年的数据来看,拖累整体增速的是那些附加值较低的文化生产领域或体制约束性强的文化服务行业(比如新闻出版、广播电视),而具有创新内涵并适应消费升级的文化产业呈现出高速发展势头。比如,前三个季度的数据显示,文化用品的生产占总收入比重38.3%,增长6.30%;工艺美术品的生产涉及制造业相关的领域,它的增幅只有1.3%;增幅较大的是现代文化产业,文化信息传输服务同比增幅为30.8%,文化休闲娱乐服务为20.1%,文化艺术服务为17.7%。图5显示,2016年全年,四大新兴文化服务业态均高于平均7.5%的增幅,整体呈现快速增长态势,以"互联网+"为主要形式的文化信息传输服务业营业收入为5752亿元,增长30.3%;文化艺术服务业为312亿元,增长22.8%;文化休闲娱乐服务业为1242亿元,增长19.3%。因此,我们看到,中国文化产业的发展确实面临着巨大的压力和挑战,但也要充分认识到,文化产业在进行着新旧势能转换的结构性深调。当前中国大的社会经济环境非常有利于文化产业发展的这种转变与调整,供给侧结构性改革激励科技创新与文化创新,需求端管理促进潜力巨大的文化消费能量释放,文化产业与相关产业的融合程度不断深化。在这样的发展大形势下,中国文化产业虽然会经历这么一个比较艰难的缓滞过渡期,但大趋势会更好,前景更值得期待。

在文化产业地产化这个问题上,随着地产泡沫危机的累积,政府对于文化地产的规范限制越来越到位有效,运营方也逐渐认识到地产模式的局限和危险,日益将深挖文化创意价值、以产业兴物业作为主要发展思路。在2016年,综合型的文创特色小镇大量涌现,结合国家"双创"战略的文化创意创业孵化器运营模式风靡,文化创新为区域经济或楼宇经济发展赋值并实现双赢。不同于急功近利的文化地产或地租模式,"文化资源+基础设施"的长期建设运营管理模式逐步发展成熟,文化领域的政府与社会资本合作(PPP)在国内得到长足发展,不仅涉及文化场馆等基础设施建设,也逐步进入到文化资源保护与文商旅综合开发项目领域。截至2016年12月末,纳入全国PPP综合信息平台项目库的文化行业 PPP 项目数达到 317 个,计划投资额 2141 亿元。[①]

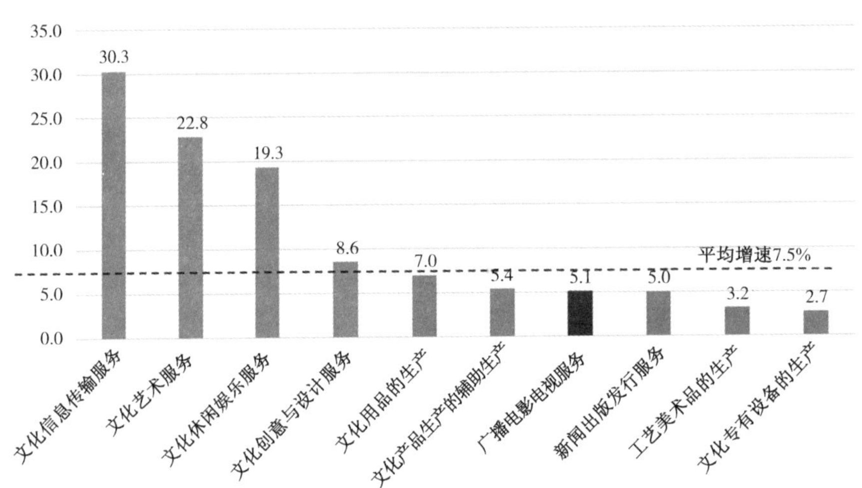

图 5　2016 年全国规模以上文化及相关产业企业营业收入同比增长率(%)

从深化文化体制改革的视野来看,中国文化建设及文化产业发展的新阶段新特征也对国有文化企业的发展提出了新要求和新思路。中国文化经济发展的根本使命是要满足人民群众日益增长的精神文化需求,尤其是随着人们的物质生活水平得到大幅度提升,文化经济繁荣成为国家发展的关键性任务之一。中国改革开放带来了持续四十余年的超高速经济增长,在经济总量上把世界上许多先发市场经济国家甩在了身后,同时也把文化建设搁置在了一边,文化建设总体滞后。到了特定发展阶段,文化建设就会成为影响经济发展的关键内生变量。在新常态的发展战略格局下,文化及相关产业的发展,量的增长要向质的优化转型。文化产业本身要提质增效,要进行供给侧结构性优化,同时也要成为增进社会文化总福利和经济发展创新活力的重要内生力量。在这样的发展格局下,文化体制改革的新任务给国有文化企业提出了超经济的使命要求,即国有文化企业要回归公共性优先的本位。2015 年 9 月,中共中央办公厅、国务院办公厅颁布《关于推动国有文化企业把社会效益放在首位、实现社会效益和经济效益相统一的指导意见》,进一步明确国有文化企业的使命,这有利于中国文化经济发展的综合协调与整体优化。

从运营的角度来看,国有文化企业发展态势总体上是良性的,近些年来的

① 参见《全国 PPP 综合信息平台项目库第五期季报》,http://www.cpppc.org,2017 年 2 月 13 日。

各项发展指标都在提升（见表1）。财政部文化司《国有文化企业发展报告（2016）》认为，2016年国有文化企业经营规模不断扩大，产出和利润持续增长，总体保持了稳健发展态势。2015年末，全国国有文化企业同比增长5.1%，从业人员同比增长5.5%，资产总额同比增长19.8%，全年实现营业总收入同比增长9.6%，利润总额同比增长16.8%，净利润同比增长17.5%。①

表1　　2013～2015年国有文化企业运营情况

年度	企业数量（户）	资产总额（亿元）	利润总额（亿元）	净利润（亿元）	营业总收入（亿元）
2015年末	13994	31746.7	1311.4	1148.7	14085.2
2014年末	13313	26488.9	1122.5	977.7	12855.1
2013年末	12159	22420.2	1081.2	946.4	10715.7

资料来源：财政部发布的2014～2016年度《国有文化企业发展报告》。

综上分析认为，中国文化产业整体上在面向新常态、新理念所设定的新方位进行着深层次的结构性调整，中国文化产业与中国整体经济发展的态势基本趋同。十多年来，文化体制改革的制度红利与制造业优势显著的产业红利，共同推进文化产业实现了超高速发展。随着中国经济进入新常态，文化产业发展也步入新常态轨迹，即由超高速挡位向高速挡位调整，由短期利益追求向长远发展谋划，由社会效益与经济效益的对立向统一协同转变。文化产业的这种增速变化，一方面和国内外的宏观经济形势有关，另一方面也与文化产业自身的结构性调整有关。中国文化产业的这种增长势能与结构性转型显然是积极健康并具有长期效益的。因此，本文对中国文化产业的发展前景保持乐观，相信文化产业对于中国经济社会的发展意义将会进一步显现。

［原载于《山东大学学报（哲学社会科学版）》2017年第4期］

① 参见财政部文化司：《国有文化企业发展报告（2016）》，http://whs.mof.gov.cn/pdlb/gzdt/201612/t20161223_2498760.html，2016年12月23日。

“十三五”文化产业供给侧要素创新研究

孔少华　何　群

2013年12月，总书记习近平在中央经济工作会议上提出“新常态”的概念，这是在我国经济增长放缓，出现产能过剩以及进入结构性调整时期的科学论断。在其背景下，文化产业的发展成为我国经济增长的亮点。根据国家统计局提供的数据，2015年我国文化产业增加值为27235亿元，同比增长11%，高于同期GDP增速4.6个百分点，GDP占比提升了0.16个百分点，文化产业已经成为国民经济的重要组成部分。文化产业的增长可以为经济增长带来直接影响，同时，文化创意已经贯穿到国民经济的各个行业，正通过融合创新推动相关行业的发展。《中共中央关于制定国民经济和社会发展第十三个五年规划的建议》明确提出，“文化产业成为国民经济支柱性产业”，为“十三五”时期的文化产业的发展提出了新的要求。

一、创新要素供给文化产业将大有可为

文化产业高速发展的背后也面临一些亟待解决的问题，有效供给不足与产能过剩并存。根据钱纳里（Hollis B. Chenery）的理论，当人均GDP达到3000美元时，居民文化消费支出应该占到总支出比重的23%。[①] 国家统计局的相关数据表明，2015年我国国民生产总值68.56亿元人民币[②]，人均

---

① 参见陈思维：《文化消费：扩大内需的重要突破点》，《中国发展观察》2009年第5期。

② 参见国家统计局季度数据，http://data. stats. gov. cn/easyquery. htm? cn＝B01，2016年12月10日。

GDP50116.67元人民币①，折合约为7258.87美元②。而文化消费支出仅占支出总比重的10%左右，并且近年来一直徘徊在10%左右（见表1）。尽管人均GDP的不断增长带来消费需求的不断升级，人们对高端消费品、对文化精神消费的需求不断增强，但是有效供给不足使得文化消费缺口巨大。

表1 文化消费支出与居民总支出的关系（2013～2016年）

指标	2016年1～3季度	2015年	2014年	2013年
居民人均消费支出_累计值（元）	24911.6	38620.5	35564.6	32324.2
居民人均教育文化娱乐消费支出_累计值（元）	2564.2	3949.8	3603.9	3298.6
教育文化娱乐消费支出占比	10.29%	10.23%	10.13%	10.20%

数据来源：国家统计局数据库。

处理好有效供给不足与产能过剩的矛盾，将进一步带动文化产业的增长。解决好这对矛盾需要从供给侧入手，优化文化产业要素投入，实现文化产业的供给结构优化。总书记习近平指出："供给侧结构性改革……既着眼当前又立足长远。要从生产端入手，重点是促进产能过剩有效化解，促进产业优化重组，降低企业成本，发展战略性新兴产业和现代服务业，增加公共产品和服务供给，提高供给结构对需求变化的适应性和灵活性。"③新的认识使得"我国的经济发展正从关注投资、消费和出口'三驾马车'带来的短期经济增长，转向更加关注技术进步、创新那些可以为经济发展带来长期繁荣的要素"。对于文化产业来说，尽管大量的基础设施建设、大量的资本投资可以带来产业的增长，但是未来的产业发展则需要将推动创新、创意作为首要的发展目标，从关注粗放式的投资，转向更加关注人才（talent）、技术（technology）④等能够促进文化产业进一步发展的要素。本研究根据国家统计局及相关业务管理部门提供的

① 参见《中国统计年鉴（2015）》，http://www.stats.gov.cn/tjsj/ndsj/2015/indexch.htm，2016年12月10日。

② 1美元＝6.9042人民币，2016年12月10日。

③ 习近平：《在省部级主要领导干部学习贯彻十八届五中全会精神专题研讨班开班仪式上的讲话》，2016年1月19日《上海证券报》。

④ Florida R, *The Rise of the Creative Class-Revisited: Revised and Expanded*. Basic Books, 2014, p.21.

数据,从财政、固定资产投资、专利、人才等维度分析各投入要素对文化产业发展的贡献情况,分析各个要素的重要性和发展趋势,为“十三五”文化产业的发展提供决策建议。

二、影响我国文化产业发展的供给要素

财政投入是支持文化产业发展的重要手段之一,从20世纪90年代开始,世界各国都在将文化产业作为具有发展潜力的战略新兴产业去扶持,美国、日本、德国、韩国等国家在财政方面都以不同的形式加大对文化产业的扶持,随着文化产业国际竞争的加剧,在有限资源的限定下,文化财政政策正从总量的竞争转向资金使用效率的竞争。在文化产业发展的初级阶段,财政投入对产业的增长影响明显,但是随着文化产业的不断发展,财政投入的效果会从边际效应递增转向边际效应递减。对文化财政投入与文化产业发展的关系进行定量分析,在定量分析的基础上判断财政投入是规模效益递减还是规模效益递增,才能确定文化财政投入所处的阶段并制定相应的政策。

人才投入是文化产业发展的重要动力,人口红利①对于我国经济的增长具有很大的贡献。随着我国经济的发展,总体经济面临人口红利的消失。文化产业具有特殊性,属于智力密集型产业,“人口红利”的意义有所不同,文化产业的人口红利更强调人才质量,人才的发展不仅仅受制于劳动力总量,对人口教育水平的提升依赖性更强,高端人才的投入增长是影响文化产业发展的重要因素。

技术创新是影响经济增长的内生动力,理查德·佛罗里达(Richard Florida)的3T模型中将技术(technology)作为影响文化产业发展的一个重要因素,文化产业的发展与技术进步的发展密切相关,从机械复制时代文化工业的发展,再到移动互联网技术、虚拟现实技术、3D打印技术等新兴技术对影视、艺术等文化行业的颠覆,技术创新在文化产业发展中起到重要的作用。根据内生增长理论,技术进步的带动往往是根本性的,可以带动行业的长期发展,研究科技进步与经济增长的关系一般使用R&D经费支出、专利申请数、技术市场成交金额等作为科技投入指标。②

---

① 参见车士义、郭琳:《结构转变、制度变迁下的人口红利与经济增长》,《人口研究》2011年第2期。

② 参见朱学新:《科技创新和经济增长关系的实证研究》,《科学管理研究》2007年第6期。

固定资产投资是推动文化产业发展的重要路径，根据现代"经济周期理论"的观点，投资的波动被看成重要的经济波动因素。① 近年来，受到宏观政策环境的影响，我国各级政府文化类固定资产投资的规模不断增加。2015 年，全国文化产业固定资产投资 28898 亿元，比上年增长 22.0%，增速比全社会固定资产投资（不含农户）高 12 个百分点；占全社会固定资产投资（不含农户）的比重为 5.1%，比上年提高 0.5 个百分点。投资规模的持续扩大，强劲地推动了文化产业快速发展。② 但是，由于文化产业的特殊性，文化产业的发展不能过度依赖固定资产的投资，"文化地产"具有很大的争议，固定资产投资与文化产业的关系研究，有利于文化产业投资政策的创新。

三、要素投入对产业发展的影响及趋势

（一）文化产业财政投入规模效益递增

为了进行财政投入对文化产业的影响分析，本研究选取国家文化体育与传媒支出、文化产业增加值这两个变量进行分析，数据如表 2 所示。

表 2　　财政支出与文化产业增加值

指标	国家文化体育与传媒支出（亿元）	文化产业增加值（亿元）
2014 年	2691.48	23940
2013 年	2544.39	21351
2012 年	2268.35	18071
2011 年	1893.36	13479
2010 年	1542.70	7630
2009 年	1393.07	6455
2008 年	1095.74	5123
2007 年	898.64	4253

数据来源：国家统计局统计数据库、《中国统计年鉴（2005～2015 年）》。

---

① Backus D. K., Kehoe P. J., Kydland F. E., "International Real Business Cycles", *Journal of Political Economy*, 1992, 100(4), pp. 745-775.

② 参见国家统计局数据，http://www.stats.gov.cn/tjsj/sjjd/201609/t20160902_1395871.html，2016 年 12 月 10 日。

为了构建财政投入与文化产业增加值的回归模型,首先进行曲线估计,如表3所示,指数模型的 R 方值为0.986,显著度小于0.01,指数模型具有较高的拟合度。

表3　　财政支出与文化产业增加值回归曲线估计

方程式	模型摘要					参数评估	
	R 平方	F	df1	df2	显著性	常数	b1
线性	0.972	207.646	1	6	0.000	−8054.064	11.498
对数	0.908	59.063	1	6	0.000	−125364.626	18574.890
增长模型	0.986	414.058	1	6	0.000	7.442	0.001
指数模型	0.986	414.058	1	6	0.000	1706.419	0.001
Logistic 分配	0.986	414.058	1	6	0.000	0.001	0.999

注:因变量为文化产业增加值;自变量为国家财政文化体育与传媒支出(亿元)。

设财政支出与文化产业增加值的关系模型为:$Y=e^{kX+b}$,Y 为文化产业的增加值,为因变量;X 为文化体育与传媒的财政支出,为自变量;k、b 为参数,两边取对数,利用SPSS分析软件计算参数,并进行系数检验,如表4所示。

表4　　财政支出与文化产业增加值回归系数

变量	非标准化系数		标准化系数	T	显著性
	B	标准误差	Beta		
国家财政文化体育与传媒支出(亿元)	0.001	0.000	0.993	20.348	0.000
(常数)	1706.419	160.243		10.649	0.000

注:因变量是ln(文化产业增加值)。

根据表4可知,$k=0.001$,$b=1706$,则 $\ln Y=0.001X+1706$,Y 与 X 是指数关系,所以随着 Y 的投入加大,X 的增速变快,现阶段文化产业财政的规模效益递增。这说明目前我国文化产业仍然处在不断发展成熟的阶段,现阶段的财政投入可以为文化产业提质增效。

(二)文化产业固定资产规模效益平稳

为了研究固定资产投资与文化产业的关系,我们分别选取2007～2014年文化体育与传媒领域固定资产投资、文化产业增加值为变量进行分析，首先进行曲线估计，如表 5 所示。

表 5　　固定资产投资与文化产业增加值回归曲线估计

方程式	模型摘要				参数评估		
	R 平方	*F*	df1	df2	显著性	常数	b1
线性	0.992	962.167	1	8	0.000	170.790	0.300
对数	0.941	127.870	1	8	0.000	−3621.242	604.091
增长模型	0.916	86.719	1	8	0.000	5.738	0.000
指数模型	0.916	86.719	1	8	0.000	310.539	0.000
Logistic 分配	0.916	86.719	1	8	0.000	0.003	1.000

注：因变量为人均文化产业增加值；自变量为固定资产投资。

结果可知，文化产业固定资产投资与人均文化产业增加值线性相关，拟合度为 0.992，显著度也较高，作进一步的计算，分析参数的显著性如表 6 所示。

表 6　　固定资产投资与文化产业增加值回归系数

变量	非标准化系数		标准化系数	*T*	显著性
	B	标准误差	Beta		
固定资产投资	0.300	0.010	0.996	31.019	0.000
（常数）	170.790	27.086		6.305	0.000

文化产业固定资产投资与人均文化产业增加值的关系为：$Y=0.3X+170.79$，其中 X 为固定资产投资，Y 为人均文化产业增加值。由此可见，固定资产投资的增加与文化产业的增加呈现正向线性相关，文化产业固定资产投资会面临一段平稳增长的阶段。

（三）人才供给水平越高，产业增速越快

文化创意人才的衡量维度有两个：一个是总量，一个是质量。本研究选取创意人才在总人口中的比例作为人才总量的指标，而创意人才的受教育程度则是反映其质量的指标。指标和原始数据如表 7 所示。

表 7　从业人口、受教育水平与人均文化产业增加值的关系(2004～2014 年)

指标	文化、体育和娱乐业城镇单位就业人员比例	高等教育人口比率	两者相乘乘以 100
2014 年	0.80%	23.05%	0.18
2013 年	0.81%	22.64%	0.18
2012 年	0.90%	21.18%	0.19
2011 年	0.94%	20.12%	0.19
2009 年	1.03%	14.57%	0.15
2008 年	1.03%	13.41%	0.14
2007 年	1.04%	13.11%	0.14
2006 年	1.04%	12.44%	0.13
2005 年	1.07%	11.12%	0.12
2004 年	1.11%	11.54%	0.13

数据来源:国家统计局统计数据库、《中国统计年鉴(2005～2015)》。

根据曲线估计的结果,文化产业增加值与创意人才的供给呈指数关系,设人才供给与文化产业增加值的关系模型为:$Y=e^{kX+b}$,Y 为文化产业的人均增加值,为因变量;X 为人才供给,“人才供给=人才供给量×受教育水平”,为自变量;k、b 为参数,两边取对数,利用 SPSS 分析软件计算参数,并进行系数检验,如表 8 所示。

表 8　人才供给与文化产业增加值回归系数

变量	非标准化系数		标准化系数	T	显著性
	B	标准误差	Beta		
人才供给	22.228	2.797	0.942	7.948	0.000
(常数)	21.849	9.615		2.272	0.053

注:因变量是 ln(人均文化产业增加值)。

根据分析结果可知,ln(人均文化产业增加值)=22.2×人才供给+21.9,人才供给与文化产业增加值呈现人才供给越高,文化产业增加值越快的趋势,所以文化产业高端人才的培养,决定着文化产业的跳跃式发展。

(四)技术创新具有积累和后滞效应

为了研究文化产业发展与技术创新的关系,我们选取研发经费与文化产业增加值两大变量进行相关分析,如表 9 所示。

表 9　　2006～2014 年文化科技创新投入要素

文教、工美、体育与娱乐	研发人员数量(人)	研发经费(万元)	研发项目数(项)	专利申请书	其中发明专利	有效发明专利数
2014 年	24140	655441	3440	14162	2143	3829
2013 年	20909	495880	3163	10885	1331	3355
2012 年	18269	341220	2981	9050	903	3264
2011 年	20223	379655	3116	7859	1167	2092
2010 年	11222	209891	1739	3820	538	1282
2009 年	14054.7	180530	1460			
2008 年	8258.86	123005.7	1508	2751	302	1000
2007 年	7930	104078.6				
2006 年	6824.46	90013.3				

数据来源:国家统计局统计数据库、《中国统计年鉴(2005～2015)》。

通过 SPSS 进行科技创新投入与文化产业增加值的回归曲线估计,尝试不同的模型及其拟合度,最终选择线性模型进行分析(R 方为 0.938,显著度较高,研发经费与人均文化产业增加值存在明显的线性回归关系)。假设线性回归模型为:$Y=kX+b$;其中 Y 为人均文化产业增加值,X 为文化研发经费投入,k、b 为参数,参数估计结果如表 10 所示。由于常数的显著度不高,不能拒绝$b=0$的假设,所以 $k=0.003$,$b=0$,则文化产业增加值$=0.003\times$研发经费。总体来看,研发经费与文化产业的发展呈现线性关系,即研发经费对文化产业的带动作用较为平稳,但是本数据仅仅证明了当期研发费用对文化产业的影响,由于科技对产业的影响往往具有积累性和滞后性,所以更深入的研究需要进行,不作为本文讨论的主要内容。

表 10　　　　科技创新投入与文化产业增加值回归系数

变量	非标准化系数		标准化系数	T	显著性
	B	标准误差	Beta		
研发经费(万元)	0.003	0.000	0.969	10.330	0.000
(常数)	43.696	93.489		0.467	0.654

四、“十三五”文化产业要素供给的新环境

2015 年 12 月,中央经济工作会议为“十三五”时期供给侧改革提出了五大任务,即“去产能、去库存、去杠杆、降成本、补短板”,这五大任务正推动文化产业要素供给环境发生巨大的变化,文化产业财政专项资金的投入规模有所下降并引入更多的市场化机制,在房地产等固定资产投资进一步收紧的情况下,文化相关领域的固定资产投资成为热点领域,各类优秀原创类文化人才的需求不断增长,各类新技术正对文化产业的各个生产链条产生深远的影响。

(一)文化产业发展财政专项资金管理模式调整

2016 年,在国家关于财政资金“由补变投”的总体思路指导下,中央财政文化产业发展专项资金的管理模式发生重大变化,“由无偿向有偿、由直接分配向间接分配转变”[①]。根据《2016 年文化产业发展专项资金转移支付汇总表》[②],全国 36 个省自治区直辖市计划单列市共获得了市场化配置资源部分的 14.1 亿元,获得重大项目的 22.34 亿元,市场化配置成为重要的模式。与 2015 年相比较,2016 年文化产业发展专项资金由 50 亿下降为 44.2 亿元,降低了 11.6%,五年以来首次下降,文化产业的财政投入面临新的形势和挑战。根据本文第三部分的分析我们可知,现阶段文化财政投入规模效益递增,是文化产业发展的重要驱动力,大量的财政资金投入文化产业是文化产业进一步发展的保障,如何合理有效地使用财政资金,提高资金效率,通过机制体制创新提

① 《中央财政文化产业发展专项资金加快向市场化配置转型》,http://www.mof.gov.cn/zhengwuxinxi/caizhengxinwen/201610/t20161012_2433616.htm,2016 年 12 月 10 日。

② 参见《财政部关于下达 2016 年文化产业发展专项资金的通知》,http://whs.mof.gov.cn/zxzyzf/whcyfzzxzj/201608/t20160805_2377260.html, 2016 年 12 月 10 日。

高财政资金对社会资本的带动作用是"十三五"时期文化财政投入的重要创新方向。

(二)文化相关产业固定资产投资或成未来热点

在国家层面的金融去杠杆化政策环境下固定资产投资增速不断放缓，根据国家统计局数据，2012～2016年，我国全社会固定资产投资的增速从20.6%降为8.1%，增速大幅下降。但是，文化、体育与娱乐行业的固定资产投资增速经过连续下降四年后，在"十三五"开局的2016年逆势上扬，增速提升了7.5个百分点。在国家收紧了对房产类固定资产投资信贷的同时，一系列面向文化产业的创新优惠政策推动了文化类固定资产投资的大幅度提升，为文化产业的未来发展提供了机遇与挑战。根据本文第三部分的分析我们可知，固定资产投资与文化产业增加值呈线性相关，在国家财政投入不断降低的情况下，文化相关行业的固定资产投资规模的不断增长主要是通过社会资本的带动，越来越多的与文化交叉的行业被社会资本认可，如特色文化小镇、文化旅游行业等。文化与相关产业融合领域未来将成为固定资产投资的一个热点领域，创新文化产业投资模式，避免走文化地产的老路子是文化产业"十三五"期间所面临的一个新的课题。

表11　2012～2016年文化体育与娱乐行业固定资产投资与全国投资比较

年份	比较项	全国	文化、体育与娱乐业
2016年	投资总额(亿元)	596501	7830
	同比增长(%)	8.1	16.4
2015年	投资总额(亿元)	551590	6724
	同比增长(%)	10	8.9
2014年	投资总额(亿元)	502005	6192
	同比增长(%)	15.7	18.9
2013年	投资总额(亿元)	436528	5251
	同比增长(%)	19.6	23
2012年	投资总额(亿元)	364835	4299
	同比增长(%)	20.6	36.2

数据来源：国家统计局数据库。

(三)原创类以及高端文化产业人才的需求旺盛

经过多年的高速发展,中国经济开始放缓进入“新常态”,数量型人口红利的消失是影响经济增长的一个重要因素,老龄化进程导致实际参与经济生产的人口不断降低,同时人口红利的消失还直接影响了消费、投资与进出口的增长,数量型人口红利消失直接导致劳动密集型产业的增长乏力。愈来愈多的学者注意到,对人口红利的研究一般仅关注了人口数量,而通过提高人口质量、实现人力资本的累积,是推动经济增长更为重要的方式,这一点已经在内生增长理论中经过反复验证。① 文化产业具有特殊性,影响文化产业未来发展的是质量型“人才红利”。“人才红利”体现在文化创意高端人才的不断增长,体现在生产效率的不断提升,体现在创意设计对工业等相关产业的带动效应。《“十三五”规划纲要》提出,把人才作为支撑发展的第一资源,提高人才质量,优化人才结构,加快建设人才强国。随着经济增长方式的转变和产业结构的不断升级,各个行业对高层次文化创意人才的需求更加旺盛。

(四)技术创新对文化产业的融合拉动效应更强

随着移动互联网技术、大数据技术、VR 技术的发展,文化内容的生产、传播、消费等环节正发生重大变化,数字技术与文化产业的融合将成为推动文化产业发展的内生增长动力。国家“十三五”规划将数字创意产业列为重要的新兴产业,《文化部“十三五”时期文化产业发展规划》将“落实国家战略性新兴产业发展部署,出台推动数字文化产业创新发展的指导意见”,“推动优秀文化内容数字化转化和创新,丰富数字文化创意内容创作与供给”,作为文化产业结构优化升级的重要任务,各种数字文化技术的研发与采纳将从供给侧推动消费增长以及进出口能力的提升,不断转变经济发展方式。未来文化产业的竞争将进一步加剧,各种媒介技术的发展将彻底改变文化产业的生态,在“创新”理念的推动下,科技创新要素将被更多地投入到文化产业领域。

---

① 参见张同斌:《从数量型“人口红利”到质量型“人力资本红利”——兼论中国经济增长的动力转换机制》,《经济科学》2016 年第 5 期。

五、推动文化产业发展的要素供给政策建议

(一)处理好文化产业要素投入的优先级

本文研究了财政投入、创意人才、固定资产投入、科技创新投入等要素与文化产业增加值的关系,结果表明,这些要素对文化产业具有正向的影响,下面我们进一步分析各要素影响的弹性系数。弹性系数$=[(\Delta y/y1)/(\Delta x/x1)]$,本研究通过对数函数的形式反映各个投入要素对文化产业增加值的贡献,弹性系数的含义即x每变动1%,y的变动百分比情况。根据前面的分析可知,部分投入变量与产出呈指数增长的关系,我们分别对自变量和因变量取对数并进行线性回归分析,最终可得到如下的公式组:(1)ln(人均文化增加值)=1.673ln(文化财政投入)-3.176;(2)ln(人均文化增加值)=3.47ln(创意人才投入)-13.065;(3)ln(人均文化增加值)=0.789ln(固定资产投入)-3.299;(4)ln(人均文化增加值)=1.012ln(研发经费投入)-3.373。经过比较分析我们可以发现,每增加1%的人均文化财政投入、创意人才投入、固定资产投入、研发经费投入,文化产业的人均增加值会提升1.67%、3.47%、0.79%和1.01%。总体来看,人才的投入影响最大,其次是财政投入、研发经费投入和固定资产投入。在有限资源限定下,合理的分配各要素资源,按照优先等级发展,是提升文化产业竞争力、推动文化产业进一步发展的有效手段。

(二)培养具备实践能力的文创高端人才

通过弹性系数分析,人才投入对文化产业的影响最大,培养创意人才是推动文化产业发展的重要推动力,文化产业是智力驱动、知识驱动、创意驱动型产业,人才是文化产业的核心竞争力。尽管我国文化创意类人才总量丰富,但是人才供给一直相对薄弱,拔尖人才匮乏、人才结构不合理等问题突出。随着文化产业的发展以及与相关产业的融合发展,对文化产业人才的要求更高。一方面,文化产业人才需要适应文化产业自身的新的发展环境;另外一方面,文化与相关产业融合要求文化产业人才具备更综合的能力。具备理论能力兼具实践能力,跨领域的文化创意人才是未来进一步推动文化产业发展的驱动力。“十三五”期间,需要进一步加强文化产业相关的创意设计人才培养,同时

加强文化产业的投资运营人才、文化企业的管理人才、文化互联网技术服务复合型人才的培养和引进,依托各种创新创业平台,提升人才的创造能力。

(三)加强PPP模式的研究,推动政策落地

经济新常态环境下,补贴式文化产业财政投入会进一步下降,在这种情况下,提升文化财政的使用效率则成为推动文化产业发展的必要手段。文化产业财政投入目前还处在规模效益递增的阶段,在这种情况下,加大投入可以推动文化产业的进一步增长,但是目前受制于总体财政规模,需要引入更多的市场机制,推动文化领域的政府和社会资本合作(PPP)模式则成为未来一个重要的政策方向。PPP模式最初起源于英国,是国家扩大民间投资的一种重要举措。PPP模式已经在全世界范围内得到了广泛的应用。《"十三五"时期文化产业发展规划》提出,推广实施文化领域政府和社会资本合作模式,征集适宜采用政府和社会资本合作(PPP)模式的文化项目,切实推进政府和社会资本合作(PPP)项目示范工作,形成一批可复制、可推广的示范案例,助推更多项目落地实施。文化领域的PPP模式推广还处在探索阶段,理论研究相对缺失,人才供给不足,案例也相对较少,实践操作模式不成熟。为了推动文化产业的发展,进一步提升财政的杠杆作用,提高财政资源的效率,"十三五"期间需要加强文化PPP模式的理论研究,推动科学可行的文化PPP政策落地。

(四)充分发挥数字文化产业的带动作用

"十三五"期间,文化与科技将进一步深度融合,通过比较《文化部"十二五"文化科技发展规划》和《文化部"十三五"时期文化科技创新规划》发现,"十三五"文化科技融合发展的目标更加明确具体。"十二五"期间的主要任务有四项,包括围绕传统文化产业的技术改造、理论和应用研究、人才培养、科研实验条件等几个方面。而"十三五"时期文化科技创新规划则提出六大任务,并明确提出"信息网络、智能制造、虚拟现实、大数据、云计算、物联网、3D打印等高新技术的应用更加广泛,文化领域科技创新水平显著提高"。在现代数字技术的推动下,数字文化产业大有可为,将对每个行业产生巨大而深远的影响。数字文化产业具有创意性、引领性、融合性等特点,在转方式、促消费、产业升级等方面的特点突出,是推动供给侧改革、培育新动能、推动长远可持续发展的重要举措。"十三五"期间,需要不断加强新技术的应用,推动数字技术与文

化融合,通过内容生产技术创新推动文化生产的升级改造,通过传播技术的提升促进消费,推动文化产业的进一步繁荣发展。

(五)以"文化+"理念优化固定资产投资

"十二五"期间,以文化产业园(基地)为手段,一大批具有带动作用、能够推动产业发展的文化产业园区建成,既取得很多成绩,也面临很多突出问题。如忽视文化资源的价值和房地产思维,导致产业园的重复建设以及资源效率不高等问题。在"文化+"理念的推动下,"十三五"期间,文化创意将与更多的行业融合,文化主题公园、文化产业园区将会进一步升级,一系列特色文化小镇将成为重点发展的领域。特色文化小镇的核心是文化的吸引力、文化的核心竞争力以及以文化为核心的全产业链条的发展,不同于以往的地产发展模式,特色小镇的建设会更加突出文化资源的特色、突出 IP 资源价值、突出文化资源的产业功能。优秀的文化内容具有生产能力和集聚能力。一方面,优秀的文化内容从产业链的源头推动文化产业全链条的发展,带动经济增长;另一方面,文化资源具有集聚效应,可以带来注意力经济,带动周边的发展。"文化+"理念可以通过功能的升级改造为原有的过剩产能带来新的发展,同时"文化+"理念可以通过注意力集聚,提升原有固定资产的利用效率,带动产业的全面发展。

总览而论,"十三五"期间文化产业的发展面临新的发展环境,机遇与挑战并存。在供给侧改革的理念指导下,充分认识各种技术、人才、创意资源的重要性,通过各种市场化的体制机制创新提升财政效率,将会推动文化产业突破瓶颈,进一步繁荣发展。

[原载于《山东大学学报(哲学社会科学版)》2017 年第 4 期]

全国文化教育消费城乡差距和地区差距透析

——全面小康进程“十三五”攻坚目标检测

王亚南

揭示当代中国“全面建成小康社会”进程发生的巨大变化，GDP总量占据全球第二在于宏观方面，微观方面人民生活的变化或许更加深刻。20世纪末期，面向2000年“基本建成小康社会”目标，邓小平同志提出以人均产值1000美元作为标志，后修正为800美元。中共十七大之后，随着“全面建成小康社会”进程步步深入，以人为本越来越深入人心，政界、学界和全社会都意识到“GDP标准”的缺陷，以民生发展衡量政绩成为基本共识。特别是十八大以来，“以人民为中心”的发展思想得以确立，发展为了人民，发展依靠人民，发展成果由人民共享。检验“全面建成小康社会”进程的实际成效，更有必要深入人民生活方方面面进行细致入微的检测。

本系列研究在“文化消费需求景气评价”中首创城乡比倒数权衡测算，独创地区差指标及其演算方法，并将城乡、区域无差距理想值设为逆指标。在“文化产业供需协调检测”中，用来测算文化消费需求缩小以至消除城乡、地区差距后文化生产供给的增长空间；在“公共文化投入增长测评”中，用以检测公共文化投入均等化差距；在“人民生活发展指数检测”中，经济、社会、民生发展城乡比和地区差检验全面展开。[1]

目前，我国户籍的“农”与“非农”划分已在名义上取消，但既有城乡差距并未随之自动消除，地区差距更可见于基本公共服务和社会保障尚无全国统一的“国民待遇”。国家发展战略已明确提出“城乡一体化”（经济、社会、民生发

---

① 《中国文化消费需求景气评价报告（2017）》《中国文化产业供需协调检测报告（2017）》《中国公共文化投入增长测评报告（2017）》《中国人民生活发展指数检测报告（2017）》已由社会科学文献出版社出版。

展全域)、“全民均等化”(本义指基本公共服务和社会保障,可延伸至经济、社会、民生全域之“区域均衡发展”)等确定目标,透析“中国现实”更少不了历史遗存的城乡差距和地区差距考量。全国及各地诸方面发展的城乡比、地区差量化分析检测为本项研究的独特优势,在各类指标体系中城乡比权重最高,地区差权重次之,专门用来检验中国社会结构“非均衡性”发展差距。本文特地舍去“人民生活发展指数检测”完整量化指标体系的综合测评,集中于文化民生发展的城乡差距和地区差距专项检测。

所谓“城乡比”是较早出现的城乡间差异衡量演算,取城镇人均值与乡村人均值的倍差值(乡村人均值=1)。本系列研究首创以此倍差值的倒数($1/N$,N=城乡比,若城乡无差距即 $N=1$,则 $1/N=1$,逆指标转为中性)作为无差距理想值权衡系数,检测城乡比存否及其历年大小增减变化。

所谓“地区差”是本系列研究类比于“城乡比”精心独创的地区间差异衡量演算,但演算方法复杂得多:以全国人均值为基准值 1 衡量,各省域(包括省、市、自治区在内的省级行政区划)无论高于全国人均值,还是低于全国人均值,相通演算即取当地与全国人均值商值的绝对偏差值(不论正负)加基准值 1 作为省域地区差指数,全国及四大区域①取相关范围省域绝对偏差值的平均值加基准值 1 作为相应地区差指数。同样以其倒数($1/N$,N=地区差,若地区无差距即 $N=1$,则 $1/N=1$,逆指标转为中性)作为无差距理想值权衡系数,检测地区差存否及其历年大小增减变化。

一、全国及各地城镇与乡村文化教育消费基本情况

在国家现行统计制度下,文教消费为居民消费分类单项之一②,可以体现特定方面的民生消费需求状况。各项分类统计的城镇与乡村人均值为国家统

① “四大区域”为经济社会地理划分特指概念,即东部 10 省市暨港澳台(本研究不含港澳台)、中部 6 省、西部 12 省区市和东北 3 省。

② 在国家现行统计制度之“人民生活”统计中,城乡居民消费支出分为 8 个类别项:食品烟酒、衣着、居住、生活用品及服务、交通通信、教育文化娱乐、医疗卫生和其他用品及服务。本项检测将前 4 类消费(分别简称为“食品”“衣着”“居住”“用品消费”)归为“物质生活消费”,后 4 类消费(分别简称为“交通”“文教”“医疗”“其他消费”,其中对“教育文化娱乐”按日常用语习惯简称“文化教育”或“文教”)归为“非物生活消费”。各项数据来源详尽说明参见王亚南的《中国人民生活发展指数检测体系阐释与排行——“全面建成小康社会”民生标准考量》一文(《社会科学》2015 年第 9 期),另见王亚南主编《中国人民生活发展指数检测报告(2016)》(社会科学文献出版社 2016 年版)、《中国人民生活发展指数检测报告(2017)》(社会科学文献出版社 2017 年版)。

计局直接发布的基础数据,根据近期正式出版公布的最新年度统计数据,2015年各地城镇与乡村文教消费及其城乡比实际比较见图1。

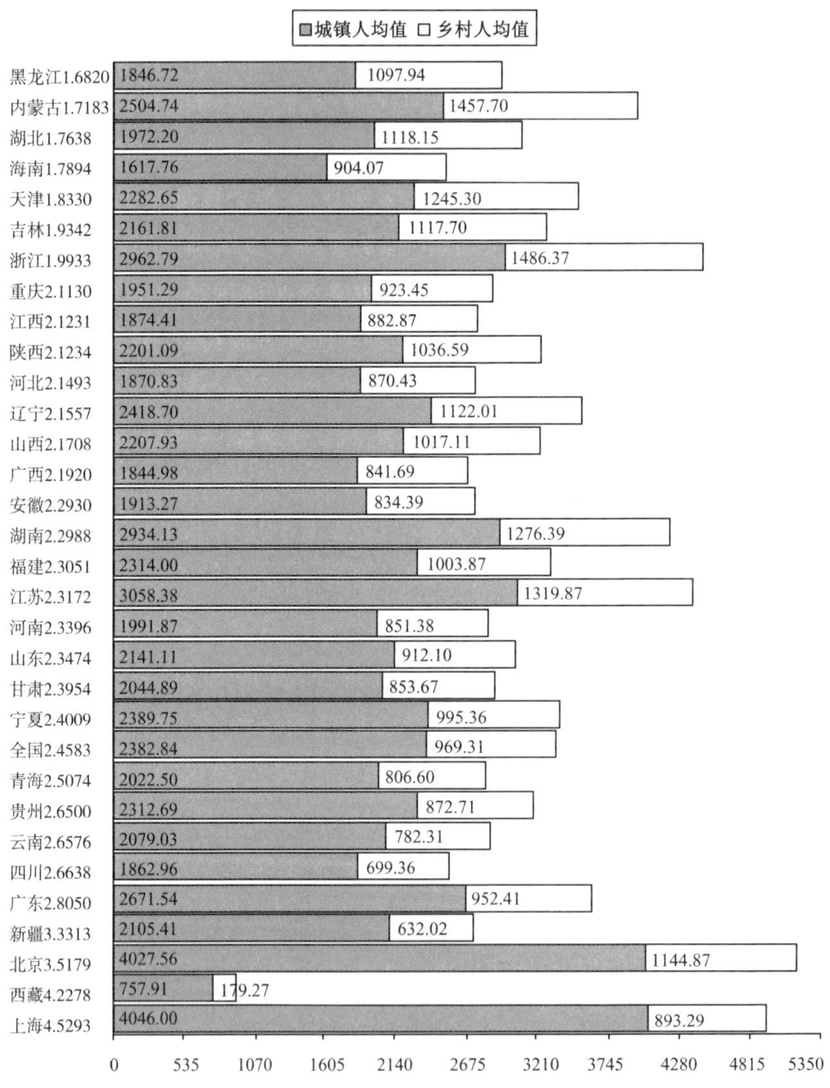

图1 2015年各地城镇与乡村文教消费及其城乡比实际比较

注:纵轴坐标:各地地名后附城乡比指数,自上而下按城乡比大小倒序排列。横向柱形(元)左:城镇人均值;右:乡村人均值。左右对比体现城乡差距,上下对比体现城镇、乡村两个方面地区差距,各地直观差异显著。

(一)城镇与乡村人均值及其增长态势

2015 年,全国城镇文教消费人均值为 2382.84 元。东部城镇人均值最高,为 2695.32 元;东北城镇人均值次之,为 2169.86 元;中部城镇人均值再次,为 2157.52 元;西部城镇人均值较低,为 2057.37 元。

9 个省域城镇人均值高于全国城镇人均值,依次为上海、北京、江苏、浙江、湖南、广东、内蒙古、辽宁、宁夏;22 个省域城镇人均值低于全国城镇人均值,依次为福建、贵州、天津、山西、陕西、吉林、山东、新疆、云南、甘肃、青海、河南、湖北、重庆、安徽、江西、河北、四川、黑龙江、广西、海南、西藏。

其中,上海城镇人均值最高,为 4046.00 元,高达全国城镇人均值的 169.80%;西藏城镇人均值最低,为 757.91 元,低至全国城镇人均值的 31.81%。

同年,全国乡村文教消费人均值为 969.31 元,仅为城镇人均值的 40.68%。东北乡村人均值最高,为 1111.79 元,仅为城镇人均值的 51.24%;东部乡村人均值次之,为 1044.16 元,仅为城镇人均值的 38.74%;中部乡村人均值再次,为 985.23 元,仅为城镇人均值的 45.67%;西部乡村人均值较低,为 840.98 元,仅为城镇人均值的 40.88%。

14 个省域乡村人均值高于全国乡村人均值,依次为浙江、内蒙古、江苏、湖南、天津、北京、辽宁、湖北、吉林、黑龙江、陕西、山西、福建、宁夏;17 个省域乡村人均值低于全国乡村人均值,依次为广东、重庆、山东、海南、上海、江西、贵州、河北、甘肃、河南、广西、安徽、青海、云南、四川、新疆、西藏。

其中,浙江乡村人均值最高,为 1486.37 元,高达全国乡村人均值的 153.34%;西藏乡村人均值最低,为 179.27 元,低至全国乡村人均值的 18.49%。

2000 年以来 15 年间(限于文稿篇幅和制图空间,2000 年数据置于后台演算),全国城镇文教消费人均值年均增长 9.30%。东北城镇人均值增长最高,年均增长 10.71%,高于全国城镇年增 1.41 个百分点;中部城镇人均值增长次之,年均增长 9.62%,高于全国城镇年增 0.32 个百分点;西部城镇人均值增长再次,年均增长 8.65%,低于全国城镇年增 0.65 个百分点;东部城镇人均值增长最低,年均增长 8.30%,低于全国城镇年增 1.00 个百分点。14 个省域城镇人均值年均增长高于全国城镇平均增长,按年均增幅高低依次为内蒙古、贵州、辽宁、河南、吉林、江苏、江西、宁夏、山西、青海、黑龙江、陕西、福建、湖南;17 个省域城镇人均值年均增长低于全国城镇平均增长,按年均增幅高低依次为安徽、甘肃、河北、新疆、海南、上海、湖北、浙江、云南、广西、北京、山东、四川、广东、天津、重庆、西藏。

其中,内蒙古城镇人均值年均增长 11.51% 为最高值,高于全国城镇年增 2.21 个百分点;西藏城镇人均值年均增长 4.03% 为最低值,低于全国城镇年增 5.27 个百分点。

同期,全国乡村文教消费人均值年均增长 11.61%,高于全国城镇年增 2.31 个百分点。东北乡村人均值增长最高,年均增长 13.20%,高于全国乡村年增 1.59 个百分点,高于自身城镇年增 2.49 个百分点;中部乡村人均值增长次之,年均增长 12.47%,高于全国乡村年增 0.86 个百分点,高于自身城镇年增 2.85 个百分点;西部乡村人均值增长再次,年均增长 12.23%,高于全国乡村年增 0.62 个百分点,高于自身城镇年增 3.58 个百分点;东部乡村人均值增长最低,年均增长 10.30%,低于全国乡村年增 1.31 个百分点,高于自身城镇年增 2.00 个百分点。

在此期间,28 个省域乡村人均值年均增长高于自身城镇年增。20 个省域乡村人均值年均增长高于全国乡村平均增长,按年均增幅高低依次为西藏、青海、贵州、山西、云南、黑龙江、宁夏、河北、吉林、河南、内蒙古、重庆、新疆、甘肃、辽宁、湖南、安徽、陕西、湖北、天津;11 个省域乡村人均值年均增长低于全国乡村平均增长,按年均增幅高低依次为海南、江苏、江西、浙江、广西、山东、四川、福建、广东、北京、上海。

其中,西藏乡村人均值年均增长 20.37% 为最高值,高于全国乡村年增 8.76 个百分点;上海乡村人均值年均增长 3.17% 为最低值,低于全国乡村年增 8.43 个百分点。

(二)人均值城乡比及其变动态势

城乡比及其扩减变化基于城镇与乡村人均绝对值及其不同增长进行演算,在民生发展的城乡差距长期存在的情况下,倘若乡村人均值增长滞后于城镇人均值增长,势必导致城乡比进一步扩大。

2015 年,全国文教消费人均值城乡比为 2.4583,即全国城镇人均值为乡村人均值的 245.83%,其间倍差为 2.46。东北城乡比最小,为 1.9517;中部城乡比次之，为 2.1899；西部城乡比再次，为 2.4464；东部城乡比较大，为 2.5813。四大区域城镇人均值分别为乡村人均值的 195.17％、218.99％、244.64％和 258.13％。

22 个省域人均值城乡比小于全国城乡比，按城乡比大小倒序为黑龙江、内蒙古、湖北、海南、天津、吉林、浙江、重庆、江西、陕西、河北、辽宁、山西、广西、安徽、湖南、福建、江苏、河南、山东、甘肃、宁夏；9 个省域人均值城乡比大于全国城乡比，按城乡比大小倒序为青海、贵州、云南、四川、广东、新疆、北京、西藏、上海。

其中，黑龙江人均值城乡比 1.6820 为最小值，即城镇与乡村的人均值倍差为 1.68，仅为全国总体城乡比的 68.42％；上海人均值城乡比 4.5293 为最大值，即城镇与乡村的人均值倍差为 4.53，高达全国总体城乡比的 184.25％。

基于全国城镇与乡村文教消费历年不同增长状况，与 2000 年相比，全国人均值城乡比极显著缩小 26.89％。西部变化态势最佳，城乡比缩减 38.46％；中部变化态势次之，城乡比缩减 31.90％；东北变化态势再次，城乡比缩减 28.38％；东部变化态势较差，城乡比缩减 24.03％。

同期，28 个省域人均值城乡比缩小，3 个省域人均值城乡比扩大。这无疑表明，全国及绝大部分省域居民文教消费需求增长变化态势已经转入“城乡均衡发展”的健康轨道。

22 个省域城乡比变化态势好于全国城乡比变化态势，按城乡比扩减程度倒序为西藏、青海、重庆、云南、河北、天津、黑龙江、贵州、山西、新疆、湖北、甘肃、宁夏、安徽、海南、四川、湖南、山东、广西、陕西、浙江、吉林；9 个省域城乡比变化态势逊于全国城乡比变化态势，按城乡比扩减程度倒序为河南、内蒙古、辽宁、江苏、江西、广东、福建、北京、上海。

其中，西藏人均值城乡比变化态势最佳，缩减 88.79％；上海人均值城乡比变化态势不佳，扩增 106.27％。

本项检测体系的城乡差距相关性考察集中于民生数据链当中。首先，有必要检验城镇与乡村之间文教消费增长相关系数（可简化理解为城乡增长同步程度）：全国为负值 0.5550，呈较强负相关，城乡增长同步性极差；北京最高为 0.6801，河南最低为负值 0.4846。其次，全国及各地居民收入、总消费、积蓄的城乡差距动态有可能对分类单项消费的城乡差距变化产生影响，而物质生活或非物生活分类单项消费的城乡差距动态又有可能反过来对总消费、积蓄的城乡差距变化产生影响,尤其是各类消费需求之间城乡比变化具有贯通性。

相关系数检测可谓相关性分析最简便的通用方式,同时检验两组数据链历年增减变化趋势是否一致、变化程度是否相近、变化动向是否稳定。相关系数1为绝对相关,完全同步;0为无相关性,完全不同步;负1为绝对负相关,完全逆向同步。设数据项A历年增幅变化为N,若数据项B历年增幅(降幅绝对值)愈接近N(高低不论),即保持趋近性(正负不论),或历年增幅(降幅绝对值)存在固有差距(高低不论)但上下波动变化愈小,即保持平行(逆向)同步性,则二者相关系数(负值)愈高;反之,相关系数(负值)愈低。

文教消费历年城乡比相关系数(可简化理解为城乡比变化同步程度):(1)与居民收入之间,全国为0.7418,呈较弱正相关,5个省域呈75%以上强相关,14个省域呈60%以下弱相关;重庆最高为0.9507,辽宁最低为负值0.2982。(2)与总消费之间,全国为0.5841,呈很弱正相关,16个省域呈60%以下弱相关,其中1个省域呈负相关;重庆最高为0.9169,北京最低为负值0.3842。(3)与非物消费之间,全国为0.6864,呈较弱正相关,12个省域呈75%以上强相关,10个省域呈60%以下弱相关;黑龙江最高为0.9498,北京最低为负值0.3489。(4)与居民积蓄之间,全国为负值0.0219,呈极弱负相关,25个省域呈负相关,其中8个省域呈低于负值50%强负相关;北京最高为0.6732,甘肃最低为负值0.8082。

2000~2015年,全国文教消费城乡比缩小26.89%,与之对应的数据链之间城乡比变化相关系数的高低、正负差异在于其间城乡比扩减幅度的同步性是强还是弱,扩减变化的趋向性相近或是相左。后台数据库检测表明,全国居民收入城乡比缩小2.00%,居民总消费城乡比缩小22.49%,非物生活消费城乡比缩小39.21%,居民积蓄城乡比扩大102.82%。

二、全国及各地城乡综合演算的文化教育消费基本情况

依据城镇与乡村分别统计的人均值基础数据,引入历年人口参数(需逐年转换为年平均人口数),方可演算得出城乡综合人均值及其他衍生数据。2015年各地城乡文教消费及其地区差、比重值实际比较见图2。

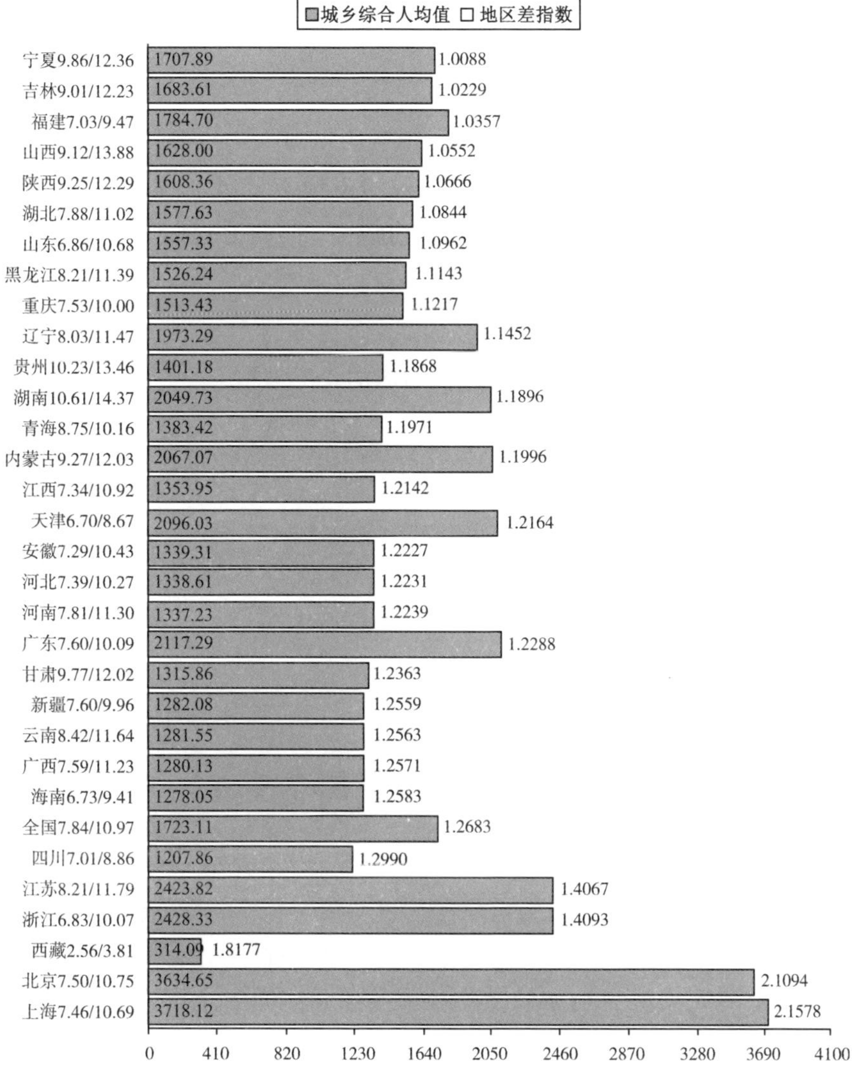

图 2　2015 年各地城乡文教消费及其地区差、比重值实际比较

纵轴坐标：各地地名后附文教消费比(%，左)、文教消费比重(%，右)，自上而下按地区差大小倒序排列。横向柱形左：城乡综合演算人均值(元)；右：地区差指数。上下对比体现城乡综合演算地区差距，各地直观差异显著。

(一)城乡综合人均值及其增长态势

2015 年，全国城乡文教消费总量为 24036.45 亿元，人均值为 1723.11 元。东部人均值最高，为 2078.81 元，达到全国人均值的 120.64%；东北人均值次之,为1744.66元,达到全国人均值的101.25%;中部人均值再次,为1539.87元,仅为全国人均值的89.37%;西部人均值较低,为1385.33元,仅为全国人均值的80.40%。

10个省域人均值高于全国人均值,依次为上海、北京、浙江、江苏、广东、天津、内蒙古、湖南、辽宁、福建;21个省域人均值低于全国人均值,依次为宁夏、吉林、山西、陕西、湖北、山东、黑龙江、重庆、贵州、青海、江西、安徽、河北、河南、甘肃、新疆、云南、广西、海南、四川、西藏。

其中,上海人均值最高,为3718.12元,高达全国人均值的215.78%;西藏人均值最低,为314.09元,低至全国人均值的18.23%。

2000年以来15年间,全国城乡文教消费人均值年均增长11.35%。中部人均值增长最高,年均增长12.10%,高于全国人均值年增0.75个百分点;东北人均值增长次之,年均增长11.81%,高于全国人均值年增0.46个百分点;西部人均值增长再次,年均增长11.42%,高于全国人均值年增0.07个百分点;东部人均值增长最低,年均增长10.07%,低于全国人均值年增1.28个百分点。

16个省域人均值年均增长高于全国平均增长,按年均增幅高低依次为贵州、河南、宁夏、山西、青海、内蒙古、河北、江苏、辽宁、云南、江西、安徽、湖南、甘肃、陕西、吉林;15个省域人均值年均增长低于全国平均增长,按年均增幅高低依次为黑龙江、新疆、福建、海南、广西、湖北、四川、重庆、浙江、山东、西藏、天津、广东、北京、上海。

其中,贵州人均值年均增长14.58%为最高值,高于全国人均值年增3.22个百分点;上海人均值年均增长8.16%为最低值,低于全国人均值年增3.20个百分点。

单项消费增长放到相关背景中考察更有意义。全国文教消费人均值历年平均增长率为11.35%,处于总消费八个分类单项消费中第4位,其年均增长低于产值年增1.70个百分点,低于居民收入年增1.29个百分点,低于居民总消费年增0.70个百分点,低于物质生活消费年增0.18个百分点,低于非物生活消费年增1.82个百分点,低于居民积蓄年增3.05个百分点。按分类单项消费增长率高低衡量,全国非物生活消费增长主要在于交通消费增长,其次在于医疗消费增长,而文教消费、其他消费增长低于整个非物生活消费增长。

文教消费历年增长相关系数(可简化理解为增长同步程度):(1)与产值之

间，全国为负值0.1907，呈很弱负相关，20个省域呈负相关，其中1个省域呈低于负值50%强负相关；江苏最高为0.4691，湖南最低为负值0.5079。(2)与居民收入之间，全国为负值0.0096，呈极弱负相关，12个省域呈负相关，其中1个省域呈低于负值50%强负相关；江苏最高为0.5934，北京最低为负值0.5564。(3)与总消费之间，全国为0.0497，呈极弱正相关，30个省域呈60%以下弱相关，其中8个省域呈负相关；青海最高为0.7586，天津最低为负值0.4182。(4)与非物消费之间，全国为0.7162，呈较弱正相关，12个省域呈75%以上强相关，10个省域呈60%以下弱相关；北京最高为0.9105，吉林最低为负值0.0640。(5)与居民积蓄之间，全国为负值0.1276，呈很弱负相关，25个省域呈负相关，其中3个省域呈低于负值50%强负相关；吉林最高为0.5232，青海最低为负值0.7988。

对应数据链之间增长变化相关系数的高低、正负差异在于其间增长动向的同步性是强还是弱，增幅升降的趋向性相近或是相左。后台数据库检测表明，2000～2015年全国文教消费年均增长显著低于产值增长，明显低于居民收入增长，较明显低于居民总消费增长，显著低于非物生活消费增长，极显著低于居民积蓄增长。

(二)人均值地区差及其变动态势

各省域地区差指数依据其人均值与全国人均值的绝对偏差进行演算，全国和四大区域地区差取相应省域与全国人均值的绝对偏差平均值进行演算。当地人均值增大具有正面效应，但由此可能导致地区差扩大，却具有负面效应。

2015年，全国城乡文教消费人均值地区差为1.2683，即31个省域人均值与全国人均值的绝对偏差平均值为26.83%。东北地区差最小，为1.0941；中部地区差次之，为1.1650；西部地区差再次，为1.2419；东部地区差较大，为1.4142。四大区域内各省域人均值与全国人均值的绝对偏差平均值分别为9.41%、16.50%、24.19%和41.42%。

25个省域人均值地区差小于全国地区差，按地区差大小倒序为宁夏、吉林、福建、山西、陕西、湖北、山东、黑龙江、重庆、辽宁、贵州、湖南、青海、内蒙古、江西、天津、安徽、河北、河南、广东、甘肃、新疆、云南、广西、海南；6个省域人均值地区差大于全国地区差，按地区差大小倒序为四川、江苏、浙江、西藏、北京、上海。

其中,宁夏人均值地区差 1.0088 为最小值,即与全国人均值的绝对偏差为 0.88%,仅为全国总体地区差的 79.54%;上海人均值地区差 2.1578 为最大值,即与全国人均值的绝对偏差为 115.78%,高达全国总体地区差的 170.13%。

基于全国及各地城乡文教消费历年不同增长状况,与 2000 年相比,全国人均值地区差显著缩小 10.20%。东部变化态势最佳,地区差缩减 21.54%;中部变化态势次之,地区差缩减 5.65%;西部变化态势再次,地区差缩减 1.45%;东北变化态势较差,地区差扩增 1.77%。

同期,19 个省域人均值地区差缩小,12 个省域人均值地区差扩大。这无疑表明,全国及大部分省域居民文教消费需求增长变化态势已经转入"区域均衡发展"的健康轨道。

10 个省域地区差变化态势好于全国地区差变化态势,按地区差扩减程度倒序为上海、北京、广东、天津、浙江、贵州、宁夏、山西、河南、青海;21 个省域地区差变化态势逊于全国地区差变化态势,按地区差扩减程度倒序为福建、河北、吉林、陕西、云南、江西、安徽、甘肃、山东、黑龙江、湖北、新疆、西藏、重庆、湖南、海南、四川、广西、辽宁、江苏、内蒙古。

其中,上海人均值地区差变化态势最佳,缩减 35.38%;内蒙古人均值地区差变化态势不佳,扩增 18.95%。

本项检测体系的地区差距相关性考察在经济、社会、民生全数据链当中通约演算,各地经济增长、居民收入增高、消费需求增进的地区差距具有贯通性。全国及各地产值地区差动态有可能影响居民生活各方面地区差变化,随之居民收入、总消费、物质生活或非物生活消费、积蓄地区差动态又有可能影响各分类单项消费地区差变化。

文教消费历年地区差相关系数(可简化理解为地区差变化同步程度):(1)与产值之间,全国为 0.6280,呈较弱正相关,6 个省域呈 75%以上强相关,23 个省域呈 60%以下弱相关;北京最高为 0.9366,重庆最低为负值 0.7086。(2)与居民收入之间,全国为 0.7133,呈较弱正相关,14 个省域呈 75%以上强相关,14 个省域呈 60%以下弱相关;新疆最高为 0.9585,重庆最低为负值 0.7295。(3)与总消费之间,全国为 0.5923,呈很弱正相关,13 个省域呈 60%以下弱相关,其中 4 个省域呈负相关;青海最高为 0.9428,吉林最低为负值

0.4924。(4)与非物消费之间,全国为0.9377,呈很强正相关,19个省域呈75%以上强相关,7个省域呈60%以下弱相关;上海最高为0.9716,吉林最低为负值0.0568。(5)与居民积蓄之间,全国为0.7196,呈较弱正相关,1个省域呈75%以上强相关,27个省域呈60%以下弱相关;天津最高为0.8930,湖南最低为负值0.7952。

2000～2015年,全国文教消费地区差缩小10.20%,与之对应的数据链之间地区差变化相关系数的高低、正负差异在于其间地区差扩减幅度的同步性是强还是弱,扩减变化的趋向性相近或是相左。后台数据库检测表明,全国产值地区差缩小9.14%,居民收入地区差缩小5.20%,居民总消费地区差缩小5.08%,非物生活消费地区差缩小10.52%,居民积蓄地区差缩小7.20%。

中国社会由历史承继下来的结构性、体制性“非均衡格局”弊端根深蒂固,长期存在的城乡差距、地区差距系全国及各地民生发展“非均衡性”的主要成因。进入“全面建成小康社会”进程以来,国家把解决“三农”问题列为“重中之重”,并致力于推进区域“均衡发展”。就本文涉及的数据范围来看,国家大力推进缩小区域发展差距的“西部大开发”“中部崛起”“振兴东北老工业基地”几大战略已见成效,推进缩小城乡发展差距的多方努力也初见成效。

(三)文化教育消费与居民收入之比

2015年,全国文教消费比为7.84%,此为全国城乡居民文教消费在居民收入中所占的比例,非物生活类“扩展消费”占比升高为佳。中部比值最高,为8.35%;东北比值次之,为8.30%;西部比值再次,为8.23%;东部比值较低,为7.37%。

14个省域比值高于全国总体比值,按比值高低依次为湖南、贵州、宁夏、甘肃、内蒙古、陕西、山西、吉林、青海、云南、黑龙江、江苏、辽宁、湖北;17个省域比值低于全国总体比值,按比值高低依次为河南、新疆、广东、广西、重庆、北京、上海、河北、江西、安徽、福建、四川、山东、浙江、海南、天津、西藏。

其中,湖南比值10.61%为最高值,高达全国总体比值的135.27%;西藏比值2.56%为最低值,低至全国总体比值的32.67%。

基于文教消费与居民收入历年不同增长状况,与2000年相比,全国文教消费比降低15.88%,在物质生活、非物生活消费八个分类项中占居民收入比例位次由第3位降至第4位。东北升降态势最佳,比值下降6.64%;中部升降态势次之,比值下降 9.44%;西部升降态势再次,比值下降 15.85%;东部升降态势较差,比值下降 19.45%。

同期,6 个省域文教消费比上升,25 个省域文教消费比下降。17 个省域比值升降变化态势好于全国比值变化,按比值升降程度依次为贵州、青海、河南、河北、山西、宁夏、吉林、黑龙江、湖南、云南、江苏、内蒙古、甘肃、辽宁、福建、江西、安徽;14 个省域比值升降变化态势逊于全国比值变化,按比值升降程度依次为新疆、广东、陕西、海南、湖北、广西、浙江、四川、天津、西藏、上海、山东、重庆、北京。

其中,贵州比值升降变化态势最佳,升高 26.45%;北京比值升降变化态势不佳,降低 38.47%。

(四)文化教育消费与居民总消费之比

2015 年,全国文教消费比重为 10.97%,此为全国城乡居民文教消费在居民总消费中所占的比重,非物生活类“扩展消费”占比升高为佳。中部比值最高,为 11.92%;东北比值次之,为 11.62%;西部比值再次,为 10.88%;东部比值较低,为 10.45%。

15 个省域比值高于全国总体比值,按比值高低依次为湖南、山西、贵州、宁夏、陕西、吉林、内蒙古、甘肃、江苏、云南、辽宁、黑龙江、河南、广西、湖北;16 个省域比值低于全国总体比值,按比值高低依次为江西、北京、上海、山东、安徽、河北、青海、广东、浙江、重庆、新疆、福建、海南、四川、天津、西藏。

其中,湖南比值 14.37%为最高值,高达全国总体比值的 131.00%;西藏比值 3.81%为最低值,低至全国总体比值的 34.73%。

基于文教消费与居民总消费历年不同增长状况,与 2000 年相比,全国文教消费比重降低 8.89%,在物质生活、非物生活消费八个分类项中占总消费比重序次后移一位降至第 4 位。东北升降态势最佳,比值上升 2.92%;中部升降态势次之,比值下降 0.67%;西部升降态势再次,比值下降 9.48%;东部升降态势较差,比值下降 14.69%。

同期,10 个省域文教消费比重上升,21 个省域文教消费比重下降。15 个省域比值升降变化态势好于全国比值变化,按比值升降程度依次为贵州、山西、湖南、云南、河南、吉林、宁夏、青海、辽宁、黑龙江、江苏、江西、河北、内蒙古、广西;16 个省域比值升降变化态势逊于全国比值变化,按比值升降程度依次为陕西、福建、安徽、甘肃、广东、西藏、新疆、湖北、浙江、海南、山东、上海、重庆、四川、北京、天津。

其中,贵州比值升降变化态势最佳,升高35.96%;天津比值升降变化态势不佳,降低31.95%。

本项检测体系建立各类相关性比值分析测算十分复杂,不同方面、不同层次的比值当然不具可比性。以下可对应比值之间历年变化相关系数(可简化理解为比值变化同步程度)检测限于同一层面展开:(1)文教消费率与居民收入比;(2)与居民消费率同属对应于产值的相对比值;(3)文教消费比与居民消费比;(4)与非物消费比;(5)与居民积蓄率同属对应于居民收入的相对比值;(6)文教消费比重与非物消费比重同属对应于总消费的相对比值。

相关性比值之间历年变化相关系数:(1)文教消费率与居民收入比之间全国为0.8762,呈较强正相关,27个省域呈75%以上强相关,3个省域呈60%以下弱相关;湖北最高为0.9872,北京最低为负值0.4463。(2)与居民消费率之间全国为0.9417,呈很强正相关,27个省域呈75%以上强相关,2个省域呈60%以下弱相关;湖北最高为0.9864,上海最低为负值0.2925。(3)文教消费比与居民消费比之间全国为0.8861,呈较强正相关,13个省域呈75%以上强相关,14个省域呈60%以下弱相关;重庆最高为0.9594,江苏最低为负值0.4749。(4)与非物消费比之间全国为0.4796,呈很弱正相关,18个省域呈60%以下弱相关,其中4个省域呈负相关;北京最高为0.9305,内蒙古最低为负值0.4525。(5)与居民积蓄率之间全国为负值0.8861,呈极强负相关,19个省域呈低于负值50%强负相关;江苏最高为0.4749,重庆最低为负值0.9594。(6)文教消费比重与非物消费比重之间全国为负值0.0945,呈极弱负相关,10个省域呈负相关;北京最高为0.7887,广西最低为负值0.4406。

对应数据链之间比值升降变化相关系数的高低、正负差异在于其间增长升降的同步性是强还是弱,升降变化的趋向性相近或是相左。后台数据库检测表明,2000～2015年全国文教消费率降低20.14%,而居民收入比降低5.24%,居民消费率降低12.48%;文教消费比降低15.88%,而居民消费比降低7.62%,非物消费比增高7.25%,居民积蓄率增高26.14%;文教消费比重降低8.89%,而非物消费比重增高16.08%。按分类单项消费比重值升降变化衡量,全国非物生活消费比重升高主要在于交通消费比重上升,其次在于医疗消费比重上升,而文教消费比重、其他消费比重反向下降。

三、"全面小康"目标年文化教育消费增长预测

现有增长关系格局存在经济增长与民生发展不够协调的问题,存在城乡、区域间民生发展不够均衡的问题,维持现有格局既有增长关系并非应然选择。实现经济、社会、民生发展的协调性,增强城乡、区域发展的均衡性,均为"全面建成小康社会"的既定目标,有些甚至具体化为约束性指标。假定全国及各地城乡比、地区差不再扩大以至消除,文教消费增长将更加明显,各地排行也将发生变化,可为"全面建成小康社会"进程"十三五"最后几年攻坚起到"倒计时"预测提示作用。

(一)实现文化教育消费最小城乡比应然测算

消除城乡差距的第一步是缩小城乡差距。假定全国及各地同步实现文教消费既往历年最小城乡比测算,"十三五"末年即2020年实现最小城乡比假定情况下文教消费地区差、城乡比预测比较见图3。

假定实现文教消费最小城乡比测算,2020年全国城乡文教消费总量应达39548.06亿元,人均值应为2812.98元。东部人均值最高,应为3144.69元,达到全国人均值的111.79%;东北人均值次之,应为2925.99元,达到全国人均值的104.02%;中部人均值再次,应为2649.34元,仅为全国人均值的94.18%;西部人均值较低,应为2305.49元,仅为全国人均值的81.96%。

13个省域人均值应高于全国人均值,依次为上海、北京、江苏、内蒙古、浙江、湖南、辽宁、广东、宁夏、天津、福建、吉林、山西;18个省域人均值应低于全国人均值,依次为陕西、贵州、黑龙江、河南、湖北、青海、山东、江西、重庆、安徽、河北、甘肃、云南、新疆、广西、海南、四川、西藏。

其中,上海人均值最高,应为4932.65元,高达全国人均值的175.35%;西藏人均值最低,应为520.11元,低至全国人均值的18.49%。

全国城乡文教消费人均值地区差应为1.2256,即31个省域人均值与全国人均值的绝对偏差平均值为22.56%。东北地区差最小,应为1.0988;中部地区差次之,应为1.1444;西部地区差再次,应为1.2412;东部地区差较大,应为1.2935。四大区域内各省域人均值与全国人均值的绝对偏差平均值分别为9.88%、14.44%、24.12%和29.35%。

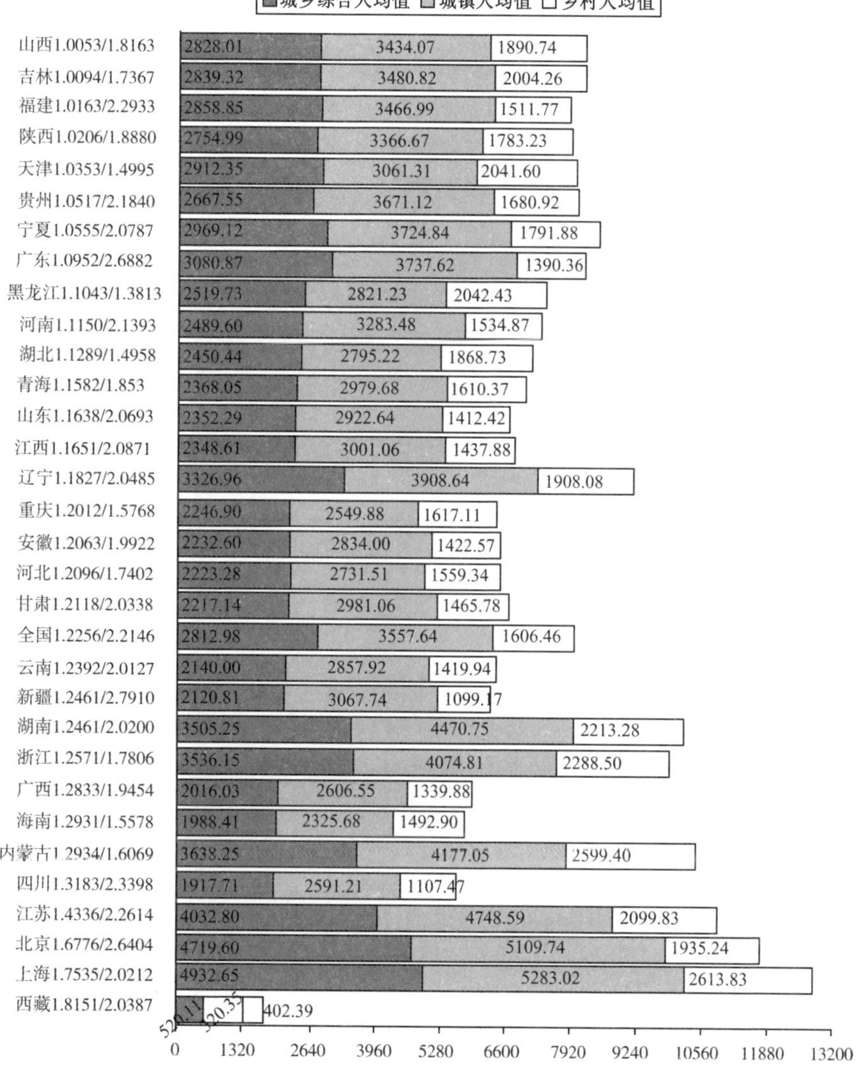

图 3　2020 年实现最小城乡比假定情况下文教消费地区差、城乡比预测比较

纵轴坐标：各地地名后附地区差(左)、城乡比(右)指数，自上而下按地区差大小倒序排列。横向柱形(元)左：城乡综合人均值；中：城镇人均值；右：乡村人均值。左右对比体现城乡差距，上下对比体现地区差距。与 2015 年相比，全国城乡比应明显缩小，31 个省域城乡比相应缩小；全国地区差应明显缩小，20 个省域地区差相应缩小，图中各地直观差异亦随之缩减。

19 个省域人均值地区差应小于全国地区差，按地区差大小倒序为山西、吉林、福建、陕西、天津、贵州、宁夏、广东、黑龙江、河南、湖北、青海、山东、江西、辽宁、重庆、安徽、河北、甘肃；12 个省域人均值地区差应大于全国地区差，按地区差大小倒序为云南、新疆、湖南、浙江、广西、海南、内蒙古、四川、江苏、北京、上海、西藏。

其中,山西人均值地区差 1.0053 应为最小值,即与全国人均值的绝对偏差为 0.53%,仅为全国总体地区差的 82.03%;西藏人均值地区差 1.8151 应为最大值,即与全国人均值的绝对偏差为 81.51%,高达全国总体地区差的 148.10%。

基于城乡人均值测算反推,全国城镇文教消费人均值应为 3557.64 元。东部城镇人均值最高,应为 3792.57 元;东北城镇人均值次之,应为 3459.96 元;中部城镇人均值再次,应为 3352.07 元;西部城镇人均值较低,应为 3019.14 元。

10 个省域城镇人均值应高于全国城镇人均值,依次为上海、北京、江苏、湖南、内蒙古、浙江、辽宁、广东、宁夏、贵州;21 个省域城镇人均值应低于全国城镇人均值,依次为吉林、福建、山西、陕西、河南、新疆、天津、江西、甘肃、青海、山东、云南、安徽、黑龙江、湖北、河北、广西、四川、重庆、海南、西藏。

其中,上海城镇人均值最高,应为 5283.02 元,高达全国城镇人均值的 148.50%;西藏城镇人均值最低,应为 820.35 元,低至全国城镇人均值的 23.06%。

基于城镇人均值演算反推,全国乡村文教消费人均值应为 1606.46 元,仅为城镇人均值的 45.16%。东北乡村人均值最高,应为 1977.08 元,仅为城镇人均值的 57.14%;中部乡村人均值次之,应为 1680.59 元,仅为城镇人均值的 50.14%;东部乡村人均值再次,应为 1660.88 元,仅为城镇人均值的 43.79%;西部乡村人均值较低,应为 1423.30 元,仅为城镇人均值的 47.14%。

17 个省域乡村人均值应高于全国乡村人均值,依次为上海、内蒙古、浙江、湖南、江苏、黑龙江、天津、吉林、北京、辽宁、山西、湖北、宁夏、陕西、贵州、重庆、青海;14 个省域乡村人均值应低于全国乡村人均值,依次为河北、河南、福建、海南、甘肃、江西、安徽、云南、山东、广东、广西、四川、新疆、西藏。

其中,上海乡村人均值最高,应为 2613.83 元,高达全国乡村人均值的 162.71%;西藏乡村人均值最低,应为 402.39 元,低至全国乡村人均值的 25.05%。

全国文教消费人均值城乡比应为 2.2146,即全国城镇人均值为乡村人均值的 221.46%,其间倍差为 2.21。东北城乡比最小,应为 1.7500;中部城乡比次之，应为 1.9946；西部城乡比再次，应为 2.1212；东部城乡比较大，应为 2.2835。四大区域城镇人均值分别为乡村人均值的 175.00%、199.46%、212.12%和 228.35%。

25 个省域人均值城乡比应小于全国城乡比，按城乡比大小倒序为黑龙江、湖北、天津、海南、重庆、内蒙古、吉林、河北、浙江、山西、青海、陕西、广西、安徽、云南、湖南、上海、甘肃、西藏、辽宁、山东、宁夏、江西、河南、贵州；6 个省域人均值城乡比应大于全国城乡比，按城乡比大小倒序为江苏、福建、四川、北京、广东、新疆。

其中，黑龙江人均值城乡比 1.3813 应为最小值，即城镇与乡村的人均值倍差为 1.38，仅为全国总体城乡比的 62.37%；新疆人均值城乡比 2.7910 应为最大值，即城镇与乡村的人均值倍差为 2.79，高达全国总体城乡比的 126.03%。

实现文教消费最小城乡比“应然目标”，本身即为“协调增长”的基本需要。尤其值得注意的是，在假定实现最小城乡比情况下，与 2015 年相比，全国文教消费城乡比应明显缩小，31 个省域城乡比相应缩小；全国文教消费地区差应明显缩小，20 个省域地区差相应缩小，各地直观差异亦随之缩减。在此项假定测算当中，由于全国及 27 个省域城乡比本身趋于缩小，保持缩小趋势至 2020 年即为最小城乡比；4 省域城乡比本身趋于扩大，亦按各自历年最小城乡比假定测算，于是城乡综合演算的文教消费总量、人均值明显提升。由此可知，既有城乡差距在全国社会结构中的“非均衡性”影响极大。

（二）弥合文化教育消费城乡比理想测算

仅仅实现文教消费既往历年最小城乡比显然还不够。进一步假定全国及各地同步弥合文教消费城乡比测算，“十三五”末年，即 2020 年实现弥合城乡比假定情况下文教消费地区差预测比较见图 4。

假定弥合文教消费城乡比测算，2020 年全国城乡文教消费总量应达 50017.32 亿元，城乡持平人均值应为 3557.64 元，即前面测算的城镇人均值水平。东部城乡持平人均值最高，应为 3792.57 元，达到全国人均值的 106.60%；东北城乡持平人均值次之，应为 3459.96 元，仅为全国人均值的 97.25%；中部城乡持平人均值再次，应为 3352.07 元，仅为全国人均值的 94.22%；西部城乡持平人均值较低，应为 3019.14 元，仅为全国人均值的 84.86%。

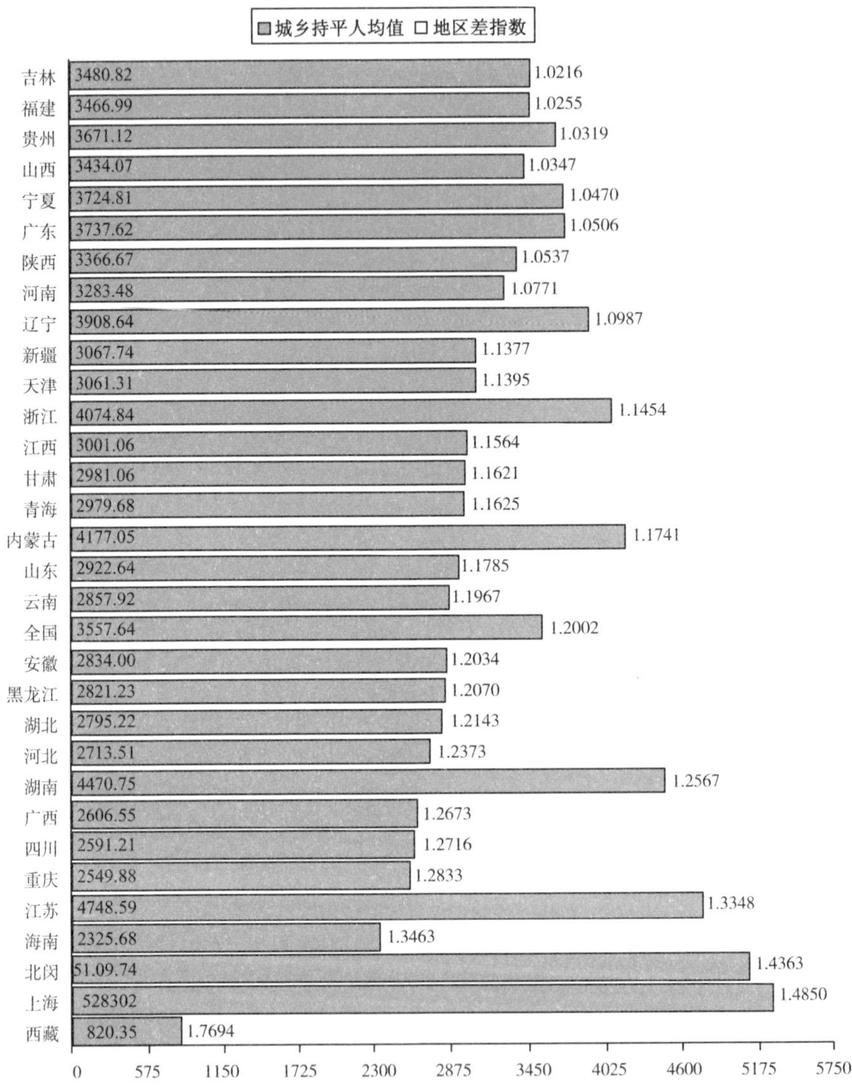

图 4　2020 年实现弥合城乡比假定情况下文教消费地区差预测比较

纵轴坐标:各地地名自上而下按地区差大小倒序排列。横向柱形左:城乡持平人均值(元);右:地区差指数。在假定弥合城乡比情况下,与 2015 年相比,全国地区差亦随之显著缩小,22 个省域地区差相应缩小,图中各地直观差异明显缩减。

10个省域人均值应高于全国人均值，依次为上海、北京、江苏、湖南、内蒙古、浙江、辽宁、广东、宁夏、贵州；21个省域人均值应低于全国人均值，依次为吉林、福建、山西、陕西、河南、新疆、天津、江西、甘肃、青海、山东、云南、安徽、黑龙江、湖北、河北、广西、四川、重庆、海南、西藏。

其中，上海人均值最高，应为5283.02元，高达全国人均值的148.50%；西藏人均值最低，应为820.35元，低至全国人均值的23.06%。

全国城乡文教消费人均值地区差应为1.2002，即31个省域人均值与全国人均值的绝对偏差平均值为20.02%。东北地区差最小，应为1.1091；中部地区差次之，应为1.1571；西部地区差再次，应为1.2131；东部地区差较大，应为1.2379。四大区域内各省域人均值与全国人均值的绝对偏差平均值分别为10.91%、15.71%、21.31%和23.79%。

18个省域人均值地区差应小于全国地区差，按地区差大小倒序为吉林、福建、贵州、山西、宁夏、广东、陕西、河南、辽宁、新疆、天津、浙江、江西、甘肃、青海、内蒙古、山东、云南；13个省域人均值地区差应大于全国地区差，按地区差大小倒序为安徽、黑龙江、湖北、河北、湖南、广西、四川、重庆、江苏、海南、北京、上海、西藏。

其中，吉林人均值地区差1.0216应为最小值，即与全国人均值的绝对偏差为2.16%，仅为全国总体地区差的85.12%；西藏人均值地区差1.7694应为最大值，即与全国人均值的绝对偏差为76.94%，高达全国总体地区差的147.43%。

实现弥合文教消费城乡比“理想目标”，本身即为“均衡发展”的理念要求。尤其值得注意的是，在假定弥合城乡比情况下，与2015年相比，全国文教消费地区差应随之显著缩小，22个省域地区差亦相应随之缩小，图中各地直观差异明显缩减。据此假定测算可见，由于预设乡村文教消费高速增长，到2020年人均值与城镇持平，全国及各地城乡综合演算的文教消费总量、人均值大幅提升。由此得知，正是既有城乡差距加大了全国“非均衡性”地区差距。

中国历史沿袭数千年之久的“国野之分”城乡分层的社会传统结构、各个层级之“央”汇聚优势资源“集中度”和“首位度”的社会传统体制，正是中国社会“非均衡性”城乡差距、地区差距的历史渊源。法理意义上的全国“国民待遇”(基本公共服务和社会保障为典型例证)落实下来，成了生活现实里的各地“市民待遇”，甚至当地乡村居民也不能同等享受。

这正是目前国内一应重大社会结构性难题诸如“三农问题”“农民工问题”“户籍问题”“大城市病”，乃至“教育公平”“医疗公平”“社保公平”，甚至包括“雾霾集中度”“交通拥堵首位度”等的深层社会体制根源。这些难题都不是单独一个领域、一个行业内的治理或管理所能够解决的，而需要有社会结构体制改革的顶层设计，以使全国各省域、各城乡都能够获得“区域法人”同等“国民待遇”，切实保证全国各地城乡有条件、有能力实现均衡发展，发展成果由人民均等共享。

当前，国家积极倡导并推进的“城乡一体化”社会建设、“全民均等化”民生发展，有利于我国这一庞大共和国的团结、统一和稳定，期待共和国百年之际全国及各地能够基本弥合经济发展、社会建设、民生进步诸多方面的城乡差距和地区差距。

本项检测为此由一个特定方面分析测算现实生活与理念实践之间尚存的实际距离，可资参考。

［原载于《山东大学学报(哲学社会科学版)》2017 年第 4 期］

文化组织研究

基层文化单位的效率困境：供给侧结构问题还是管理技术问题

——以5省10个文化站为中心的观察

傅才武　许启彤

2015年1月，国家制定出台《关于加快构建现代公共文化服务体系的意见》，随着国家对公共文化投入的不断增长，基层文化单位的服务效率低下问题，成为政府、文化学界关注和讨论的重点议题。人们发现，近年来纷纷拔地而起的一流公共文化服务设施，却没有发挥公共文化场馆应有的效率："走进一些图书馆、美术馆、博物馆、文化馆，感触最深的就是缺少人气和吸引力。"① 公共文化服务缺乏可及性，参与性差。② 公共文化机制出现"空转"并且政策"工具失灵"或"服务失效"。③ 数字信息技术时代的到来，使一些传统文化行业呈现出加速边缘化态势，文化行业改革步伐滞后。④ 不断加速的城镇化推动了我国农村公共文化空间的再造，对基层文化机构的空间布局形成了重要的影响，但文化行业对此包容性不足。⑤ 由政府"大包大揽"的传统"文化事业"发展模式既是低效率的，也无助于有效推进公共文化服务均等化⑥，但相应的改革进程迟缓。尽管这些问题已引起学界的高度关注，但多数学者还没有从文化

---

① 陈原：《公共文化服务：如何提高效能》，2013年12月19日《人民日报》。

② 参见吴理财：《增强公共文化服务的可及性》，2015年11月24日《人民日报》。

③ 参见王列生：《警惕文化体制空转与工具去功能化》，《探索与争鸣》2014年第5期。

④ 参见傅才武：《传统文化行业的边缘化困境与因应策略——基于技术阶梯理论的视角》，《学习与实践》2015年第5期。

⑤ 参见陈波、李婷婷：《城镇化加速期我国农村公共文化空间再造：理论与模式构建》，《艺术百家》2015年第6期。

⑥ 参见陈立旭：《公共文化服务的均等化与效率》，《中共浙江省委党校学报》2015年第1期。

领域的供给侧改革的视角来讨论宏观改革思路和政策路径。本文试图重新梳理我国文化行业的结构性改革思路,明确深化文化体制改革的政策路径。

一、本次调查样本及其总体性特点

2016 年 6 月,武汉大学国家文化发展研究院组织开展了乡镇综合文化站的专题调研,调研样本包括 10 家乡镇综合文化站以及湖北大冶市 2 家村级文化礼堂。调查表明,这些文化站具有硬件设施建设快、总体不均衡的双重特点。本次调研样本分布见表 1:

表 1　　2016 年武汉大学课题组调研样本分布

湖北省安陆市王义贞镇文体服务中心	湖北省大冶市还地桥镇文化体育站
湖北省保康县黄堡镇文化体育服务中心	湖北省大冶市大箕铺镇文化体育站
湖北省潜江市浩口镇综合文化站	大冶市大箕铺镇曹家晚村文化礼堂
湖北省随县万福镇文化服务中心	大冶市金牛镇南城村文化礼堂
重庆市武隆县庙垭乡综合文化站	山东省微山县高楼乡文化服务中心
重庆市江北区鱼嘴镇文化服务中心	陕西省汉中市汉台区龙江综合文化站

(一)国家财政投入增长,文化站设施水平和综合服务的能力、潜力提升较快

近年来,随着国家财政对文化站投入的增加,文化站的基础设施条件得到了普遍改善,场馆占地面积、公用房屋建筑面积和文化活动用房面积普遍增长,图书、演出服装、乐器、计算机等设备条件也逐年改善。

如重庆市江北区鱼嘴镇文化服务中心,2003~2015 年由占地面积 70 平方米的简易办公用房变为集 7000 平方米文化广场、2202 平方米办公用房、2010 平方米活动用房的综合体,并具有音响厅、多功能展厅、图书阅览室、舞蹈排练室等数十个功能室,藏书量由 2003 年 0 册图书增长为 2015 年 9091 册图书,演出服装由 2003 年 0 套增长为 2015 年 80 套,计算机由 2003 年 6 台增长为 2015 年 11 台。

陕西省汉中市汉台区龙江综合文化站近年来共争取国家投入近 130 万元,建起了一个占地面积 4120 平方米、建筑面积 2568 平方米的文化广场,藏书 36480 册,有 20 台计算机。固定资产有通过各级评估超过 800 万的乡镇综合

文化站，文化站陈列馆收藏各类文物320多件，其中有四川、甘肃、陕西历朝大臣的军功碑和记事碑23件。①

安陆市王义贞镇政府先后投资100余万元完成了文化综合大楼建设，购置图书10000余册、各类健身器材15台套，完善了露天影院、灯光球场及文体广场等其他配套设施建设。

从调研的乡镇文化站来看，财政拨款是最主要的收入来源。襄阳市保康县黄堡镇文化体育服务中心、潜江市浩口镇综合文化站、武隆县庙垭乡综合文化站、江北区鱼嘴镇文化服务中心2015年经费收入全部来自财政拨款。此外，部分乡镇文化站可以获得一定经营性收入，安陆市王义贞镇文体服务中心2015年收入总计21.4万元，其中包括10万元经营收入和0.9万元社会赞助。

在基础设施条件大幅提升的情况下，现阶段乡镇文化站的服务能力也得到明显提升。文化站的年开放总天数普遍增长。比如，襄阳市保康县黄堡镇文体服务中心由2003年年开放207天增长为2014年年开放320天，日开放时长由7小时增长为8小时。潜江市浩口镇综合文化站由2003年年开放218天增长为2015年年开放350天，日开放时长由8小时增长为10小时。此外，诸如指导文艺团队、举行展览活动、举办训练班等开放服务项目的数量也逐年提升，以山东省微山县高楼乡文化服务中心为例，2005～2015年该文化服务中心的所有服务项目数据逐年增长，服务数量水平提升显著(见表2)。

表2　　山东省微山县高楼乡文化服务中心开放服务项目数据

年份	指导群众业余文艺团队（支）	年举办展览个数（个）	组织文艺活动次数（次）	举办训练班班次（次）	培训人次（人次）	开展非物质文化遗产保护活动次数（次）	辅导村文化室次数（次）
2005	0	0	6	2	300	0	0
2006	0	0	6	2	300	0	0
2007	3	0	10	2	280	0	5
2008	3	0	10	3	350	1	5
2009	5	6	16	8	500	1	11

① 参见2016年武汉大学国家文化发展研究院“公共文化政策实验基地文化站座谈会”会议记录，2016年6月7日。

续表

年份	指导群众业余文艺团队(支)	年举办展览个数(个)	组织文艺活动次数(次)	举办训练班班次(次)	培训人次(人次)	开展非物质文化遗产保护活动次数(次)	辅导村文化室次数(次)
2010	5	0	10	8	500	0	8
2011	9	3	18	6	600	1	8
2012	7	3	18	6	600	1	8
2013	16	10	15	15	600	1	16
2014	16	8	20	15	800	1	16
2015	16	8	25	20	900	1	30

(二)文化站工作人员增长较快,养人负担重

乡镇综合文化站的人员编制现状存在较大地区差异。湖北由于2005年实施“以钱养事”改革,文化站工作人员的编制被取消,政府通过购买服务的方式为这些文化站提供基本的人员经费和运行经费,但文化站工作人员并没有减少。如2015年安陆市王义贞镇文体服务中心已有5名工作人员,大冶市还地桥镇文体站有工作人员5人。其他没有实施“以钱养事”的地方,文化站人员增长更快。如重庆武隆县庙垭乡综合文化站工作人员从2003年的1人增加到2015年的4人,江北区鱼嘴镇文化服务中心从2003年的6人增加到2015年的16人(见表3)。

表3　　重庆市两个乡镇综合文化站人员情况对比

名称	年份	人员实际数(人)	人员编制数(人)	其中:聘用人员数(人)	高级职称人数(人)	中级职称人数(人)	初级职称人数(人)	本科以上(人)	专科(人)	中专及以下(人)
武隆县庙垭乡综合文化站	2003	1	1	1	0	0	0	0	0	1
	2015	4	4	4	0	1	3	2	2	0
江北区鱼嘴镇文化服务中心	2003	6	4	2	0	0	0	1	2	3
	2015	16	13	3	0	0	0	5	4	7

2012 年 7～9 月，武汉大学国家文化财政政策研究基地在全国 22 个省（直辖市、自治区）的 62 个乡镇综合文化站进行调研，调查人员对 62 个乡镇综合文化站进行了 30 天的跟踪观察记录。统计显示，文化站从业人员从 2009 年站均 3.6 人增长到 2011 年 3.9 人，站均在编人数超过全国统计数 1.29 人（2011 年在编人员数）达 3 倍之多。

从统计数据年看，不断增长的人员经费成为文化站最主要的支出，其他业务支出比重不高（见表 4）。

表 4　　2015 年乡镇综合文化站人员工资福利支出情况

乡镇文化站名称	全年支出总额（万元）	工资福利支出（万元）	占比（%）
安陆市王义贞镇文体服务中心	21.4	10.5	49.1
潜江市浩口镇综合文化站	59.7	32.2	53.9
微山县高楼乡文化服务中心	10.5	10.0	95.2
江北区鱼嘴镇文化服务中心	84.61	46.37	54.8

从支出情况来看，人员工资福利支出目前占比较大，所调研的乡镇综合文化站的人员工资福利支出普遍在 50%以上。其中山东省微山县高楼乡文化服务中心的工资福利支出达到 95.2%；大冶市还地桥镇文体站有工作人员 5 人，财政拨款 18.8 万元，人均不足 4 万元（包括养老医疗保险等），主要为人员支出。这种经费支出结构反映了现阶段大部分乡镇综合文化站依然处于保障人员经费的阶段，文化站的工作人员数量增长很快，“养人”经费很大，文化站正在演变为一种“就业型机构”。

（三）各地文化站发展不均衡，差异很大

调查表明，陕西、湖北等人口密集型地区的人员数量与本地区服务人口不成比例。比如，陕西省汉中市汉台区龙江综合文化站工作人员 7 人，服务本地区 47 万人口；武隆县庙垭乡综合文化站工作人员 4 人，服务本地区 1.31 万人。江北区鱼嘴镇文化服务中心的受益人口为 3.1 万，2015 年的实际工作人员为 16 人，无一人具有初级职称，专科学历以上为 56%；武隆县庙垭乡综合文化站的受益人口为 1.31 万，2015 年的实际工作人员为 4 人，中级职称 1 人，初级职称 3 人，4 人学历全部为专科以上。

以重庆市江北区鱼嘴镇文化服务中心和山东省微山县高楼乡文化服务中心为例,两站基本情况如表5所示:

表5　2015年鱼嘴镇文化服务中心与高楼乡文化服务中心情况对比

项目	高楼乡文化服务中心	鱼嘴镇文化服务中心
建筑面积(m^2)	560	2010
经费收入(万元)	10.5	24.75
设备资产(万元)	26	105.23
年人均文化事业经费(元)	2	27.29
工作人员(人)	3(2人在编)	16(13人在编)

江北区鱼嘴镇乡镇文化站发展较好,得益于三个方面:第一,鱼嘴镇在征集拆迁后正从传统农业大镇向现代化工业重镇转变,镇内大型企业较多,社会经济发展水平较好。第二,地方政府大力支持,2015年鱼嘴镇文化服务中心经费收入虽然只有24.75万元,但其实际支出达到240万元,用于活动和免费开放财政支出是181万元,占总体支出的75%,经费全部由镇财政保证。而高楼乡文化服务中心的全年支出为经费收入的10.5万元,其中10万元用于工资福利支出。第三,人才是乡镇文化站良好运转的基本保障,鱼嘴镇文化服务中心拥有较多的人员编制确实吸引了一大批人才。此外,江北区倾向文化发展的考核机制使得乡镇领导对乡镇文化站给予了足够支持,形成了较好的联系渠道。

从全国的情况看,全国范围内文化站的差异同样很大,基础条件也差异显著。2015年乡镇文化站站均使用房屋建筑面积,东部、中部、西部分别为2014平方米、433平方米、423平方米,站均从业人员分别为5.5人、2.4人、2.9人,站均年收入分别为139.5万元、12.5万元、19.4万元,站均年支出分别为125.0万元、12.0万元、26.9万元。其中,个别文化站建筑面积超过10000平方米,小的文化站只有100平方米左右,差异性明显。

二、公共文化政策实验基地文化站观察的主要发现

（一）出现公共投入快速增长而绩效下滑的悖论

2012～2016年，在文化部和财政部的支持下，武汉大学在东中西部遴选了100家具有代表性的文化事业单位作为“公共文化政策研究实验基地”，在全国范围内组成文化领域的实证观察研究网络。这些“实验基地”既包括博物馆、图书馆等，也包含了文化站（社区文化中心）。其中，湖北潜江市浩口镇文化站、山东微山县高楼乡文化站、四川泸县玄滩镇文化站、陕西汉台区龙江文化站等共9家文化站成为公共文化政策研究基地观察点。这9家文化站经过各省文化厅（局）推荐遴选，在全国具有代表性，其所反映出来的问题也具有典型性。

(1)实验基地文化站人才队伍和硬件设施均高于全国平均水平。2015年9家实验基地文化站的实际使用房屋建筑面积、藏书量、计算机数、从业人员数等基本条件均明显高于全国平均水平。2015年7家乡镇文化站从业人员站均3.3人，高于全国平均水平2.8人。2家街道文化站的从业人员站均9.5人，是全国站均3.3人的2.9倍。同时，近年来政府对文化站投入增速较快，带来了文化站硬件水平的快速提升，2012年7家实验基地乡镇文化站实际使用房屋建筑面积站均1733平方米、全国站均549.3平方米，到2015年分别达到2056.4平方米、635.9平方米，年均增长率分别为5.9%、5%。2012年2家实验基地街道文化站实际使用房屋建筑面积站均1281.5平方米、全国站均856平方米，到2015年分别增加至1751.5平方米、1062.9平方米，年均增长率分别为11%、7.5%。

(2)实验基地乡镇文化站收入增速快于全国平均水平，文化站收入和支出绝对数呈现快速增长。2012年7家实验基地乡镇文化站年收入站均13.5万元、全国站均17.9万元，到2015年分别达到22.8万元、23.9万元，增幅分别为68.4%、33.3%，年均增长率分别为19.0%、10.1%。2012年7家实验基地乡镇文化站年支出站均13.0万元、全国站均18.9万元，到2015年分别达到23.7万元、26.6万元，增幅分别为82.7%、40.7%，年均增长率分别为22.3%、12.1%。

2012年2家实验基地街道文化站年收入站均80.4万元、全国站均25.2万元，到2015年分别达到74.3万元、37.0万元，增幅分别为－7.6%、47.0%，年均增长率分别为－2.6%、13.7%。2012年7家实验基地街道文化站年支出站均80.4万元、全国站均25.8万元，到2015年分别达到157.8万元、39.0万元，增幅分别为96.4%、51.0%，年均增长率分别为25.2%、14.7%。

(3)实验基地文化站组织文艺活动次数、参与人次呈现下降趋势，低于全国平均水平。2012年和2015年，7家实验基地乡镇文化站组织文艺活动站均8次和7.7次，低于全国站均10.9次和15次；2012～2015年实验基地乡镇文化站组织文艺活动数的年均增长率为－1.2%，全国乡镇文化站年均增长率为11.2%。2012年和2015年，2家街道文化站组织文艺活动站均19次和27次，低于全国站均24.6次和35次的水平。

(4)实验基地文化站活动参与人次下降明显，且低于全国平均水平。2012年7家实验基地乡镇文化站文艺活动参加人次站均4383人，高于全国平均站均3814人；到2015年减少为1809人，年均增长率为－25.6%。2012年2家实验基地街道文化站组织文艺活动站均9000人次参加，高于全国站均7637人次；到2015年减少为6650人次，年均增长率为－9.6%。

(二)文化站“效率缺陷”背后的深层次原因

从表面上看，文化站所表现出来的公共文化服务绩效下滑、群众参与程度降低等问题，是因为文化站“缺人缺钱”和“领导不够重视”所致，但从深层次看，文化站的传统管理模式与高速城市化进程和数字信息技术的快速发展所导致的文化生态环境的整体性变迁之间出现了结构性失调，这才是投入增长而效率下降的根本原因。

文化站的绩效下滑主要不是因“缺人缺钱”所致。2006～2015年，全国文化站在财政投入方面增长快速，年均增长率达到23.57%，其中“十一五”时期年均增长率为31.36%，“十二五”时期为10.84%；在硬件设施方面增速也较快，其中实际使用房屋建筑面积和藏书量年均(2006～2015年)增长率分别为11.25%、10.37%，“十二五”时期计算机数量年均增长率为20.91%；在人力投入方面年均增长率为5.66%，同样是一个较高的增长幅度(见表6)。

表 6　2006～2015 年全国文化站财政投入和人员、设施设备增长情况

年份	机构数（个）	从业人员数（人）	藏书（千册）	计算机（台）	财政拨款（千元）	实际使用建筑面积（千平方米）	文化活动用房面积（千平方米）
2006	36874	71994	105226.3		1372946	11086.5	7025.8
2007	37384	77096	112457		1929458	11579	7696
2008	37938	80251	119591		2432686	13869	9125
2009	38736	86325	135255	68467	3396831	16264	10746
2010	40118	89842	156865.36	96009	4088199	19310.11	12837.77
2011	40390	95728	175265.3	144137	6110343	22740.6	16750.3
2012	40575	102631	202656.5	202460	6877657	24272.3	18028
2013	40945	108434	224610.18	255418	7402510	25839.92	19234.71
2014	41110	114713	242273.68	300407	8424437	28127.59	20762.76
2015	40976	118192	255639.47	308099	9222087	28934.21	21362.34
“十一五”时期年均增长率	2.13%	5.69%	10.50%		31.36%	14.88%	16.26%
“十二五”时期年均增长率	0.36%	5.41%	9.90%	20.91%	10.84%	6.21%	6.27%
2006～2015年均增长率	1.18%	5.66%	10.37%		23.57%	11.25%	13.15%

从个案分析，尽管有个别文化站的经费没有落实，但大多数乡镇综合文化站资金能够落实到位。2012 年 7～9 月，武汉大学国家文化财政政策研究基地对全国 62 个乡镇综合文化站的调查表明，2009 年（38 家单位提供信息，占总样本 61.3%）文化站资金能够落实的有 32 家，不能落实的有 6 家；2010 年（43 家单位提供信息，占总样本 69.6%）能够落实的有 34 家，不能落实的有 9 家；2011 年（47 家单位提供信息，占总样本 75.8%）能够落实的有 41 家，不能落实的有 6 家。2011 年经费得到落实的已占提供数据单位样本总数的 87.2%。

文化站的绩效下滑主要也不是因站长“偷懒”或者“搭便车”所致。尽管调查中发现，确实存在部分文化站的“关门现象”，但对实验基地的观察表明，绩效下滑并不是因为站长“偷懒”或者“搭便车”；相反，部分站长工作十分积极努力。如陕西汉中市汉台区龙江综合文化站站长闫克元,为筹集活动经费,20世纪80年代就开始卖书,每本收入0.17元,为毕业班学生照相每张0.3元,就这样一个人坚持了33年。湖北潜江市浩口镇文化站站长潘世茂,主动到校园动员学生到文化站阅读,请省图书馆为学生作品评价,到农民家里动员家长带孩子来读书,请退休人员来文化站看书,请老师暑假为孩子提供免费文化培训,如此坚持了30多年。

2012年7~9月,武汉大学国家文化财政政策研究基地对全国62个乡镇综合文化站的调查表明,绝大多数乡镇综合文化站能够坚持正常作息制度。调研人员对62个乡镇文化站1823天次开关门情况与站长工作人员上下班情况统计表明,乡镇文化站的开门集中于8:00~9:00,其中8:00(45.3%)、8:30(20.2%)、9:00(14.8%)这三个时间点最为集中,少数情况文化站于8:00点以前开门或9:00以后开门。乡镇文化站的关门集中于17:00~18:00,其中17:00(20%)、17:30(25.5%)、18:00(24.7%)这三个时间点最为集中,少数文化站于17:00以前或18:00以后关门。

绩效下滑的主要原因是,文化站的业务模式与居民的文化消费结构转型升级的变化总体性不协调、不适应。文化站作为联系国家与基层民众的中间纽带,主要承担"传导"上级供给的文化产品的任务,包括承担组织"文化信息共享工程""213农村电影放映""农家书屋"等以及自己供给的"小型图书阅览室""教育培训室""小型电子阅览室"等。这些由国家供给的文化产品,事实上高度体现了国家文化行业的主观意愿,但却与民众的日常文化娱乐生活相距较远。2015年暑期,武汉大学"文化第一线"课题组对全国31个省5210名农村居民进行的"公共文化服务满意度"问卷调查表明,农村居民喜欢的文化活动类型依次是群众文艺表演(34.5%)、体育健身(27.7%)、文体竞赛(19.2%)、科普宣传(9.8%)和技能培训(7.9%)。农村居民对农村基层公共文化服务内容和服务效能的满意度只有3.57分(总分5分),对乡镇文化站的满意度为3.83分,农家书屋的满意度为3.77分,文化信息共享工程基层服务点的满意度为3.71分,文化广场的满意度为3.79分,村文化活动室的满意度为3.69分,农村文化示范点的满意度为3.69分。比较武汉大学多年来的调查数据,总体上这个满意度较低。① 同时,文化站的比照事业体制的制度设计,也

① 参见武汉大学国家文化发展研究院课题组:《全国31省(直辖市、自治区)"三馆一站"公共文化服务绩效调研报告》,内部资料,2015年。

是一种低效率的体制。有学者通过对河北省8个县城、12个村庄的415份有效问卷调查，发现河北省公共文化服务存在供给不足和供给低效并存、公共文化服务需求不足和需求低层次并存的奇特现象。①“基于历史条件和当时社会发展水平给予‘标准配置’的那些基本工具，就整体情况而言处于‘去功能化’或者至少是工具功能远远低于设计标杆的实际运行状态，其被动结果是公众参与度、服务有效性或者工具运行效率等评价方式中不得不承认的‘工具失灵’或‘服务失效’。服务工具与服务对象之间的关系疏离使我们不得不重新审视‘工具激活’这一命题的理论指涉与实践张力。”②

（三）简要结论

1.“效率困境”的背后主要是体制结构问题而不是管理技术问题

对实验基地文化站的观察表明，部分文化站的“机构空转”，主要不是“缺人缺钱”或者“偷懒”等管理技术层面的问题，而是在计划体制下确立的“供给主导模式”逐渐与当前快速变化的人民群众的文化生活方式脱节，在地方政府和民众中的重要性日益下降，是文化站所依赖的计划体制模式与市场经济条件下的“需求导向—分散决策”模式之间的结构性错位。“地方领导不够重视”恰恰是文化站重要性日益下降、绩效不高的结果，而不是导致文化站绩效不高的原因。

根据武汉大学课题组的调查发现，部分文化站资源闲置、机构空转的现象背后，隐藏着改革开放30多年来中国居民文化消费模式转型升级的深刻影响。从戏剧技术、印刷出版技术、广播电视技术到互联网信息和通信技术的快速演进，现代科技在文化领域的作用逐步从次要角色转为重要角色。数字信息技术和文化内容的融合、新知识和新方法在文化行业的加速应用，推动文化单位和文化消费者从旧的技术路径中“解锁”出来，快速进入新的技术路径上的文化生产和文化消费实践领域，进而推动居民文化消费结构的转型和升级。在这一过程中，除了组织乡镇文艺活动（如广场舞比赛）获得认同外，传统的“老三样”（书报室、计算机室、培训室）供给方式已经明显滞后于居民对文化消费品质的内在要求。基层文化建设所坚持的计划体制下形成的“全国一盘棋”

① 参见戎素云：《河北公共文化服务满意度调查报告》，《社会治理》2016年第3期。

② 干列生：《论“功能配置”与“公众期待”的对位效应及其满足条件——基于现代公共文化服务体系建设中工具激活的向度》，《江汉学术》2014年第6期。

的格式化管理模式,已然不能适应民众实现自我表达、自我主导和自我实现的功能要求,日益与快速升级的社会文化生活方式相脱节。

文化站作为计划体制下确立文化事业体系的一部分,本身是一种“传统”。随着市场经济成为民众的日常生活方式,居民文化消费方式快速变化,公共文化服务的环境高度复杂化,传统的格式化管理模式、相对静止的人才队伍和加速老化的知识结构难以应对日益复杂的新型问题,形成文化站与社会文化消费之间的结构性“断裂”。要治这种结构性的“病”,“增人加钱”的机制性改革措施都不过是“强心剂”,根治还必须要用供给侧结构性改革的“药方”。

2.“效率困境”某种程度上体现了行业利益与国家利益的冲突

从经济、政治、文化、社会和生态文明“五位一体”的宏观视角来看,如果抛开满足人们读书、看报、看电影等基本公共文化消费需求这一表层目标,国家对公共文化机构的大量投入赋予了现代国家合法性建构的目标期许,包括国家的合法性资源建设,也包括与国家现代化进程相协同的社会文化意识形态系统的建构。

第一,包括公共文化供给在内的公共福利对任何政府都是国家合法性资源,由政府提供的公共文化服务既是现代国家对公民文化权益的保障,同时又是政府借以获取公民对国家认同的载体,是政府借以建构现代国家认同的独特资源。理论上,公民因为能够免费获取政府提供的文化福利、满足其文化享受和文化发展需求而认同国家权威。当代中国,国家的合法性资源既来源于历史传统,又来源于现代化建设的成效。文化站作为全国现代公共文化服务体系中的一个环节,因为其承担面向基层社区提供公共文化产品的任务而获得其自身的合法性。但现实的情况是,文化站的绩效表现不佳恰恰瓦解了文化机构自身的合法性基础。有学者认为:“公共文化服务的实际运作存在认同背离问题。我国公共文化服务目前仍然局限于政府体系内部运作,由于缺乏民众参与和需求表达机制,这种行政内部运作在行政自身逻辑(特别是政绩显现、利益最大化)的牵引下难免会与民众的实际需要相脱离。民众不仅仅对公共文化服务绩效评价不高,他们对各种形象政绩工程的反感和厌恶的不断累积,也会最终消解民众对政府的公信力和合法性认同,背离了通过公共文化服务提升民众对政府认同的初衷。”①

① 吴理财:《公共文化服务的运作逻辑及后果》,《江淮论坛》2011年第4期。

包括文化站在内的基层公共文化机构在数字信息和移动通信技术的压迫下，业已从社会交往网络的中心退缩到社会边缘，逐步丧失其在国家文化治理结构中的重要性。由于社会存在“用脚投票”机制，一旦文化站供给的公共文化产品不符合居民有效的文化需求，就会导致政府公共产品的无效供给。在民众眼中，即是浪费国家的公共资源，与国家合法性资源建设的初衷相背离，这在一定程度上也是导致有的地方政府对文化站工作不够重视的内在原因。

第二，难以达到国家现代化进程所要求的现代文化意识形态系统的建构目标。从政治经济学来说，文化行业存在的合法性，来源于文化机构对国家现代化进程所要求的现代文化意识形态系统的建构能力，既包括国家层面的“形而上”思想和观念(包括艺术观念)的生产和再生产能力，又包括文化系统的文化(艺术)传播能力。调查表明，包括文化站在内的基层文化机构的边缘化，正在于他们传播“形而上”思想和观念能力的日益弱化。30 多年来，中国社会经济结构的大转型，对中国文化现代化提出了协同性要求，根深积厚的中华传统文化所承载的价值观、态度和信念既有促进经济发展、社会正义和政治文明进程的一面，但同时又有落后的、损害社会进步的一面，推进传统文化的创造性转换与创新性发展，日益成为文化行业的内在要求。如传统文化中家族传承、任人唯亲、得过且过、安天乐命、人分等级、盲从权威的传统思维方式，以及认为一方所得即另一方所失的“零和观念”，不仅在社会心理中大量存在，而且成为阻碍社会进步的价值观念。必须以新的文化观念，如相信财富可以通过技术、管理、勤奋和智慧无限创造的信念，认同创造、冒险、竞争、责任制、标准管理、任人唯贤不唯亲等价值观，替代传统的文化观念，以提升整个社会的心理结构，让全社会形成一种崇尚公平竞争、崇尚效率优先、崇尚技术和智慧的文化价值系统，以形成有利于支撑现代经济社会结构的文化结构，形成社会发展的精神动力。

这种文化艺术思想和观念的生产主要依靠教育系统、文化系统以及产业系统，但其社会化传播则主要依赖于教育和公共文化传播系统。通过公共文化网络(图书馆、博物馆、美术馆、文化馆、科技馆、村文化中心、农家书屋等)，让有助于社会进步的信念、态度和价值观可以通畅地渗透到社区、家庭和社团组织中，最终扩展到整个基层社会，这即是基层公共文化服务体系建设的重要目标。基层公共文化机构具有大面积接触民众的特殊优势，作为社会公共产品的提供者和分配实施者，本应承担有利于促进社会进步的价值观念、信念和态度的知识建构和信息传播职能,这是定位基层文化机构的功能和作用的标尺。但现实的情况是,基层公共文化机构在数字信息技术和移动网络传播方式的逼迫下,业已从社会交往网络中退缩,基层文化机构大多降为文化活动技术层面的执行者,日益失去核心价值和观念的传播能力。既大大落后于民众对于文化消费的需求,又与国家目标要求相脱节,不仅对于国家还是对于社会,其都已经退缩到一个边缘性位置,仅仅成为封闭式行业运行系统的一个节点,逐步失去其在国家治理结构中的必要性。因此,建设现代公共文化服务体系、推动公共文化供给侧的结构性改革成为深化文化体制改革的核心内涵。

三、推进基层文化机构改革的总体思路和分类改革策略

(一)确立以结构性改革方案解决体制性问题的基本思路

确立文化领域供给侧结构性改革的总体思路,围绕文化供给侧与需求侧之间“结构对接”的政策重点,研究确立关于包括文化站在内的基层文化机构的系统性改革方案,包括:重构政府部门与直属文化机构的关系模式,建立政府部门与文化站之间明晰的权利义务边界;重构文化站与内部工作人员的关系模式,逐步完成从“单位人”到社会人的身份过渡;重构文化站与社会的关系模式,吸引社会力量和社会资源进入文化站,形成与社会协作的共建共享模式。

以“政府购买公共文化服务”作为推动文化站改革的战略突破口。在计划经济体制下形成的行政包揽式公共文化服务供给模式存在着诸多局限,与现代公共文化服务体系的属性不完全符合。构建现代公共文化服务体系,需要区别政府与社会的责任,推进供给的市场化与社会化,实现政府购买公共文化服务的现代转向。而政府购买公共文化服务的内在逻辑则是基于分散决策基础上的社会多中心竞争性合作供给,能够大大提升公共文化服务的运作效率。借助于“公共购买”的契约机制和公平竞争机制,有利于突破三个主要矛盾:一是分散性决策机制,能够包容基层政府、社区和个体的多元化需求,推动政府从僵硬的格式化管理转变为柔性管理,有利于克服计划经济体制下形成的政府一元化管理与市场经济体制下多元化公共文化需求的矛盾。二是竞争性契约机制,能够通过竞价方式克服公共投入绩效考核要求与公共文化服务评价

标准模糊之间的矛盾，提升公共资源的使用效率。三是灵活的政策工具，能够有效动员社会资源进入，有利于克服政府财力有限、行政资源相对匮乏与公共文化服务责任不断增长之间的矛盾，缓解政府公共资源不足。推进公共文化服务购买，是推进一元化文化事业体系向网络化公共文化服务体系转轨的制度性通道。①

（二）实施“办、转、买”分类改革策略

“办”——继续办好一批示范性文化站，建成区域性公共文化中心。目前全国已经有一批文化站发展较好，业已形成基层公共文化中心，这一类文化站一般具有自我造血能力。陕西省汉中市汉台区龙江综合文化站“去年（2015年）一年我们惠民演出和自己的演出共演了31场，今年上半年截至现在已经演了11场，马上又筹备6月20日的‘爱家乡爱生活’主题的第二届广场舞大赛，还有每年企业的演出以单位进行表彰。以单位进行集体活动，我们文化站出钱。一个演出活动就需要七八千块钱，都是我们自己出的。文化站在2000年之前是很穷的，搞什么都不成。去年收入了4万多。文化站每年还积累将近10万。现在25个村，其中有2个社区，我们组建了26个演出队参加广场舞大赛，每个村都有街心广场，这些骨干由我们文化站进行培训，回去之后进行辅导，然后出来演出。文化站的任务特别繁重”②。

这一类文化站宜继续支持办好，建成全国示范性基层公共文化中心。同时改革财政支持方式，落实县级政府的主体支出责任和管理责任，省级和中央财政按照“以奖代补”的方式予以经费资助。

“转”——继续推进“以钱养事”改革，转制建设一批乡镇文化体育中心。2005年湖北省启动的文化站“以钱养事”改革，其核心是“单位转性质（民非机构），人员转身份（非事业人员）”，“钱随事走，养事不养人”，政府出钱，购买服务，合同管理，考核兑现。“以钱养事”的总体思路符合改革方向，政府向社会

---

① 罗云川、阮平南认为，公共文化服务网络治理是一个对传统公共文化服务体系在结构、机制、模式上的转换重构过程。在这个过程中，公共文化服务的供给主体将过去主要由政府及其所辖的公益性文化单位构成的“一元化”形态转变为政府、企业、社会组织、社会公民共同参与的“多元化”形态。公共文化服务体系的治理将带来管理理念、组织结构、决策模式、沟通形式、评估标准等诸多要素的改变，并逐步从传统科层管理模式走向网络治理模式。（参见罗云川、阮平南：《公共文化服务网络治理：主体、关系与模式》，《图书馆建设》2016年第1期）

② 参见2016年武汉大学国家文化发展研究院“公共文化政策实验基地文化站座谈会”会议记录，2016年6月7日。

力量购买公共文化服务的前提是公共文化服务的供给者和生产者的角色分离。不足之处在于体制改革与机制创新没有实现有效协同。由于没有采用“身份赎买”的增量改革方式，而是将事业编制人员硬推入社会，引发强烈的反弹，在博弈中导致公共购买的“内部化”，因此它是一个“半拉子工程”。人员仍然是原来的几个老人，对新人没有吸引力。“(这)造成了基层文化单位自身的一些问题，就是人员老化，没有激励机制，没有人员流动机制，一年不搞几次活动心里不舒服，有的说搞不搞还是那么多钱，一样的，年底考核评估的时候，评估对象说命运相关，都打九十几分。就造成了这些人员老化，进取心不强。”①

继续推进“以钱养事”改革：一是要完善体制内成员的“身份赎买”，将体制内成员身份转变为社会人身份；或者将体制内编制人员整体划归县级文化馆或县图书馆编制，完成文化站的社会化转型。二是以县级政府为主体，明确中央—省—县公共文化服务的事权划分与支出责任，落实购买公共服务经费，完善基层公共文化服务购买的管理流程。

“买”——面向基层社会，通过政府购买项目培育一批社会化公共文化服务生产者。随着国家文化治理能力现代化建设步伐的不断加快，市场效率机制引入政府文化管理领域将成为社会大势，在基层推行政府向社会力量购买公共文化服务将是一个关键性的政策创新，政府“购买服务”具有对社会不同文化需求的包容性，也将成为推动文化站体制改革和机制创新的重要政策路径。② 因此，要以贯彻落实 2015 年 5 月国务院办公厅转发文化部、财政部等《关于做好政府向社会力量购买公共文化服务工作的意见》为契机，调整预算结构，增加购买公共文化服务经费，通过政府购买项目扶持社会文化生产机构，同时吸引社会资源进入，与公共资源一起，形成公共资源与社会资源协调发展的基本格局。

[原载于《山东大学学报(哲学社会科学版)》2017 年第 1 期]

---

① 参见 2016 年武汉大学国家文化发展研究院“公共文化政策实验基地文化站座谈会”会议记录，2016 年 6 月 7 日。

② 吴理财、李兵园、唐鸣等人通过调查发现，村民的参与角色随着公共文化服务供给过程的变化而变化，同时也受到公共文化服务产品性质的制约。我国公共文化服务体系建设中仍旧存在公共文化产品参与偏差、公共文化服务的民主参与式微、公共服务供给中政府信任危机等问题。必须设计多元化的参与路径，并将这些参与路径与公共文化服务供给过程和产品性质进行科学的匹配。(参见吴理财、邓佳斌：《公共文化参与的偏好与思考——对城乡四类社区的考察》，《中华文化论坛》2014 年第 8 期；李兵园、唐鸣：《村民参与公共文化服务供给：角色、空间与路径》，《社会科学家》2016 年第 5 期)

政府—市场关系演变与文化中介组织适应性创新

刘红岩　秦淑倩　李　彬

在我国，文化中介组织伴随着社会主义市场经济的建立、文化体制改革渐入深水区、现代文化市场体系持续完善以及文化产业快速发展的宏观背景而产生与发展。无论是通过政府职能转变或政府机构改革而组建还是由民营文化企业自发联合成立①，文化中介组织作为市场经济体系尤其是文化市场的重要构件，不仅能够在文化产品的生产、流通到消费的全部价值链中发挥作用，提供市场反应、组织联络、价值认定等多样化中介服务，以达到均衡和调节文化供求、促进文化要素合理配置以及降低交易成本的目的，而且还能够集聚并组合各种分散的市场主体，建构跨行业、跨区域的统一性文化市场，以此来吸引非公有制资本的有序进入，形成更具优势的基于混合所有制的文化市场运营体系。此外，文化中介组织还是沟通企业与市场、企业与政府之间的桥梁与纽带②，以确保文化市场的和谐、繁荣与稳定。如林峰研究指出，文化中介组织是文化产业发展离不开的"拐棍"。③ 谭泽宏也特别强调文化产业与文化中介组织关系在文化市场中的重要性，并指出："文化中介组织的不断壮大是文化产业发达的一个重要标志，因此大力培育文化中介市场势在必行。"④

然而，由于受历史和现实诸多主客观因素的限制，我国文化中介组织的职能发挥仍存在一定困境，如文化中介市场发育程度低，尚未树立真正的市场观

---

① 参见刘金祥：《关于我国培育和发展文化中介组织的若干思考》，《中共宁波市委党校学报》2012 年第 2 期。

② 参见宋光华：《市场中介组织研究》，经济管理出版社 1997 年版，第 5 页。

③ 参见林峰：《建立发展文化产业中介组织》，《出版参考》2003 年第 33 期。

④ 谭泽宏：《文化产业发展中的十方面关系》，2003 年 4 月 23 日《中国文化报》。

念;法制不健全,行业管理和自律缺位;发展不平衡,文化中介组织官办色彩浓厚,缺乏独立性,对市场形成垄断,限制了民营和个体文化中介的成长和发展等。究其根源在于:在我国转轨期,政府一市场关系的不规则演变使得文化中介组织在"政府一中介一市场(企业)"这一关系体系中难以保证足够的动态匹配性,进而从根本上制约了中介组织的创新行为与效率。特别是在文化产业发展面临重大历史机遇以及文化体制改革已步入深水区的现实背景下,如何纾解文化中介组织现存的限制性困境、不断夯实内在创新力,为现代文化市场体系完善及将文化产业打造为国民经济支柱奠定坚实基础,成为业界急需解决的重要课题。

但是,通过梳理已有文献却发现,现有研究多是基于写实的角度对我国文化中介组织职能定位、现存问题以及解决方案等进行描述性分析,并未从政府一市场关系视角对其本质根源进行中国情境下的深入挖掘,也未能明确在此背景下文化中介组织进行适应性创新的实施路径。基于此,本文从政府与市场之间的关系分析入手,在厘清我国"大政府一小市场"格局的基础上明确文化中介组织的职能定位,由此进一步分析现阶段我国文化中介组织在发展过程中所面临的诸多限制性困境及其成因,并构建其适应性创新的基本路径及其关键点,为完善我国文化中介组织体系提供相应政策建议。

一、文化中介组织定位的差异性分析:基于政府一市场关系演变的视角

在相对固定的经济体制环境中,政府、市场与中介组织必然存在某种内生关系,这也是诸多经济学理论重点探讨的话题之一。但在转轨期,随着政府与市场关系定位或阶段性或不可逆的动态演变,必然会导致文化中介的定位和职能被动改变,甚至在某种程度上需迎合或配合上述关系。基于此,本文按照市场效率与政府能力的双重维度将政府与市场间的关系区分为"大市场一小政府"和"大政府一小市场"两种性态[①],并在此特定情境下具体解析文化中介组织的匹配性角色及职能承担。

---

① 如果按照该维度的划分,还需要进一步观测"大政府一大市场""小政府一小市场"在逻辑层面是否成立。但无论是基于经济学理论还是现代国家经验,"大政府一大市场"和"小政府一小市场"两种模式在政治版图、市场治理等方面存在一定的先天局限,故本文对该两种类型不作进一步的深入讨论。

(一)“大市场—小政府”下文化中介组织的定位与功能解析

以古典自由主义经济思想为基础的“大市场—小政府”体制模式是欧美各国经济体制的普遍性态。在该模式中,市场在资源配置中起主导作用,所有资源均按照效用最大化的原则由市场自发配置,政府职能仅限于提供各种公共服务,包括维护市场秩序、进行有限的宏观经济干预等,而不直接参与经济活动。① 在该关系性态下,文化中介组织作为文化市场的主体结构之一,必然会随着市场化程度的整体提高而脱离政府干预、独立发挥其市场主体的职能。首先,健全的市场环境有助于文化中介组织独立、客观、公正等职能属性的自然发挥,杜绝机会主义。其次,鉴于市场在资源配置过程中发挥决定性作用,文化中介可根据价格、供求及竞争机制均衡调节文化产品供需,合理配置文化生产要素,在文化产业发展中发挥作用。② 最后,自由竞争的市场环境有助于增强文化中介组织的活力③,打破政府垄断,给予民营中介组织生存土壤,促进文化中介组织快速健康发展。例如,在以美国为代表的欧美各国,由于市场经济体系较为完善,文化中介组织不仅在数量和类型上比较丰富,能够独立于政府存在并独立代表文化市场主体的利益,通过与政府、企业间的有效沟通与谈判,协调其中复杂关系,而且还能切实发挥监管作用,为政府政策的出台和完善提供决策依据。④

然而,“大市场—小政府”的自由市场经济模式依然存有一定弊端,如市场竞争的不完全性、市场的外部性及市场价格信息的短期和时滞等特点,均可能导致市场配置资源的低效或无效,而这种市场失灵也会极大降低文化中介组织的治理效率与效果。何自力就指出,产业空洞化、经济虚拟化、收入两极化、财政债务化等问题是西方国家“大市场—小政府”经济模式不可规避的弊端。⑤

---

① 参见何自力:《对“大市场,小政府”市场经济模式的反思——基于西方和拉美国家教训的研究》,《政治经济学评论》2014 年第 1 期。

② Wynn, Jonathan R. ,“Guides through Cultural Work: A Methodological Framework for the Study of Cultural Intermediaries”, *Cultural Sociology*, 2012,6(3), pp. 336-350.

③ Sharon M Oster,“Stragetic Management for Nonprofit Organizations:Theory and Cases”, *Oxford University Press*, 1995, pp. 41-46.

④ 参见陈朝宗:《中西社会中介组织比较研究——兼论我国社会中介组织的发展思路》,《福建行政学院福建经济管理干部学院学报》2006 年第 2 期。

⑤ 参见何自力:《对“大市场,小政府”市场经济模式的反思——基于西方和拉美国家教训的研究》,《政治经济学评论》2014 年第 1 期。

由此可知,市场并非万能的,必须客观辩证地看待其决定性作用。Stiglitz 也曾指出,有足够的理由要求政府干预市场。① 因此需要特别强调的是,在“大市场一小政府”的体制环境中,由于市场本身存在自发性、盲目性和滞后性等天生弊端,导致中介市场存在功能、竞争机制及分配不公等缺陷,这就需要政府这只“有形之手”进行适度地宏观管理和调控,同时政府对文化中介组织的管理也是规范行为的需要。另外,我国社会主义国家属性及市场经济的特殊性,使得文化产业不同于其他产业,其必须肩负着承担社会责任、坚守道德底线、维护社会和谐等重要职责,如果任其在市场的自发调节下创新发展,可能会导致私人资本完全以利润最大化为目标,文化中介难以发挥社会效益。所以文化中介组织的发展与创新需由政府适度地引导与规制,而不能任由市场来主导。②

(二)“大政府一小市场”下文化中介组织的定位与功能解析

与“大市场一小政府”显著不同的是,以传统经济思想为基础的“大政府一小市场”模式下市场发育相对缓慢,政府较多地干预地方和私人部门事务③,从而导致文化中介组织在一定程度上缺乏独立性,往往被定位为政府职能的被动配合者与协调者。例如在我国,文化中介多是政府采用行政手段组建或由政府职能转化而来,且政府部门在不同程度上扮演着其“靠山、保护伞或者业务源”的角色。这种内在关联使得文化中介组织官办色彩浓厚④,在一定程度上诱发了政府对文化中介的管理越位、管理过度等现象,不利于文化中介组织独立自主的市场化创新发展及职能发挥。

但进一步客观分析发现,“大政府一小市场”模式并不会简单直接导致文化中介组织异化或扭曲,政府能力是关键决定因素:当政府能力较强时,即“能够提供一国经济增长和发展的合理制度以及经济政策得以有效实施的效率机制”⑤时,政府可运用经济、法律和必要的行政手段,通过制定规划和产业政策

---

① Joseph E. Stiglitz,“Whither Socialism?”, *Massachusetts Institute of Technology Press*, 1994, pp. 337-338.

② 参见段静、潘信林:《从市场角度谈中国文化体制改革》,《湖湘公共管理研究》第 5 卷,2014 年。

③ Micheletti, M.,“End of Big Government: Is It Happening in the Nordic Countries?”, *Governance*, 2000, 13(2), pp. 265-278.

④ 参见丁玉霞:《我国市场中介组织若干问题研究》,《河北经贸大学学报》2002 年第 3 期。

⑤ 刘永亮、赵刚等:《中国需要“双轮驱动”》,《新产经》2013 年第 2 期。

间接有序的调节、管理和监督文化中介市场,减少文化中介组织发展的盲目性,引导其均衡发展。反之,如果政府能力相对较弱,往往容易导致调控和管理行为不规范,甚至会过度干预,扰乱文化中介组织的市场秩序。在我国,随着市场化进程的不断深入,政府在调整其职能范畴时,“大政府”特性并没有简单地消失,而是向着“强政府”的方向有序过渡,即退出对微观经济领域的定点干预,强化对宏观经济的预期调控。因为只有“强政府一大市场”的结合,才能充分发挥政府和市场的双强优势,保证文化中介真正发挥市场效能,使社会主义市场经济创造出更高的生产力。①

综上所述,“政府一市场”关系将从本质上影响文化中介组织的角色安排及职能发挥。在“大市场一小政府”模式下,市场条件的完备性为文化中介组织积极发挥其市场主体和推动者的角色奠定了必需基础,进而能够有效保障其资源配置、价值认定等多维功能的充分发挥。与此相对应的是,在“大政府一小市场”模式下,虽然强势的政治干预可能会人为地扭曲文化中介组织的市场化职能,但高效的“强政府”能够针对性地统筹安排文化中介组织的顶层设计,并对其进行适度管控,有利于中介组织创新发展。当然,正如 Schmitter 提到的政府与中介组织“合作主义”实现双赢的理论架构,中介组织可将市民社会中的组织化利益联合到国家的决策结构中。② Robert D. Putnam 认为发达的社会中介组织能通过协调提高社会效率,可为政府改革积累社会资本。③ 因此,文化中介组织的持续创新与发展能够反向优化政府职能和市场环境,比如文化中介的信息反馈能够提升政府决策效率与准确度;文化中介同样能够调节或平衡政府与市场之间的复杂关系,促进二者的和谐互动。

二、“大政府一小市场”格局下我国文化中介组织限制性困境分析

近年来,我国文化中介组织的发展虽然取得了较大成效,但从整体上看仍然存在资源配置功能受限、区域发展不均衡、市场监管和行业自律亟须强化等

① 参见袁恩桢:《政府与市场的“双强模式”是社会主义市场经济的重要特点》,《毛泽东邓小平理论研究》2013 年第 8 期。

② Schmitter P. C. ,“Still the Century of Corporatism?”, *Review of Politics*, 1973,36(1), pp. 85-131.

③ Robert Putnam,“Making Democracy Work”, *Princeton University Press*, 1993, p. 167.

显著问题。其主要成因在于我国文化中介组织起步较晚、配套机制不够完善[①],垄断性较强[②],管理体制不顺、政府干预过多等。但究其根本在于我国政府与市场关系正处于“弱政府一小市场”阶段[③],突出表现为政府市场监管职能的缺位或越位、市场理念与运行规则尚未完全建立以及塑造文化价值和社会认同职能的次级化等[④],由此给文化中介组织带来了深层次的体制障碍和市场束缚。尤其是近年来,随着简政放权等政府体制改革的深入,我国开始由“弱政府一小市场”向“强政府一大市场”模式进行转变和过渡,使得文化中介组织的创新发展在转轨过程中面临着更加突出的滞后性问题,具体表现在以下三个方面:

第一,政府职权较为集中且其执政模式和行政效率有待进一步提高,导致文化中介市场体系混乱及市场地位缺失。具体来说,政府缺乏系统合理的顶层规划与引导调控,导致文化中介组织分布不合理、发展不平衡;政府没有建立起严格的监管体系且法律法规不健全,导致文化中介市场秩序缺失、服务质量低下;政府缺少对文化中介组织的舆论宣传导向,导致其公信力不高、市场拓展能力较差。上述政府的“越位”“缺位”和“错位”行为,都直接影响了文化中介组织的规范运作和中介效率。[⑤] 例如,文化产权交易中心作为文化产权流转和价值发现的关键机制,在我国多是政府行政操作的产物,行政机制在一定程度上替代了市场机制,难以形成由竞争带来的价值发现机制。[⑥]

第二,由于我国文化体制改革的渐进性,现代市场的运行理念尚未完全建立,文化中介组织缺少发展必需的外部条件和运行土壤,致使其尚未成为真正的市场化运营主体,无法发挥中介职能。例如,我国现行法律法规对文化中介组织这一新生事物,整体上欠缺配套性,制度覆盖率相对较低,且对文化中介的性质、职能、经营范围及权责划分等方面的规定模糊,导致文化中介无法真

---

① 参见胡攀:《我国文化中介机构刍议》,《重庆社会主义学院学报》2007 年第 3 期。

② 参见杨爱华、李文学:《文化中介组织在地方政府间关系中的作用》,《今日中国论坛》2007 年 C1 期。

③ 诸多证据已表明:在我国现阶段,市场机制是不完善的,呈弱势状态。但若从政府对市场的干预角度进行审视又发现,政府虽然权力较大,但其效率相对低下,同样呈现出一种弱势状态。因此可以说,“弱政府一弱市场”是我国政府与市场关系非理想的实然状态。(参见邢晓平:《论政府与市场的关系》,郑州大学硕士学位论文,2003 年)

④ 参见杜安国、朱军:《市场化改革:“强政府”还是“弱政府”?》,《经济研究参考》2009 年第 28 期。

⑤ 参见罗加环:《我国现代文化中介机构与政府规制研究》,华中师范大学硕士学位论文,2009 年。

⑥ 参见李彬、潘爱玲:《文化产权交易中心:中国情境下的定位、异象与创新》,《贵州社会科学》2015 年第 7 期。

正纳入基于法制化为前提的市场轨道。这种制度的不健全也在无形中降低了企业对文化中介组织的信任和依赖，而更多地习惯“有事找政府”。此外，与英法等国家文化行业协会高度发达不同的是，我国文化行业协会大多尚未脱离“官办”，表现为过度依附政府部门，或是由政府官员兼任协会领导对其行政化管理，导致发展滞后，难以发挥参与和影响文化政策、行业代表和行业协调等基本职能。

第三，转轨期政府与市场关系的不规则演变及其不稳定状态，使得我国文化中介组织普遍面临创新能力滞后、区域发展不均衡以及治理与管理体制不健全等问题。具体表现在以下方面：一是文化中介组织创新能力严重滞后，导致其在运行机制、产品服务等方面难以满足利益相关者的多元化诉求。如在文化产权交易方面，我国文交所的交易主体强制为国有产权，无法吸引民营产权和外资产权进入。特别是随着中小微文化企业快速发展，其有着借由产权交易进行资源整合的需求强烈，但现有文交所却无法提供匹配性的产品与服务。二是文化中介组织区域发展严重失衡，难以发挥其在文化资源以及文化要素跨区域流动中的中介职能。我国文化中介组织多是各地政府根据政策指向和自身偏好组建，往往带有明显的行政属地属性，导致各地市场和中介组织始终处于封闭状态，既阻碍了文化生产要素的有效流动，也导致文化中介难以发挥协同效应。此外，文化中介组织往往集中分布于东部沿海等文化产业发展较快的区域，与文化资源的“西倾”存在一定的不匹配性，难以满足文化资源产业化发展的内在需求。三是文化中介组织治理机制与管理体制缺失，政府干预式的组建模式决定文化中介在组织架构、治理机制与管理体制上难以充分市场化，进而导致决策流程流于形式、决策质量难以保证。当然，文化中介组织高素质、复合型人才的严重匮乏，也在一定程度上形成了阻碍效应。

三、我国文化中介组织适应性创新的实现路径分析

关于组织创新模式的选择问题，石春生等指出，现实的组织创新多是为了适应多变的需求而发生，很难按照既定的发展顺序进行。[①] 蒂姆·哈福德也指出，相较于颠覆式创新，适应性创新能够更好地应对市场环境和竞争法则。[②]

---

① 参见石春生、杨翠兰、梁洪松：《组织创新的动力与创新模式研究》，《管理科学》2004 年第 6 期。

② 参见[美]蒂姆·哈福德：《适应性创新》，冷迪译，浙江人民出版社 2014 年版，第 210～222 页。

在我国转型期,随着政府与市场关系的渐次演变以及文化体制改革渐入深水区,文化产业的做大做强迫切需要文化中介组织进行适应性创新以为其提供良好的中介市场环境,其中的关键在于构建与我国转轨期制度环境相适应的文化中介组织适应性创新的实现路径。

(一)文化中介组织适应性创新的制度保障:厘清政府—市场关系,明确中介职能定位

文化中介组织创新发展的根本在于确立在现代文化市场体系中政府、市场和文化中介组织的关系内涵及职能定位。通过上述分析可知,导致我国文化中介发展陷入困境的关键原因在于“弱政府—小市场”阶段性过渡,而以凯恩斯主义为基础的“强政府—大市场”则应是我国文化中介成长的主动因。因此,只有进一步厘清政府与市场的运行边界,强化运作功能,才能为文化中介组织的适应性创新提供制度保障。斯蒂格利茨在阐释“第三条道路经济学”时就提出,“既要有发达的市场,也要有强大的政府”①。吴敬琏也指出,我国政府在坚定不移地推进市场化改革的同时,还必须表现出“强政府”的形象。② 党的十八大报告也明确强调:“经济体制改革的核心问题是处理好政府和市场的关系,必须更加尊重市场规律,更好发挥政府作用”。袁恩桢等学者的研究也指出,市场与政府共生存在,只有“强政府—强市场”的结合,才能充分发挥政府与市场的优势,这是我国经济持续增长的制度保障。③ 由此可知,打造“强政府—大市场”不仅是文化中介组织的发展要求,也符合我国社会主义市场经济发展的需要。

基于文化中介组织适应性创新的内在要求,构建政府与市场“双强”模式需重视以下关键点:从政府层面上来说,建立高效“强政府”包括三个方面:一是鉴于我国文化中介发展的“先天不足”,政府应充分利用行政职能健全文化中介组织机制,大力扶持其创新发展。例如,出台相关优惠政策,加快文化中介职能建设,逐步放开所有制成分的限制,健全法制环境等。二是鉴于政府对文化中介组织管控过多过严,政府应当为其发展营造宽松的外部环境。尤其是当文化中介逐步成熟后,政府应进一步简政放权,让文化中介真正发挥市场

① [美]斯蒂格利茨:《政府为什么干预经济》,郑秉文译,中国物资出版社 1998 年版,第 7～9 页。

② 参见吴敬琏:《市场经济应防止陷入“权贵资本主义”》,《决策与信息》2004 年第 1 期。

③ 参见袁恩桢:《政府与市场的“双强模式”是社会主义市场经济的重要特点》,《毛泽东邓小平理论研究》2013 年第 8 期。

作用。三是鉴于文化中介组织独立性缺失，政府在文化体制改革的整体设计中，应为文化中介提供市场化发展的空间，并赋予其适当权利范畴，包括参与制定产业政策、行业标准等。从市场层面来说，构建“大市场”就是要尊重市场规律，让市场在资源配置中发挥决定性作用。具体来说，应进一步加大市场化改革力度，激发文化市场主体活力，完善其体系建设，健全其法制建设，推进要素的市场化配置，防止和纠正市场失灵。

（二）文化中介组织适应性创新的环境基础：完善市场配套机制，优化市场管理体制

一方面需进一步完善文化中介组织的市场配套机制。健全市场运行机制、完善市场配套体系是解决我国文化中介起步晚、创新能力弱的基础。现阶段的重点包括：尽快由行业协会建立文化中介组织统计指标体系，形成统一信息平台，为文化中介的发展提供决策有用信息。通过组织行业培训、技术咨询、项目招商等服务，建立文化中介组织内部合作与协调机制，以便更好地促进文化中介间的信息、渠道等资源共享及风险分摊。尝试引入文化中介保证金制度，以保证金审核“资质”划分。这不仅能够逐次建立文化中介的市场淘汰机制，也能够持续督促中介组织提升服务质量。

另一方面还需要进一步改善文化中介组织的市场管理体制。首先要构建有效的行业自律组织，通过制定协会章程与入会准则填补文化市场管理的“真空地带”，构建政府、市场与企业间有序互动的结构化管理系统。其次要建立适度的惩处机制，通过媒体监管、社会监督等多元化治理手段加强执法力度，净化中介市场。同时针对目前同一中介市场内行业分割、业务交叉等不合理局面，需对中介组织进行清理整顿及重新的系统性定位设计。最后还需进一步改善文化中介的市场氛围，强化对文化中介地位、功能等宣传，确立文化中介的社会和行业地位。①

（三）文化中介组织适应性创新的关键路径设计：以满足意识形态管理与文化产业发展双重目标为原则

一方面，为适应政府意识形态管理的需要，文化中介组织需有效平衡其垄

---

① 参见刘金祥：《关于我国培育和发展文化中介组织的若干思考》，《中共宁波市委党校学报》2012年第2期。

断属性与经济属性间的关系。无论是基于意识形态管理的主观需要还是基于组建路径的客观现实,文化中介的垄断属性显著,在某种程度上阻碍了其作为市场主体的职能。因此,如何平衡二者间关系是文化中介适应性创新要解决的首要问题。针对国有垄断程度较高的现象,文化中介应基于我国混合所有制改革的宏观背景,积极引入非公有制经济,以此构建多元资本共生的现代市场体系,同时也为文化中介做大做强奠定产权基础。① 另外,在当前政府职能转变的大背景下,文化中介应主动与政府脱钩,同时抓住现代文化市场完善与文化产业发展的历史机遇,积极塑造中介服务品牌,提升市场知名度。②

另一方面,为满足现代文化市场改革与文化产业做大做强的现实需求,文化中介组织不仅要全方位、结构性地融入文化市场体系以切实发挥中介功能,同时还要积极创新以提升中介服务质量。具体来说,文化中介组织首先需建立并完善现代企业制度,健全公司治理机制和内控制度。其次要不断提升文化中介的市场运作能力,包括建立正确的市场经营理念、提升战略管理能力等。其中需重点强调的是,由于不同中介业务范畴的差异化定位,外部战略联盟成为文化中介发展壮大的重要途径,即在市场中主动寻找协作伙伴,或将自己的运营链与其他相关企业(专业代理公司、销售公司等)衔接,但需注意设计好运行机制,制定合理的利益分享制度,建立科学完善的监控机制。③ 最后基于我国丰富的文化资源和产品,文化中介组织还需不断拓展其服务范围和产品内容。特别是随着“互联网+”逐步上升至国家战略层面,其必将影响中介组织的创新行为。为此,文化中介还需尝试跨越传统中介发展模式,积极引入信息技术,以更好地服务于互联网时代下文化产业的转型升级。

四、研究结论与启示

虽然文化中介组织作为政府、市场与企业之间的纽带功能已被业界所认同,但我国文化中介组织仍面临创新能力匮乏、独立性缺失、区域不均衡等发展掣肘,极大阻碍了现代文化市场体系的持续完善及文化产业的做大做强。

---

① 参见赵晓红:《云南省文化产业中介组织的培育与发展研究》,《云南财经大学学报(社会科学版)》2011 年第 5 期。

② 参见罗加环:《我国现代文化中介机构与政府规制研究》,华中师范大学硕士学位论文,2009 年。

③ 参见顾江:《南京文化中介组织发展中面临的机遇与挑战》,《南京社会科学》2003 年第 12 期。

为此，需从政府与市场的关系分析入手，深入探究在我国“大政府一小市场”格局下文化中介组织发展变革所面临的诸多限制性困境，并力求以此为基础构建其适应性创新的实现路径。研究发现：第一，政府与市场间的关系定位是决定文化中介组织市场角色及职能定位的关键，在“大市场一小政府”和“大政府一小市场”两种不同关系性态下，文化中介分别扮演着市场利益的维护者以及政府治理的配合者等不同角色。第二，我国“大政府一小市场”的现实格局是造成文化中介组织面临诸多限制性困境的主要诱因，政府职能过大、市场机制不够完善等导致了文化中介职能定位模糊、行业自律管理缺失、创新效率较差等问题。第三，构建与我国转轨期制度环境相适应的创新体系是解决文化中介组织发展困境的关键，其中需要厘清政府一市场关系，以明确文化中介组织的职能定位。从市场配套机制、市场管理体制等方面完善文化中介组织创新的环境基础。同时以满足意识形态管理和文化产业发展双重目标为原则，明确文化中介组织创新的主要路径。由此可为我国进一步完善宏观文化体制改革、建立市场化的文化中介组织体系提供政策建议。

当然，本研究仅是基于理论挖掘的视角对我国文化中介组织所面临的问题进行剖析，并给出与之相匹配的解决方案，尚未对制度环境与文化中介组织运行效率、市场化进程与中介治理等相关研究结论进行实证检验。此外还需特别强调的是，文化中介组织的创新发展作为现代文化市场体系完善和文化产业做大做强这一系统工程的关键环节之一，还需其与其他市场主体之间保持合理的协同空间和节奏，这也是后续研究的重点内容。

［原载于《山东大学学报（哲学社会科学版）》2017年第2期］

演艺产业生态系统及其运行机理探讨

林凡军　谢永珍

伴随着恩格尔系数的持续下降，我国城乡居民文化消费能力持续提高，文化消费需求旺盛。经济结构调整和产业升级的背景下，文化产业正在成长为国民经济支柱产业，文化供给潜力十足。演艺产业作为我国文化产业体系的核心组成部分，产业形态基本形成，初具产业规模，供应端和需求端都积蓄了足够的势能，蓄势待发。但是，演艺产业天然具有的特殊性又导致其产业发展的复杂性，这就为产业理论研究提出了课题。演艺产业的特殊性有两个方面：一个是意识形态属性，始终把社会效益放在首位，并实现与经济效益的统一，这是产业实践层面困惑却不可回避的必答题，理论的阐释和指引十分必要；另一个是“成本缺陷”，演艺产业的投入回报模式有别于一般产业，票房收入不能覆盖成本，如何建立相应的补偿机制，需要理论和政策层面的创新。鉴于当前国内外关于演艺产业的理论研究成果欠丰富，特别是针对演艺产业的产业本体研究基本阙如，与当前演艺产业发展的实践不相适用，急需破题。近几年，由生态学与产业经济学交叉而来的产业生态学相关理论被广泛应用于研究产业的生态现象及发展规律，已有国内学者基于产业生态理论进行了文化产业生态相关研究，但并没有深入研究文化产业的某一具体产业形态，关于演艺产业生态研究尚属空白。产业生态视角下的演艺产业生态系统研究提供了新思路，有助于从产业这一中观层面阐释演艺产业各产业主体之间、产业主体与外部环境之间的共生关系，构建演艺产业生态系统，为演艺产业的健康可持续发展提供内在驱动力。

一、演艺产业生态的内涵与属性

产业生态是基于产业经济学与生态学应运而生的一个交叉学科理论，自1989年作为独立概念被提出以来已经有颇为成熟的相关研究。近年来，我国学者将产业生态这一理论应用到文化产业中，形成了文化产业生态这一概念，目前相关研究虽并不成熟，但也有了一定进展。演艺产业是文化产业中的一个重要产业形态，2012年国家统计局制定的《文化及相关产业分类(2012)》将与演艺产业相关的文化艺术创作与表演服务列为第三大类。① 关于演艺产业的定义有广义和狭义之分，这里所探讨的演艺产业是指在剧场、戏院、广场、体育场等室内外演出场所进行的，面向大众的商业化艺术表演活动以及与之相关的创作、策划、经纪、票务等活动②，这与欧美国家表演艺术概念相似。本文将基于产业生态视角，仿生文化产业生态概念，从而定义演艺产业生态这一概念。

生态学是产业生态理论演化发展的重要基础。目前，被广泛认可的关于生态学的定义是：研究生物与其环境间相互关系的科学。生物是指生物系统中的动物、植物、微生物及人类本身这些有机体；环境是指无机因素、生物因素以及人类社会共同构成的环境系统。③ 依照生态学中自然生态系统生产者、消费者与分解者的关系，产业间也可以形成相应的物质再循环的过程，Frosch 和 Gallopoulos 在《制造业的战略》这篇经典论文中首次提出了关于产业生态系统的概念："在这个系统中，能源和物质消耗被优化，废物排放最小化，而且，一个生产流程的废液变成另一个生产过程的原材料。"④由此学术界开始了产业生态的相关研究：早期研究基本上都是用生态学的视角来解释产业活动与环境的关系，主要集中在构建产业生态对于区域环境的保护这一问题上，即产业生态学是协调产业经济活动与环境两者之间关系的一种方法或研究视角。该角度的相关研究基本上认为产业生态学是一门独立的学科，主要研究产业系统

---

① 参见国家统计局：《文化及相关产业分类(2012)》，http://www.tctj.gov.cn/art/2012/7/11/art_2125_160326.html，2012年7月11日。

② 参见曹晋彰：《演艺产业链的构建研究》，山东大学硕士学位论文，2012年。

③ 参见虞震：《我国产业生态化路径研究》，上海社会科学院硕士学位论文，2007年。

④ Frosch Robert A., Nicolas E. Gallopoulos, "Strategies for Manufacturing," *Scientific American*, 1989, 261(3), pp. 94-102.

与自然生态系统整体之间的作用关系以及产业的可持续发展，是一门从产业生态系统演化而来的降低产业活动对自然环境破坏、研究产业系统运行如何与自然生态系统相协调的科学。相关研究主要有两个方面：首先，产业生态学是产业经济活动的整体物质循环过程，而非孤立地去把握产业系统与环境的关系。其次，产业生态学要求着眼于当前产业活动在未来可能产生的与生态环境的相互关系，追求可持续发展。T. E. Graedel 等在著作《产业生态学》中，重点研究企业组织与生物组织的相似性，从而强调企业发展与环境的协调关系，将产业生态定义为“人类在经济、文化和技术不断发展的前提下，合理地、有意识地去探索和维护可持续发展，系统地看待产业系统与周围生态环境的关系”①。后期的研究应用则更为丰富，将产业生态理论发展到产业链的构建以及行业经济领域，更多地从生态学角度对自然生态系统仿生、模拟，重点研究产业系统的生态化。这也是本文所运用的产业生态理论基础。运用产业生态的相关理论(生态学、系统工程等)经营、管理传统产业的过程，“宏观上追求整个产业生态系统的稳定有序协调发展，微观上提高企业的资源能源利用效率，降低消耗和污染排放”②。Paul Hawken 的《商业生态学》认为，产业生态是一个提供了一种大规模、整合的管理工具以设计产业基础结构，使其成为一系列相互关联、与全球自然生态系统密切相关的人工生态系统。虽然其仍以产业与环境的关系问题为主要关注点，但首次将生态系统的概念应用到了具体的商业活动运作之中。Micah D. Lowenthal 和 William E. Kastenberg 则开始真正地把产业生态看作是从生态学中借鉴而来的一系列工具、原则和视角，将其应用到产业系统分析当中，包括了系统中物质、能量和信息流动对社会和环境的影响。产业生态化成为一种模拟自然生态系统而来的新型产业发展模式，基于对自然生态链的认识，不同产业部门之间、企业之间充分共享资源，能量和物质循环利用，降低消耗，消除环境破坏，从而保证经济发展质量，实现可持续发展。

由于我国文化产业发展起步较晚，而产业生态理论研究也未成体系，因此从产业生态视角进行的文化产业相关研究并不多。陈霞红、林日葵在《文化产业生态学》一书中，将产业生态理论引入文化产业发展研究中，尝试建立起文化产业生态学这一学科，把文化产业生态定义为“由文化产业的参与者共同构

---

① T. E. Graedel，B. R. Allenby：《产业生态学》，施涵译，清华大学出版社 2004 年版，第 19 页。

② 袁增伟、毕军：《产业生态学最新研究进展及趋势展望》，《生态学报》2006 年第 8 期。

成的生物群落及其外部环境组成的统一整体，是一个具有信息传递以及物质与能量循环功能的系统”[①]。文化产业是一个有着类似于自然生态系统中生物群落进化演变规律的生态系统，在结构功能、演化发展以及运行机理层面探讨创意产业产生、发展以及衰落的演化规律。[②] 因此，参照自然生态系统，文化产业生态系统则是各文化企业主体与周边及外部环境发生物质、能量、信息和资金交换的过程[③]，研究文化产业生态系统内部与外部各要素之间的关系。[④]

作为文化产业的一个重要组成部分，演艺产业既具有文化产业发展的共性，又具有作为一个独立产业形态发展的特殊性。当前学术界并没有关于演艺产业生态的一个公认定义，依据产业生态理论以及仿生而来的文化产业生态这一概念，我们将演艺产业生态定义为：由演艺产业内部的个体群落（内生系统）及其外部环境（外生系统）构成的，发生物质、能量、信息流动的统一有机整体，研究对象主要是构成演艺产业的内部产业主体、制约演艺产业发展的外部环境以及两者之间的相互关系。

二、演艺产业生态系统关键构成要素

产业生态视角下的演艺产业研究不是孤立地去研究产业活动，它不仅关注产业内部各环节之间的物质能量循环、流动过程，同时将内生系统与外部环境联系起来看问题，使之得到整体性、系统性的研究。因此演艺产业生态所追求的是构建起一个合理的演艺产业生态系统，自然界的生态系统中包含了生物群落和无机环境两个组成部分，相应地，这个演艺产业生态系统包括了由各演艺产业主体所构成的内生系统和由演艺产业外部环境因素构成的外生系统两个部分。这两个系统相互交织，紧密联系，互惠共生，共同搭建起网络状态的演艺产业生态共生系统（见图 1）。

---

① 陈霞红、林日葵：《文化产业生态学》，浙江工商大学出版社 2012 年版，第 8 页。

② 参见曹如中、高长春、曹桂红：《创意产业创新生态系统演化机理研究》，《科技进步与对策》2010 年第 21 期。

③ 参见顾江、郭新茹：《科技创新背景下我国文化产业升级路径研究》，《东岳论丛》2010 年第 7 期。

④ 参见邢志勤：《文化产业生态化系统的实现路径》，《重庆社会科学》2015 年第 1 期。

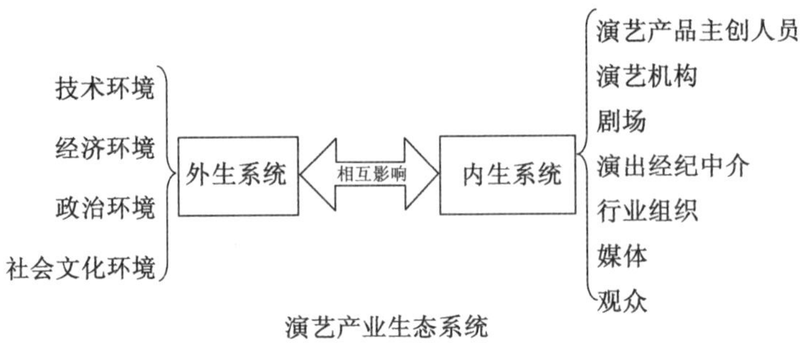

图 1　演艺产业生态系统

(一)内生系统——演艺产业价值链

演艺产业生态内生系统是指生产者、消费者以及管理者等这些处于演艺产业内部的行为主体,具体来说包括了演艺产品创作生产者,演艺院团,剧场、剧院、场馆,演出经纪机构及票务公司等中介服务机构,媒体,行业组织,观众等组成部分,这些组成部分构成了一条演艺产业价值链,在演艺产业生态系统内部分别扮演着不同的角色,功能特点各自不一,同时也相互联系,互惠共生,构成了演艺产业生态内生系统。其中,剧场、剧院、场馆(后统称为"剧场")是整个演艺产业生态系统中一个重要主体,是联系演艺产业价值链上游、下游环节的中间环节和关键要素,剧场的作用贯穿了演艺产业产品生产、流通到消费的价值实现全过程。"剧场中心"这种模式在演艺产业内容生产及后期的演艺产品宣传营销环节发挥着日益重要作用。具体来说,第一,剧场是演艺产品实现市场化的平台,同时演艺产品又通过剧场演出这一环节得到市场反馈,正是因为这种循环增值的过程,演艺产业生态得以真正实现。第二,剧场是演艺人才培养与提升的关键环节。不管是剧本创作人员、导演、表演人员还是剧目营销推广人员,都需要在剧场这一终端环节得到相关经验,并不断实现个人专业技能提升。第三,剧场之间形成的院线联盟对于整个演艺产业生态系统的运行有重大意义。目前,国内各剧场之间有意于推动形成院线联盟以拓展演艺市场,搭建演艺产业营销新体系,从而实现演艺产业发展的规模化、集约化。

(二)外生系统——演艺产业外部环境

演艺产业生态外生系统是指包括了技术环境、政策制度构成的政治环境以及社会文化环境、经济环境等相关的运行机制在内的外部环境。作为演艺产业生态系统中的外部环境，直接或间接地参与演艺产业内部、演艺产业与其他相关产业之间的物质与能量循环过程，并发挥作用。技术环境始终是影响经济社会发展的重要因素。基于历史分析，科技创新主导了文化产业发展演化，高新技术支持下的演艺产业在内容载体、表现形式甚至营销宣传等环节上得到了创新释放和成长。近几年，数字媒体技术的更新换代不断推动着演艺产业实现产品创新，运营管理模式升级，加速产业融合。就政治环境而言，目前我国演艺产业正处于由事业性属性向产业性属性转型转制的特殊阶段，绝大多数院团已经彻底实现改革，成为市场化的产业行为主体，在这个文化体制改革的大背景中，政策制度等构成的政治环境始终深刻地影响着演艺产业发展的动态和走向，国家的宏观政策环境在一定程度上左右着整个业态的进退。演艺产业发展成熟的过程，就是政策环境调适优化的过程。①

需要指出的是，根据生态位理论和产业生命周期理论，整个演艺产业生态系统会经历形成期、成长期、成熟期和衰退期四个阶段。在不同的阶段，演艺产业生态系统的内生系统和外生系统呈现出不同的产业特征和发展态势。

自然生态系统的进化现象在一定程度上可以用来分析演艺产业生态系统的演化动态，在微观层面上，演艺企业在经历创立、成长、成熟直到衰落的全过程中都要与外部环境发生紧密联系，是不断随着外部环境（包括政府、竞争企业、中介组织等）的变化而不断进化的过程。强势主体的发展在产业系统内占据主导地位，弱势主体逐渐淘汰。根据波及效应，系统内其他产业部门也会得到相应影响，或者得到发展，或者衰落。生态位能够清晰地表明在某种特定的时间、空间下物种之间以及物种与特定的周围环境所呈现出来的不同的功能与位置。② 因此在宏观层面上，在演艺产业生命周期的不同阶段，演艺产业生态系统内部生物群落不断地与生态位各因子以及外部环境产生能量、物质以及信息交换，得到发展，同时演艺产业的关联产业以及相应的辅助体系也得到了发展，这是一个动态演化的过程。特别是根据保罗·罗默提出的创意产业规模报酬递增规律，演艺产品一旦创作成品，创意的非竞争性决定了这一产品可被不断复制传播，而只涉及创作初期的一次性成本。因此，在整个纵向的产

---

① 参见周正兵：《大卫·索斯比文化经济学思想述评》，《山东大学学报（哲学社会科学版）》2016 年第 6 期。

② 参见钱辉：《生态位、因子互动与企业演化——基于生态位的企业成长机制探究》，浙江大学出版社 2007 年版，第 42 页。

业生命周期进化过程中,演艺产业生态系统是一个资源能源不断得到深度开发利用、产业价值不断得到增值提升的进化过程,是"生态"的系统。

总的来说,在演艺产业生态中,由演艺产品创作生产者,演艺院团,剧场、剧院、场馆,演出经纪机构及票务公司等中介服务机构,衍生产品环节,政府,相关行业协会、组织机构,媒体,观众等产业主体构成的演艺产业生态内生系统是整个演艺产业生态有序运转的核心环节。由技术环境、政策制度构成的政治环境以及社会文化环境、经济环境等相关的运行机制构成的演艺产业生态外生系统则深刻影响着演艺产业生态系统中的每一个环节、每一个主体,在整体上保障了演艺产业生态的健康运行、持续发展,两者共同构成了演艺产业生态共生系统。

三、演艺产业生态共生系统运行机理

"共生"这一概念最早由德国生物学家德贝里(Anion Debary)在1879年提出,是指两种或多种生物之间必然按照某种相互依存、相互作用的模式生存,从而形成了共同生存、协调进化的共同生存关系。丹麦卡伦堡公司作为产业共生理论的最佳实践,出版了《产业共生》一书,书中将产业共生定义为:不同企业间的合作,以共同提高企业的生存能力和获利能力,同时实现对资源的节约和环境保护。产业共生是自然生态系统的仿生概念,共生单元、共生环境以及共生模式构成了产业共生系统的三要素①,共生单元在一定的共生环境中遵循某种共生模式而形成资源交换、价值创造的动态关系,便构成了一个完整的产业生态系统。就演艺产业生态共生系统而言,共生单元是指在整个演艺产业链中,参与到演艺产品生产、流通、消费全过程的各产业主体;共生环境是指深刻影响演艺产业发展走向的外部环境;共生模式是指共生关系,即内生系统中各产业主体内部及各产业主体之间、内生系统与外生系统之间所形成的融合、互动、协调关系。因此,我们可以将演艺产业生态共生系统定义为由演艺产业内生系统和演艺产业外生系统两部分共同构成的,演艺产业中企业以及相关机构内部、各企业之间、企业与外部产业环境之间产生竞合关系,价值增值而形成的一个上下联动、左右衔接的有机系统,具有开放性、包容性的生态

① 参见袁纯清:《共生理论及其对小型经济的应用研究(上)》,《改革》1998年第2期。

属性。产业链的连续性质以及基于产业链而带来的价值创造分别构成了演艺产业生态共生关系成立的内因和外因①,但演艺产业生态系统不再是一个横向或纵向的单一线性链条,也不再具有明显的起点和终点,而是一个延伸、深化了的有机系统,这个共生系统内部的各要素之间是既独立又联系、既竞争又合作的关系,是一个类似于生态链的网络系统(见图2)。

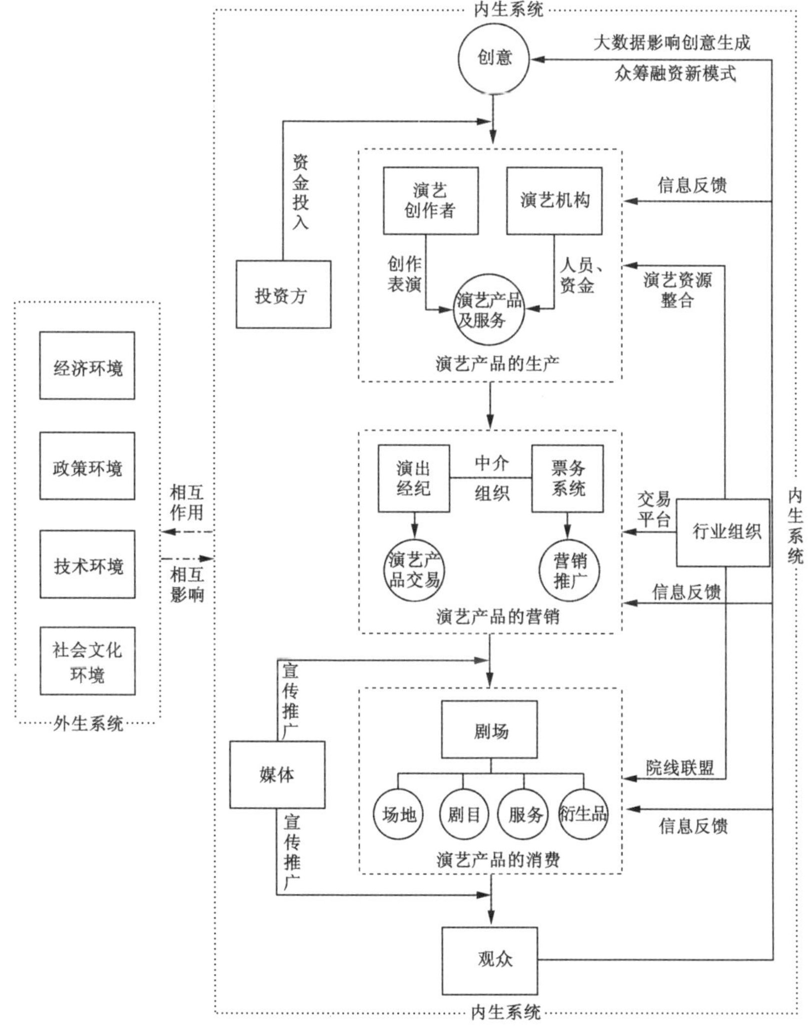

图2 演艺产业生态共生系统

① 参见胡晓鹏:《产业共生:理论界定及其内在机理》,《中国工业经济》2008年第9期。

在此,我们基于理论模型的构建,从我国演艺产业发展现状出发,对演艺产业生态共生系统的基本特征和内在机理进行阐述与分析。

(一)演艺产业生态共生系统基本特征

首先,高度整体性。类似于自然生态系统中生物的群落特征,演艺产业生态共生系统也具有集聚的特点,并呈现出高度的整体性。传统产业集聚一般地表现为企业在一定区域的简单叠加,产业共生所追求的整体性并不是指单一产业链条从起点到终点的完整,而是这个演艺产业生态共生系统呈现出来的一个交织的、多层次的复杂网状结构的完整,包括了演艺产业各环节内部、各环节之间以及演艺产业与其他产业的联系互动,以产生外部经济和规模经济。此外,演艺产业生态共生系统的整体性还体现在对价值共创的一致追求,这也是产业共生的天然属性——融合的基本前提。[①] 尽管合理分工是共生系统运行的原则,合作竞争是共生系统发展的动力[②],但各共生单元都是在共同的利益追求下达成了高效的融合、协调及互动关系。

其次,有机循环,不断增值。自然生态系统中的物质与能量转换是一个不断循环往复的过程,成熟的演艺产业生态共生系统也应如此。一方面,演艺产品从最初的演艺企业的生产创作、经纪及票务公司等中介服务组织的营销推广到剧场上演,相关衍生产品的售卖,终端是消费者,而消费者不断反馈信息,创造新的文化消费需求,形成一个回路循环到上一轮回中处于起始阶段的演艺产品生产创作环节。这里消费者成为始端,重构为一个反馈式流程,具有循环经济的特征,整个产业生态链的始端与终端界限模糊,不再清晰。另一方面,文化产品的生产与消费过程会产生价值增值,对于整个演艺产业生态共生系统来说,物质循环往复过程也是一个价值创造的过程。共生理论追求的就是互利与共赢,实现增值效应,演艺产品的价值是一个不断累积增值的过程,演艺产业内生系统中的各行为主体也是一个不断累积经验得到提升的过程。当然也存在增值不成功,反而价值量减少甚至消失殆尽的情况。

最后,"生态"化发展。正如上文所述,演艺产业生态内生系统与外生系统共同构成了一个完整的生态共生系统。一方面,内生系统各主体各司其职,又相互影响,成为演艺产业生态链条上环环相扣的节点,主体与主体之间的耦合

① 参见胡晓鹏:《产业共生:理论界定及其内在机理》,《中国工业经济》2008 年第 9 期。

② 参见王珍珍、鲍星华:《产业共生理论发展现状及应用研究》,《华东经济管理》2012 年第 10 期。

共生关系正是这条从生产者—消费者—分解者完整生态链的基础。另一方面，演艺产业生态共生系统绝不是简单的大量演艺企业的集聚，演艺产业也高度依赖着外部产业环境，营造适应其发展的生态环境十分重要。它们的共同追求是最大限度地发挥产业生态化的作用，即真正地实现资源能源在各演艺产业部门的高效利用，减少物质消耗，降低环境污染，以促进经济、社会、生态三者和谐发展。这一资源交换行为正是共生关系成立的前提，也是共生系统内在机理运行的表现之一。

(二)演艺产业生态共生系统的运行机理

演艺产业生态共生系统主要涉及两个方面的内容：一方面各共生单元各司其职，合理分工；另一方面这些共生单元在一定的共生环境中通过资源交换、价值创造等行为产生共生关系。依据文化产品的生产与消费相关理论以及上文理论模型构建，演艺产业内生系统被划分为三个环节：演艺产品生产环节、演艺产品的流通环节以及演艺产品的消费环节。基于此，我们分析演艺产业共生系统中这三个关键环节所涉及的各共生单元以及它们三者之间形成的共生关系的内在机理。

1.共生单元——产业主体各司其职

一般来说，共生单元可以是企业层次的、产业层次的，甚至是区域和国家层次的，不同层次的共生单元组合会产生不同的共生关系。① 本文研究的演艺产业生态问题所关注的是企业层次的共生单元，因此演艺产业生态系统共生单元主要包含了演艺产品生产环节的演艺机构（表演团体、剧目创作单位），演艺产品流通环节的演出经纪机构及票务服务平台这些中介组织，演艺产品消费环节的院线、剧场以及观众，相关政府部门，行业组织，投资方，媒体等主体。这些共生单元自发地各司其职，通常都兼任多项职能：演艺机构几乎承担了演艺产品生产环节全部工作，从前期资金筹备、人员组织到各项工作统筹协调；演出经纪与票务平台不仅负责演艺产品的销售与交易，还积极发挥着营销推广的功能；相关政府部门一方面监管演艺行业发展、审核演艺产品内容，另一方面也通过政策、资金等手段扶持演艺产业发展。

共生单元要协调好数量与质量、形态与功能这两组关系：数量产生集聚效

---

① 参见胡晓鹏：《产业共生：理论界定及其内在机理》，《中国工业经济》2008年第9期。

应，质量强调企业主体的发展能力，进而影响最优共生关系的达成；形态产生多元化，功能在于可持续的影响力。因此要在演艺产业发展的不同阶段关注不同协调关系的转化，在继承和保留原有的功能性质的同时，寻找差异化共生，创造最优共生关系。正如我们提到剧场这一核心要素环节，在如今演艺产业的发展中，剧场已不再仅仅是演艺产品实现价值转化的场所，开始担负着更多功能，特别是繁星戏剧村成功实践的“场制合一”(即剧场运作与戏剧制作一体化)与“剧场综合体”的剧场运作经营模式为剧场在演艺产业生态中的作用提供了更多可能性。“场制合一”模式实现了独立制作人与导演工作室联合创作，共担风险，同时与剧场约定演出场次形成固定规模，这不仅有助于保障演艺产品质量，也带动了繁星戏剧村内经营场所的经营，降低经营成本，分摊市场风险，拓展了利润空间，保证繁星戏剧村的良性发展。此外，繁星戏剧村开创了国内演艺产业中的首家集群式剧场，拥有 5 个小剧场，实现了多厅演出，为观众提供了更多便利和选择。同时打造了一个体验式的剧场艺术空间，场地内设有书吧、美术馆以及戏剧主题餐厅等配套场所，具备展览、讲座、沙龙、餐饮等多种文化功能，满足观众综合文化休闲需求。

2.共生关系——互动、互惠、共生

共生关系意味着各共生单元之间产生了物质信息交流和能量互换关系，体现了共生单元之间相互作用的方式及强度。① 如图 2 所示，从整个演艺产业生态共生系统来看，一方面，以演艺产业各产业主体为核心的内生系统中，各企业之间高效协作，交换创意、信息等核心生产要素，联系紧密，实现了演艺产业上游开发、中游拓展、下游延伸，附加价值得到最大化开发，整体竞争力不断得到提升。另一方面，由外部产业环境构成的外生系统积极与内生系统产生联系，深刻地影响着内生系统各产业主体与外生系统中相关产业部门形成良性互动，产生巨大的带动效应，这种联系相对分散，但十分必要。

具体来说，演艺产业生态共生系统包含了三个方面的共生关系：外部产业环境(外生系统)与内部产业主体(内生系统)的互动关系，生产、流通与消费各环节的三方互动关系以及生产、流通与消费各环节内部的互动关系。

首先，外部产业环境与内部产业主体的互动关系指经济环境、政策环境、技术环境与社会文化环境对内生系统演艺产品生产、流通与消费三个环节的

---

① 参见王珍珍、鲍星华：《产业共生理论发展现状及应用研究》，《华东经济管理》2012 年第 10 期。

深刻影响。其中,政策环境影响演艺产业生态的稳定性。作为文化产业的一个重要组成部分,截至 2015 年,中国演艺票房突破百亿大关,迅猛发展,繁荣发展背后必然乱象丛生,政府在推动中国演艺产业健康有序发展问题上发挥着至关重要的作用。文化产品具有商品和文化双重属性,追求社会效益与经济效益的双效统一,政府部门通过市场引导和政策扶持等手段,把关演艺产品生产、流通与消费全过程,有助于生产人民喜闻乐见的演艺产品,满足人民群众日益增长的精神文化需求。此外,技术环境极大地促进了演艺产业的快速发展。演出设备、灯光舞美技术的升级换代,大数据、虚拟现实等高新技术的应用普及深刻地影响着演艺产品的内容与形式、生产与消费。运用大数据技术,掌握观众的文化消费习惯与偏好,应用在演艺产品生产的始端——创意这一环节,有助于迎合观众需求,保障演出票房。全息投影技术为演艺产品的艺术呈现提供了更丰富多样的视觉盛宴,丰富了观众的审美体验。

其次,生产、流通与消费各环节的三方互动关系发生在演艺产业内生系统,是指从演艺产品生产到演艺产品的流通、演艺产品的消费整个过程中,这三个环节之间的互惠共生关系。演艺产品生产环节提供产品,流通环节进行产品交易与售卖,消费环节是演出产品的价值实现,三个环节环环相扣却并非单一链条式关系。在演艺产品的消费环节中,剧场根据剧目的上座率掌握剧目的受欢迎程度,将信息反馈给上游的流通环节,演出经纪与票务平台等中介组织可以据此调整剧目场次,以满足观众需求,降低剧场经营成本。信息反馈到生产环节,有助于演艺机构契合观众心理,创造有盈利保障的演艺产品。举例来说,互联网时代众筹这一融资模式在一定程度上改变了演艺产品内生系统的运行秩序,演艺产品的流通环节走在了演艺产品的生产环节前方,通过在众筹平台形成规模需求,网友融资达到预期,项目才投入生产,规避了风险,同时也不失为一种营销推广手段。

最后,生产、流通与消费各环节内部的互动关系体现在这三个环节中不同企业部门以及同类企业间的关系。在演艺产品生产环节,演艺机构为产品创作提供资金支持,配置相关资源,保障产品的顺利生产;演艺作品创作者负责剧目的剧本创作、剧目的编排表演等工作,两者共同协作进行演艺产品及服务的生产活动。在演艺产品流通环节,同为中介服务组织,演出经纪机构主要涉及演艺产品的交易,票务平台则主要是演艺产品演出票券的售卖,二者分工不同,职能各异,共同承担起演艺产品的流通工作。在剧场为核心主体的演艺产品消费环节,围绕剧场建立起统一院线,如保利剧场院线,或者剧场之间建立起的联盟性质的行业组织,如跨区域组成的演艺联盟组织,这些不同形式的互动有助于整合资源,提高资源利用率。

总之以上三个环节的互动关系并不是孤立存在的,是一种动态互动关系,是演艺产业生态共生关系内在机理的具体表现,也构成了这种共生关系持续进化的物质基础。

[原载于《山东大学学报(哲学社会科学版)》2017 年第 1 期]

基层社区公共化

论“社区舞蹈”及其在社区文化治理中的激活

王列生　刘厦静

“社区舞蹈”并非舞蹈作为艺术的本体特殊存在形态，而是舞蹈活力的空间存在方式。使我们对这一方式倍感学理追问兴趣的理由在于，无论发达国家、发展中国家还是欠发达国家，社区舞蹈在社区文化治理现场居然有其十分显著的社区文化激活特征。因此，我们有必要细节性地洞悉和梳理事态真相，而非大词语调抑或“闲谈”①方式的“去事化”口号叙事方式，从而在“即事化”的揭蔽努力中，寻找基于“中国事态”对这种激活的更坚实支撑或制度末梢设计思路，使其为社区文化治理拓宽通道。

一

问题是由艺术整体（或者表述为各门类艺术集合状态）所引起的。就先行推进社区文化治理的国家而言，艺术活动通常被预设为社区文化活动的最基本活动形式，因而艺术也就在理论层面被推定为社区文化治理乃至社区变迁的支柱性价值杠杆。在K.P.肯妮与P.科尔扎看来，其杠杆功能可以通过六个方面的问题探究来予以言明，那就是：“(1)为什么对其社会影响的理解是重要的？(2)什么动机使得那些组织运用艺术与文化策略来理解社会影响？(3)怎样在评估和传递意愿社会变化中确定这样一种制度，将多元的利益相关者卷

① 海德格尔认为：“闲谈的无根基状态并不妨碍它进入公众意见，反倒为它大开方便之门。闲谈就是无须先把事情据为己有就懂得了一切的可能性。闲谈已经保护人们不致遭受在据事情为己有的活动中失败的危险，谁都可以振振闲谈。”（[德]海德格尔：《存在与时间》，陈嘉映等译，三联书店1987年版，第205页）

入特定的有意义结果?(4)怎样运用数据有理由证明,运用艺术作为一种社会变化策略,促使整体介入基于艺术和文化的工作?(5)用怎样的影响方式,使得这些组织完成它们的工作,并进行实施情况的价值评估?(6)在什么样的方式中使得社会变迁制度安排从对它们工作的评价中学习和发展?"①不管类似问题清单究竟是否具有覆盖意义,有一点可以确定,那就是艺术活动与促进社区社会变化之间建立起了一种真实而且具有功能支撑性的基本关系,尽管这一关系仍然只是多元功能关系的一种。

正是由于这种功能关系的社会化普存,使得离精英艺术、专业艺术或者所谓高水平艺术非常遥远的社区艺术,或者换句话说,朴素的、由社区居民担当艺术活动主体的日常艺术(这一现象如今往往被精英知识分子解读为所谓"日常生活审美化"②)具有绝对增量优势地演绎为极具正能量称谓的"有吸引力的艺术"(engaging arts),并且在不同国家的不同社区现场,享有其文化普惠形态的日常生活重要建构者角色。J. C. 伦娜和 D. B. 康菲尔德一起,在田纳西州首府纳什维尔(Nashville)为此专门进行了小规模的试验研究,发现艺术家介入移民社区,从事一些提升社区文化的志愿辅助工作,不仅可以较大幅度提升社区文化"参与率",而且可以在文化身份融入与文化身份建构方面有其明显进展。"类似语境要素会影响到长期生存,或者会影响移民艺术与主流艺术的融汇,这既有利于移民的健康生活方式与勃勃生机的社会形态,也有利于引导社区朝这些方面迈进。"③其早已失去试验探索意义,并且已成为社区文化治理先行国家的通行做法,无论在理论层面还是实践层面,都可以看作瓜熟蒂落的普在事实。

正因为是普在事实,同时又有一套较为完整而成熟的通行做法,所以在不同的事态现场,人们就在社区文化治理过程中,采取更加精细且更具针对性的门类艺术活动介入措施,由此使"社区舞蹈"的社区文化激活,成为让人眼前为

---

① Kate Preston Keeney and Pan Korza, "Assessing Arts-Based Social Change Endeavors: Controversies and Complexities", in Max O. Stephenson, JR. and A. Scott Tate(eds.), *Arts and Community Change: Exploring Culture Development Policies, Practices, and Dilemmas*, New York: Routeledge, 2015, p. 187.

② Jennifer C. Lera and Daniel B. Cornfield, "Immigrant Arts Participation: A Pilot Study of Nashivelle Artists", in Steven J. Tepper and Bill Ivey(eds.), *Engaging Art: The Next Great Transformation of America's Cultural Life*, New York: Routledge, 2008, p. 159.

③ Liz Lerman and Jawole Willa Jo Zollar, "A Dialogue on Dance and Community Practice", in Max O. Stepheson, JR. and A. Scott Tete(eds.), *Arts and Community Change: Exploring Culture Development Policies, Practices, and Dilemmas*, New York: Routeledge, 2015, p. 183.

之一亮的切入点和介入方式。丽兹·勒曼与J. W. J. 扎拉尔关于如何使"舞台舞蹈"成为社区实践的"社区舞蹈"的讨论过程,几乎涉及了舞蹈与社区文化治理之间功能链接与意义关联的方方面面。就其自身而言,不仅在从事舞蹈的社会实践过程中自我校正地意识到了诸如"长期以来,我以为我在工作室里进行舞蹈创作然后将其'引入社区',但很显然,一段时间以后对我而言,那整个就是另外一回事"①,而且充分享受其所谓"我以为在社区中的这些工作经历,对我而言那就是兴奋激动之所在"。② 就社区作为文化治理对象而言,虽然所介入的舞蹈活动形式艺术价值定位参差不齐,但其所带来的诸如"参与率"大幅度提升抑或"活动空间"明显拓展等,都会以更深层次的价值增量方式,可持续地以渐变姿态改变着社区的文化形貌,乃至社区居民的文化身份建构速度。综而观之,舞蹈活动作为社区文化治理中艺术介入的重要影响因子,以其"社区舞蹈"的居民参与方式,已经成为我们技术方案设计并进一步给予社区文化激活的基本配置要素。

二

无论国际标准参照还是国内标准参照,舞蹈艺术评级甚至技术评级标准、规范和程序等,在各门类艺术中都居于前沿位置,这在很大程度上是包括标准舞在内的某些舞种能够从精英艺术形态大规模走向大众艺术形态的内在逻辑依据之所在。但"社区舞蹈"并非指涉舞蹈的艺术形态,因而也就在舞蹈社会学意义上跨越了传统的艺术定位方式,并在将这种定位作为存在性参照的条件下,对其作更现实针对性功能切分,否则我们就无法有效获取讨论"社区舞蹈"现场事态的准入条件。

不管舞蹈艺术家愿不愿意承认,"社区舞蹈"作为一种舞蹈活动方式,是文化民主条件下人的舞蹈权利与符号诉求的最大解放,这种解放在功能与符号诉求活动中彻底改变着舞蹈与人类社会之间的基本构成关系,并且是在新的

① Liz Lerman and Jawole Willa Jo Zollar, "A Dialogue on Dance and Community Practice", in Max O. Stepheson, JR. and A. Scott Tete(eds.), *Arts and Community Change*: *Exploring Culture Development Policies*, *New York*: *Practices*, *and Dilemmas*, Routeledge, 2015, p. 183.

② Liz Lerman and Jawole Willa Jo Zollar, "A Dialogue on Dance and Community Practice", in Max O. Stepheson, JR. and A. Scott Tete(eds.), *Arts and Community Change*: *Exploring Culture Development Policies*, *Practices*, *and Dilemmas*, New York: Routeledge, 2015, p. 184.

意义和价值高度以新的存在方式，解放着发生学维度的朴素相似关系或本能相同关系。尽管处于这一关系结构中的舞蹈，极为低端地异质于诸如“我按照自己对肖邦精神的理解，不断舞出自我的灵魂”①，而且我们也很难将其作为经典案例，来回答艺术理论家急于回答的诸如“关于艺术是什么，乃是我们生活中值得讨论的足够重要的问题”②。因而也就只能在“娱乐性舞蹈”的义项下被定义为“业余活动”，也就是所谓“很明显，门外汉对舞蹈无论在技术上还是在心理上，都是完全属于专业圈子之外的。只要它在名义上依然存在于其自身之中，就一定会背着某种低人一等和竭力奋斗的业余爱好等包袱而蹒跚前行，而在其自身的世界里，它则变成了某种自由而完满的活动”③。

这里所谓在其自身的世界里以及所谓变成了某种自由而完满的活动，在其他诸多形而上逻辑命题知识隐存外，还有一个对我们此议而言尤为重要的命题“照面”，那就是其实际上就是“社区舞蹈”这一普在文化现象的逻辑起点。也就是说，在广袤中国大地，无数的城市社区与新兴崛起的农村社区，亿万计非身份化而且去专业化的业余舞者，正在以舞蹈艺术符号与舞蹈艺术意味不等的个体日常生活动作行为，以及规模不一的集合表演活动方式，自娱自乐地沉浸于朴素、简单但却十分热烈的舞蹈场域氛围中，在身体解放的同时，更体现出文化解放的体验感与获得感。其情绪与情感的真实性，不仅能够正能量向度地确证“没有人是艺术家，也没有人不是艺术家”④，而且能够基于日常生活经验地确证“不管各经验的对象在细节上是如何相互不同，各种各样的经验中存在着共同模式”⑤。在诸如此类以及更多的“确证”中，实际上理论坚守与现实反抗的焦点在于，包括舞蹈在内的所有可以被括号至传统专业精英艺术中去的作品文本、活动形态或者符号指涉方式，是否就是合法性价值标杆抑或权利准入的分水岭？仅就舞蹈而言，可以引申性追问，专业化身体能力建构的

---

① [美]伊莎多拉·邓肯:《生命之舞》，蔡海燕等译，浙江文艺出版社 2010 年版，第 162 页。

② Kathleen K. Desmond, *Ideas About Art*, Oxford: Wiley-Blackwell, 2011, p. 33.

③ [美]约翰·马丁:《舞蹈概论》，欧建平译，文化艺术出版社 2005 年版，第 188 页。

④ 朱青生:《没有人是艺术家，也没有人不是艺术家》，商务印书馆 2000 年版，第 1 页。之所以嵌入“正能量向度”予以叙事限制，是因为这个判断对事实而言非常精准，但对真相而言就容易不经意间仍然坚守“艺术”或“艺术界”是艺术活动正典合法性所在的老路，就会隐在价值认同如以色列学者齐安·亚菲塔的堂·吉诃德或英雄坚守，即所谓:“我们这个世纪的艺术世界，在我看来，总的来说，像是一座建筑物崩溃成一片废墟的城市，这城市必须重建不可。”([以]齐安·亚菲塔:《艺术对非艺术》，王祖泽译，商务印书馆 2009 年版，第 593 页)

⑤ [美]杜威:《艺术即经验》，高建平译，商务印书馆 2005 年版，第 46 页。

舞蹈符号呈现，在走向普及性同时非专业化身体权利拥有的舞蹈活动参与过程中，究竟意味着舞蹈在人类社会界面的延展进步还是流俗蜕化？或者进一步而言，这二者之间是否由此必然形成紧张和冲突的本体存在关系？

如果事态现场处在全球化多元文化背景的复杂构成社区，也就是“文化马赛克”(the cultural mosaic)象征叙事的那种“我们每一个体作为唯一的多元文化个体，其所拥有的多元社会身份乃是我们所在多元文化居民身份的共同居住后果”[①]，那么类似追问就会成为隐存问题，而在日常生活现场，则可以暂时实现文化矛盾和解方案。这种和解，当然是“最大公约数”与“特殊少数”的诉求和解。就“社区舞蹈”而言，除非所在社区居民主要由专业舞蹈院校师生或专业舞蹈院团演员构成，否则其舞蹈参与强烈诉求就不可能以专业标准作为准入条件。但即使如此，也不排除“特殊少数”居民中有专业舞蹈演员或相关院校师生，而且我们在制度安排过程中，任何时候都不能堵塞这类特殊舞蹈活动参与的通道、平台和机会；否则既直接与社区文化治理的公平性原则冲突，亦会间接与效率性原则相悖，当然也就意味着文化治理失灵或失效，这至少会与中国特色社会主义条件下，现代公共文化服务体系建构的价值指向渐行渐远。

所以很显然，为了确保本文所拟命题真值率更高，就有必要对“社区舞蹈”作跟进性的初步识别。当我们一般性地思考社区文化治理问题时，社区舞蹈作为一个总体性概念，只不过是艺术与社区变迁之间介入关系的一个链接点。然而在背景悬置并将此作为场域交谈的全部内容时，我们就不难发现，这个总体性概念在语义边际内其实有着更复杂的意义内置。

例如，“社区舞蹈”可以切分为专业艺术舞蹈与非专业文体舞蹈：前者是“特殊少数”的职业诉求，哪怕这种诉求在其所处社区生活境域内往往表达得并不充分，但依然不是制度安排予以缺位的理由。这不仅因为专业舞蹈艺术与其他门类艺术一道，以形而上的价值光芒彰显着“艺术乃是精神生活的必需品，也是精神生活的产物”[②]，还因为专业舞蹈艺术能以符号魅力，潜移默化中让社区文体舞蹈参与者获得文化牵引力量，最终实现外在牵引与内在驱动的合力作用及其社会动机。因为社区“最大公约数”，我们能从对这类“特殊少

---

① Bernice Lott, *Multiculturalism and Diversity: A Social Psychological Perspective*, Oxford: Wiley-Blackwell, 2010, p. 107.

② [美]克莱夫·贝尔：《艺术》，薛华译，江苏教育出版社2005年版，第40页。

数”舞蹈符号的“审美性凝视”与“本能态模仿”中，有意识抑或无意识地感受到苏珊·朗格所论及的“世俗化效果”，即所谓“大众舞蹈在这样动机推动之下，在浪漫精神的支持下，从现实的重负下逃脱、解放出来”。① 可以非常肯定的是，无论社区内居住着这样的“特殊少数”，还是专业性特殊少数，志愿地进入舞蹈场域并呈现专业艺术舞蹈的符号诱惑性，都将对“最大公约数”所统辖的社区文体舞蹈活动提供更广阔的想象空间与更强大的可持续性牵动力。后者作为“最大公约数”的业余诉求，社区舞蹈参与的价值指向则与前者迥然相异。其异质性不仅在于参与者对舞蹈作为“‘有意味的形式’这一本体性价值定位基本不感兴趣，即社区居民在社区舞蹈场域内，一定不会致力于追求‘有意味的形式’是我们在其背后可以获得某种终极现实感的形式”②。其诉求的最切要素有两点：第一，在生命意识日益自觉基础上，把个体的身体权利与生存质量更加有机地统一在社区舞蹈活动中。这种统一既能满足“西美尔生命均衡”命题的“现实与‘应该’同样都是把我们生命的意识置入其间……自己的生命作为一种如此这般的生命是真实的，这就犹如其作为一种这样的或者截然不同的生命，已经成为应该如此的生命一样。其在自己那奔流不息的河流中生产着各种形象的内容”③，亦能满足“诺尔曼·布朗生命抗争”命题的“生存本能要求与他人与世界的结合，但这种结合不是建立在焦虑和攻击性之上，而是建立在自恋和爱欲的充盈上”④，甚至也能满足“生命需要理论”的诸如“有三个关键的变量影响个人自主的水平：一个人对于自我、自己的文化以及在这个文化中作为一个人应该做些什么等问题的理解水平，他为自己作出抉择的心理能力，以及使他能够相应采取行动的客观机会”⑤。第二，在文化民主社会进步明显提速的时代条件下，社区居民文化主体性建构与文化权利积极拥有的舞蹈参与实现形式。作为这一实现形式的社区舞蹈，不仅于技术层面使任何参与个体相信其自身存在价值就在于朴素符号中的舞者自在自为，亦即音乐节奏

① 参见[美]苏珊·朗格：《情感与形式》，刘大基等译，中国社会科学出版社1986年版，第232页。

② [英]克莱夫·贝尔：《艺术》，薛华译，江苏教育出版社2005年版，第31页。

③ [德]格奥尔格·西美尔：《生命直观》，刁承俊译，三联书店2003年版，第131页。

④ [美]诺尔曼·布朗：《生与死的对抗》，冯川等译，贵州人民出版社2009年版，第327页。

⑤ [英]莱恩·多亚尔、伊恩·高夫：《人的需要理论》，汪淳波等译，商务印书馆2008年版，第78页。关于人的需要，马斯洛学说有更全面的知识框架。实际上，所议还可以关联性地涉及现代幸福理论。例如，个案延伸幸福情绪讨论：“这些感受常常组成了我们情绪感受和情绪体验的核心部分，而伴随这些感受的身体上的感受就像电影的配音一样，很多的情绪理论家都将它们当作是对自己演奏的音乐会。”([美]罗伯特·所罗门：《幸福的情绪》，聂晶等译，中国人民大学出版社2011年版，第191页)

中的强烈身体动感，其本体符号属性内在地趋同于唐宫廷乐舞的“凡棚车上击鼓，非《柘枝》，即《阿遼破》也”[①]；而且更在于意识形态层面人民本体价值观当代确立的过程中，这些本能舞动的身体在社区舞蹈场域以身体权利彻底解放的胜利姿态，终于能够冲破所谓“孔子谓季氏：‘八佾舞于庭，是可忍也，孰不可忍也’”[②]的数千年桎梏，并在胜利实现文化突围之后，在社区舞蹈的自组织功能中，建构起由身体符号支撑的现代公共空间，自由自在地共建共享于舞蹈活动的参与民主，而且呈现为“所有个体都有权参与各活动阶段的决策权”[③]。

当然，除了案例分析的切分方式外，我们还可以进行诸多维度的其他切分事态来给予逐一分析。但所有这些分析就其结论而言都具有彼此间的趋同性，所以也就可以暂时予以悬置。

三

悬置的目的不是去知识化抑或问题规避，而是为了更有效地推进拟置命题的所议进程，以尽快实现对隐存问题的“中国背景”揭蔽。之所以要对“中国背景”给予限制性的叙事凸显，是因为中国社区舞蹈作为当代语境现象，与世界其他任何一个国家的关联性语境，都十分明显地存在现场状态差异，就仿佛“中国大妈”作为一种极其特殊的社群集合体社会现象，几乎在任何域外空间或异质性族群都找不到具有严格可比性的家族相似事态一样。[④]

于是提问就不得不转换为，就中国社区存在现状与中国社区文化治理进展现状而言，何以“社区舞蹈”作为一种艺术与非艺术混存事态，或者说作为一种复合功能舞蹈活动方式，能够以一种强大的介入力量激活社区作为社会性基本文化制度单元的文化活性？换句话说，依靠什么样的功能义项促使社区

① 崔令钦：《教坊记》。

② 《论语·八佾》。

③ Terri Lynn Cornwell, *Democracy and Arts: The Role of Participation*, New York: Preager Publishers, 1990, p. 52.

④ 即不能获得维特根斯坦“家族相似理论”所能整体指涉的“以同样方式称呼的东西具有一种间接关系”（参见[英]维特根斯坦：《哲学研究》，李步楼译，商务印书馆1996年版，第48页）。也就是说，所谓“中国大妈”，无法与“美国大妈”“法国大妈”“俄罗斯大妈”之间建立起基于“家族相似原则的间接关系，更不要说直接关系”。如赵敦华说：“它要求人们不要用传统形式逻辑中‘种＋属差’的方法来定义概念的内涵。它强调的是比较概念的外延的重要性。”（参见赵敦华：《当代英美哲学举要》，当代中国出版社1997年版，第93页）

文化治理更加有效？在我们看来，这实质上是一种非穷尽性答案的提问方式，所以也就只能呈供出我们能够穷尽的最核心驱动能量之所在，以期人们在此后的知识行动中，学理性同时也具有现实针对性地言明更多的功能发生因果关系。在我们看来，最核心的驱动能量，在目前的现场事态中主要集中在如下方面：

第一，规模化驱动。之所以“社区舞蹈”的驱动能量有别于社区语境其他文化活动内容与专业化舞蹈，并因这种“有别于”而更能激活社区生存和社区文化生存，就在于其能够形成规模化驱动能力与规模化驱动效应。就社区舞蹈选择非专业性文体舞蹈作为舞蹈活动主要形式而言，无疑是“最大公约数”的选择结果，而选择本身既在社会合力论维度代表了社区舞蹈的巨大凝聚力价值，又在抵抗“勒庞主义”①激进情绪中，让公共社会文化张力发挥其社会均衡最大化的积极价值。至少自20世纪60年代末以来，“参与率”作为社区文化治理的标杆绩效指数，就成为全球范围尤其是“北欧模式”(Nordic Model)所努力争取的核心目标之一，因而参与问题由此也就演绎为各国政府公共文化政策的重要策略选项，其中当然包括社区文化治理实践中这种重要策略选项的技术方案跟进。无论D. 格拉姆斯所谓“通过将艺术参与概念化为交易性或者关系性的组织，会拥有一系列显而易见的方式去评估变化”②，还是尼卡拉斯·罗斯所谓“社区由此而成为感染人且合乎道德的领域，它使各种要素成为可持续的紧密关系。这样一种情绪化关系的空间经由微观文化价值和意义，个体身份得以建构”③，无不是对这类选项的定性首肯。至少就中国目前的现场事态而言，还没有一种艺术活动方式具有与“社区舞蹈”可以同日而语的社区文化激活功能，而且在对应位置上，反而常常可见失灵或者失效的文化活动平台与文化活动方式。从这个意义上说，“社区舞蹈”的规模化驱动能量在现行社区文化治理中有其举足轻重的价值地位。

第二，多样化驱动。后现代与全球化叠加，导致许多发展中国家“迭代社

---

① 勒庞主义是形形色色否定大众文化权利的精英权贵思想命题之一，其重要思想症候就是动辄以强行命题的所谓“民粹主义”来攻击“最大公约数”的文化选择合法性，只不过勒庞本人将其极端地陈述为“乌合之众”而已。

② D. Grams, “Building Arts Participation Through Transactions, Relationships, or Both”, in D. Grams and Betty Farrell(eds.), *Entering Cultural Communities: Diversity and Change in the Nonprofit Arts*, New Brunswick: Rutgers University Press, 2008, p. 37.

③ Nikolas Rose, “Community, Citizenship, and the Third Way”, in Denise Meredyth and Jeffrey Minson(eds.), *Citizenship and Cultural Policy*, London: Sage Publications, 2000, p. 7.

会”加剧，其后果当然延展至社区构成复杂性，社区文化生活丰富性诉求同样突出。社区边际内因收入非均衡性所造成的社会分层未及迅速遏止态势，新移民浪潮所带来的宗教信仰背景差异与族群文化背景差异，老龄化社会造成的性别比例失调，与后现代疾进所助推引起的代际价值取向非互约性，如此等等，使得社区文化治理所面临的主要现实矛盾不是诉求的“日益增长”，而是诉求的“多种多样”。处此情势之下，多元文化主义或文化多样性等价值尺度也就自然而然地成为当前社区文化治理的某种承重支撑点。所谓“当集体身份感可持续之际，民主的单一民族国家能适应文化多样性吗”①，已经不止国家文化治理层面，更充满挑战地落地于社区文化治理的每一个制度安排环节、每一次问题照面的事发现场，乃至每一位社区居民的即事感受。这些原则落地后，仅就“社区舞蹈”这一单项文化参与平台而言，制度末梢设计从一开始就必须把所有差异性要素都考虑进去。譬如对社区内热爱街舞、肚皮舞或者其他动感强烈的时尚化流行舞蹈活动的青年群体而言，无论如何都无法让他们扯着红绸扭秧歌或者成群成簇走方步，转而要求“狂欢热舞聚会给青年女性提供史无前例的空间，以自由自在地袒露身体的起舞休闲”②。但反过来，对代际年长者而言，则显然应该从另外一个相反的向度思考与处置问题。如果将差异性考虑挪移至纯粹精神界面，譬如宗教信仰，则事态显然要更加复杂。对急剧扩容中纯粹的移民社区而言，伊斯兰信徒居民所介入的社区舞蹈活动有可能其体态符号显现为“降低视线，遮蔽下身，莫露出首饰，除非自然露出的”③。而基督徒居民在同样的介入中，却让身体动感能够表现出“作为整体的精神生活是来自于肉体生活的。即使其最终升华为纯粹的、自由的精神，也仍然是从感性之火中升华而来的。而且激发感情也需要某些可感、可触、可见的事物。精神化是伟大的理想的目标，而形体化是必要的手段”④。但如果一部分居民是海南黎族原住民新近迁入，他们既非伊斯兰信徒亦非基督徒，那么其舞蹈活动方式就有可能会是身体与竹竿动作化融汇的“竹竿舞”，世俗化地呈现为“跳舞者

---

① Gurpreet Mahajan, “Indian Exceptionalism or Indian Model: Negotiating Cultural Diversity and Minority Rights in a Democratic Nation-State,” in Will Kymlicka and Baogang He(eds.), *Multiculturalism in Asia*, New York: Oxford University Press, 2005, p. 288.

② Angela McRobbie, *In the Culture Society*: *Art*, *Fashion and Popular Music*, New York: Routledge, 1999, p. 147.

③ 《古兰经》，马坚译，中国社会科学出版社 1996 年版，第 262 页。

④ ［美］保罗·韦斯、冯·O·沃格特：《宗教与艺术》，何其敏等译，四川人民出版社 1999 年版，第 127 页。

则利用竹竿之分合,在空当处上跳下踩,紧张而活跃"①。总而言之,至少在文化人类学的内置知识谱系诸多差异性空间,都必须有待多样化驱动及其能量的充分发挥,确立多元文化主义或文化多样性在社区舞蹈语境的某种支配性地位,才能形成社区文化治理的有效激活力量。

第三,日常化驱动。"社区舞蹈"存在于社区中,存在于社区居民的日常生活中,其以社区居民以及日常生活为逻辑起点和价值归宿,是与专业艺术舞蹈存在形式及介入社区时服务方式的主要区别之一。日常生活价值重心抬升,是社会进步的文化惠民实际成果,尤其是建构性后现代超越精英现代与解构性后现代的积极社会姿态。对于这一社会本体意义上的变化,人们开始同样以积极社会姿态予以回应,并且在回应中努力寻找具有阐释穿透力的审视视角,就仿佛 R. D. 阿布拉赫姆斯将日常生活象征性地叙述为"方言实践的诗学",而且在讨论"节仪聚集"时着力描述"节仪庆典已经成为一种日常事态。每一个居民实体组织他们自己的庆典,常常将当地的一次重要收获作为庆典活动的主题"。② 进一步,这种回应甚至会更加细节性地关涉日常生活的身体,因为对任何特定个体而言,身体问题及其与之相关联的任何间接性问题都是他生存真实乃至基于生存真实之上一切幸福可能性的直接前提。德巴拉·拉普顿在谈及"个体理解、体验并讨论情绪的方式,很大程度上是与他们的身体形象感受相关联"③之际,或者 I. 伯克蒂在其专著中大篇幅讨论"社会关系、具身与情绪"④之际,这个直接前提其实都隐存于其中。因此,接下来的逻辑延伸就在于,包括身体尊严在内的日常生活化正在社区生活边际成为文化民主的基本诉求之一,而对于本文的命题指向而言,这种基本诉求也就必然逻辑意味地要求社区舞蹈常态化、可持续化,成为边际内日常生活内容本身,成为阿格妮丝·赫勒所论证过的:"有意义的生活是一个以通过持续的新挑战和冲突的发展前景为特征的开放世界中日常生活的'为我们存在'。如果我们能把我们的世界建成'为我们存在',以便这一世界和我们自身都能持续地得到更新,我

① 李露露:《热带雨林的开拓者——海南黎寨调查实纪》,云南人民出版社 2003 年版,第 345 页。

② Roger D. Abrahams, *Everyday Life: A Peotics of Vernacular Practices*, Philadephia: University of Pennsylvania Press, 2005, p. 152.

③ Deborah Lupton, "Going with the Flow: Some Central Discourses in Conceptualising and Articulating the embodiment of Emotional State", in Sarah Nettleton and Jonarthan Watson (eds.), *The Body in Everyday Life*, New York: Routledge, 1998, p. 86.

④ Ian Burkitt, *Bodies of Thought: Embodiment, Identity and Modernity*, London: Sage Publications Ltd., 1999, p. 110.

们是在过着有意义的生活。”①问题的复杂性恰恰就在于，社区文化治理的目的是使日常生活获得“为我们存在”的意义和价值，而这样的日常生活又只有“日常化”的能量驱动才可以实现和确保，但“社区舞蹈”能否在社区居民的“在场舞者”而非“身份舞者”的非文本契约限制中成为常态，其所涉及的影响因子及其关联系数将有待社区文化治理相关各方的长期探索与实践。T. L. 科恩维尔所倡导的“参与民主的增强，对个体而言，在于尽可能多地于社会界面创造参与性体验”②，对本文的命题拟置，甚至对中国问题背景的所有社区舞蹈现场而言，就实实在在地转换为千千万万日复一日的“在场舞者”身体参与，转换为顽强于生命坚守的那些简陋广场上可敬的“中国大妈”举手投足扭腰，转换为一群群青年男女激情四射的街舞呈现或迪斯科狂欢。

余　论

“社区舞蹈”既在参与现场激活社区生活，反过来，社区生活也以诸多能量驱动方式激活社区舞蹈。其所牵涉的命题拟置，在传统知识域，通常不过是某些精英知识分子冷眼以对的流俗话题。但是，在文化的人民本体论甚至社会的人民本体论“新常态”下，无论是公共文化政策研究还是舞蹈社会学研究，都应该以热情的学术姿态去面对这些真切而且普遍的社会现实与事态现场。而且关键还在于，在知识行动的学理研究之后，还应该更具操作性地获取命题价值实现的政策工具及其保障技术方案，从而使社区舞蹈与社区生活的互动激活，在社区文化治理进程中真正转换为文化惠民实际成果，而非纯粹修辞性叙事狂欢。对此，只能由接续文章来补充予以讨论。

［原载于《山东大学学报（哲学社会科学版）》2017 年第 6 期］

---

① ［匈］阿格妮丝 · 赫勒：《日常生活》，衣俊卿译，黑龙江大学出版社 2010 年版，第 257 页。此议的深化理解，当参阅欧文 · 戈夫曼（Erving Goffman）的“剧班”命题：“同一剧班的每个成员都必须依赖同伴们的恰当举动和行为……因此，必然存在着一种相互依赖契约。”（［美］欧文 · 戈夫曼：《日常生活中的自我呈现》，冯钢译，北京大学出版社 2008 年版，第 72 页）

② Terri Lynn Cornwell, *Democracy and the Arts: The Role of Participation*, New York: Preger Publishers, 1990, p. 49.

城市社区公共文化空间的建设现实与未来设计

——基于全国17省46社区的考察

陈　波　张洁娴

社区制近年来日渐兴起，社区公共文化在居民生活和社区发展中的作用日益凸显，基于主体、客体与机制体系的公共文化空间将成为未来社区建设的重要内容。本研究以城市社区文化空间的诠释入手，基于实证调查分析社区文化参与及其空间构建的基本逻辑框架，提炼当前我国社区文化空间的模式选择，为社区制的建设和推广提供理论支持。

一、关于城市公共文化空间的研究

(一)关于城市公共空间概念的研究

"城市公共空间"是一个包含多元意义的复杂概念，涉及政治学、社会学、哲学、地理学、城市规划学等多个领域，每个学科对其概念都有着自己的界定。从政治哲学角度而论，西方关于"公共领域"或"公共空间"的理论主要来源于汉娜·阿伦特(Hannah Arendt)和尤尔根·哈贝马斯(Jürgen Habermas)。阿伦特的公共领域概念深受古希腊民主政治的影响，认为"公共领域是行动者透过言行展现自我、与他人协力行动的领域"。哈贝马斯在《公共领域的结构转型》中将公共领域与私人领域看作是相互对立的概念。除此之外，他将公共领域的产生归结于在博物馆、图书馆、咖啡馆、剧院等这些公共场所中的"理性和批判性地辩论"[①]。从社会学角度而论，洛夫兰(L. Lofland)在其著作《陌生人的世界》中将城市公共空间定义为"所有人能合法进入的城市的区域"，"陌生人碰面的地方"[②]。格奥尔格·齐美尔(Georg Simmel)的社会互动论则认为是人与人之间的互动让空间充满活力。阿伦特和哈贝马斯等人更多的是从政治制度上探讨公共空间，缺乏对空间中的参与主体和实践活动等的研究。洛夫兰和齐美尔虽然强调了作为空间参与主体的人，却没有对空间内容作出具体界定。

随着城市公共空间理论的传入，中国学者对其进行了相关探究。刘增荣将城市公共空间定义为城市居民社会活动集中的地方，它不仅是指一块远离家庭和亲密朋友的区域，而且是一块熟人和陌生人可以聚集的区域。同时，其还肯定了公共空间中的公众活动以及公共价值。[③] 柳立子则将城市公共空间定义为由公共权力创建并保持的、供所有市民不受限制地自由出入、自由使用和自由交流的场所和空间。[④] 李德华从狭义和广义两个方面对城市公共空间进行了定义，认为狭义的城市公共空间是指那些为城市居民提供日常生活和社会生活公共使用的室外空间；广义的城市公共空间可以扩大到公共设施用地空间。[⑤] 李昕阳、洪再生等则强调了社区公共空间的物质性和精神性，认为社区公共空间是指居民物质、精神生活使用的公有户外空间。[⑥]

(二)关于城市社区公共文化空间类别的研究

对于城市社区公共空间的分类，学界也给出了不同的解释。根据空间的不同性质，陈杏将城市公共空间划分为政治性、文化性、商业性、一般公共性和娱乐休闲性这五类。[⑦] 也有学者侧重于社区公共空间的文化性，周堡垒、陈君认为：社区包含物质文化、形象文化、社会文化和解释文化等。[⑧]

---

① 陈竹、叶珉：《西方城市公共空间理论——探索全面的公共空间理念》，《城市规划》2009 年第 3 期。

② 林晓珊：《空间生产的逻辑》，《理论与现代化》2008 年第 2 期。

③ 参见刘增荣：《西方现代城市公共空间问题研究述评》，《城市问题》2000 年第 5 期。

④ 参见柳立子：《城市公共空间建设与城市文化发展——以广州与岭南文化为例》，《学术界》2014 年第 2 期。

⑤ 参见李德华：《城市规划原理》，中国建筑工业出版社 2001 年版，第 491 页。

⑥ 参见李昕阳、洪再生、袁逸倩、赵立志、徐敏杰：《城市老人、儿童适宜性社区公共空间研究》，《城市发展研究》2015 年第 5 期。

⑦ 参见陈杏：《公共文化服务与公共文化空间的关系探析》，《图书馆杂志》2008 年第 2 期。

⑧ 参见周堡垒、陈君在：《关于城市社区文化建设的思考》，《合肥工业大学学报(社会科学版)》2003 年第 2 期。

(三)关于城市社区公共文化空间建设的研究

列斐伏尔(Henri Lefebvre)的公共空间建设研究理论完成了从“空间中事物的生产”到“空间本身的生产过程”的转变。帕克(Robert Ezra Park)提出了人文区位的研究视角,从地域环境和人文因素研究社区建设。马克斯·韦伯(Max Weber)主张通过比较各类社区的结构、制度和生活方式等来研究社区。盖尔(Gehl)认为公共空间应当使人们“能方便而自信地进出,能在城市和建筑群中流连,能从空间、建筑物和城市中得到愉悦,能与人见面和聚会”。盖迪斯(Geddes)提出了综合规划的思想,认为城市社区公共空间的建设要以人本主义精神为主,要积极地调动公众参与建设公共空间的积极性和创造性。科拉伦斯·佩里(Clarence Perry)提出了邻里单元的城市社区公共空间的思想,其将一个邻里单元作为一个不被外界分割的封闭城市社区,在社区内建设独立的生活、服务、商业等空间,并强调邻里单元中居民的文化认同感和社区归宿感。①

也有学者通过主体、形式、纽带这三个社区公共空间的构成要素分析社区公共空间的运行机制。赵欣、范斌认为,政治性公共空间依循利益表达、利益平衡、共意达成和合作行动的过程运行;互助性公共空间的运行机制为即时性互助、延续性互惠,在运行之中居民的身体和情感双重卷入,并在此间获得了社会报酬;文化性公共空间的运行机制体现为自我展示、集体娱乐、集体欢腾与社区记忆形成。②

通过对国内外学者关于城市公共空间研究的梳理可以得出,学界对于城市公共空间的公共性、开放性和文化性均给予认同,对于城市及城市社区的公共空间类别进行了具体的划分,城市公共文化空间中的参与主体和实践活动也成为研究的重要内容。虽然有较为成熟的关于城市社区公共空间建设的思想体系,却并没有具体到城市社区公共文化空间的建设研究。本文在分析城市社区公共文化空间的功能、特征及问题的基础上,探究城市社区公共文化空间建设的基本框架,提炼城市社区文化空间基本模式。

---

① 参见伍学进:《欧美城市公共空间思想的演变与升华》,《理论月刊》2008 年第 11 期。

② 参见赵欣、范斌:《敦亲睦邻:社区公共空间的分类运行机制与共同体构建》,《晋阳学刊》2014 年第 6 期。

二、城市社区公共文化空间的功能解析

公共文化服务体系不断完善，城市社区公共文化空间的功能价值逐渐凸显，文化建设的空间转向趋势愈发明显。厘清文化空间与公共文化服务的关系，总结城市社区公共文化空间对居民、社区和城市三方面的作用，是探究建设城市社区公共文化空间的前提和依据。

（一）文化空间与公共文化服务的关系

1.文化空间是公共文化服务的实践场域

冯天瑜等人在《中华文化史》中指出："文化是一个在特定的空间发展起来的历史范畴。世界上不存在超越时空的文化。"[①]可见，文化实践需要在一定的空间范畴中展开。公共文化服务的建设是有着特殊属性的实践活动，其目标是满足公众日益增长的文化需求，通过向公众提供文化产品与文化服务来保障公民的文化权利以及为社会发展提供动力。公共文化服务依赖于特定的物理空间，为活动开展提供场域。公众在特定场域完成特定的文化活动，实现文化权利，获得精神享受。

2.公共文化服务是文化空间的再造力量

格奥尔格·齐美尔的社会互动理论认为是人与人之间的互动给予空间以生机与活力。我国公共文化服务已经逐步从物理场馆的建设转向文化内容的建设，通过创新文化服务内容和方式、改善运行机制和组织结构等建设手段，增强人们的文化参与性和互动性，从而赋予文化空间以活力和生命力。完善的公共文化服务体系能够改善居民的文化生活，吸引相关的文化人才资源和文化资本聚集，进而推动文化创新，增强文化软实力，成为拓展和重塑文化空间的重要力量。

3.文化空间与公共文化服务是相统一的整体

文化空间和公共文化服务相互交融。公共文化服务体系中文化基础设施建设是文化空间的物质基础，而公共文化服务体系中的组织方式、法律法规、权力结构等则为文化空间注入特定内容。另外，文化空间的形成、成长与成熟

① 冯天瑜、何晓明、周积明：《中华文化史》，上海人民出版社1990年版，第2页。

则为公共文化服务提供了发展方向,提升了公共文化服务的质量与效能。

(二)城市社区公共文化空间的功能

1.提高居民生活质量,构筑居民身份认同

城镇化快速推进,社区日间成为居民生活的重要场所。首先,城市社区公共文化空间为居民提供了休憩场所。其次,优美的空间环境可以让人心情愉悦,有着心灵慰藉的作用。城市社区公共文化空间的价值还在于它为不同性别、年龄、职业、爱好、民族的居民提供了具有包容性的平等空间,在多元的城市环境中,可以建立起一个有别于传统的以血缘为基础的共同体,这对人们在各自生活的空间中重塑个人身份、形成良好的社会关系有着重要意义。

2.增强社区凝聚力,促进社区和谐安定

城市社区公共文化空间支撑着居民的共同性文化生活,有利于在人际关系松弛、社会流动化的环境下增强社区的凝聚力,社区居民也会逐步加强社区的认同感和归属感。雅各布斯(Jacobs)在《美国大城市的生与死》一书中指出,充满公共空间的街道不仅能促进邻里交往,并且有预防犯罪的作用。雅各布斯还提出了“街道眼”这一概念,街道的居民彼此熟悉,相互照应,相当于能在不同时段对可能的犯罪进行监控,维护社区的安全稳定。

3.打造城市品牌,提升城市吸引力

城市社区公共文化空间可以帮助社区形成特定的文化氛围,从而打造多样的城市文化品牌。好的城市品牌因其拥有不同的文化内涵,传递出不同的信息和价值观,从而吸引相关的资源、资本、人才等集聚于此,有助于提升整个城市的吸引力和竞争力,推动城市的转型和发展。

三、我国城市社区公共文化空间的影响因素、特征与主要问题

“文化第一线”调研①课题组围绕城市社区文化参与和文化空间建设设计

① “文化第一线”调研是武汉大学国家文化发展研究院组织建立的针对全国文化行业发展现状的第三方调查系统,每年针对文化建设的热点问题拟定调查问卷,通过招募在校大学生志愿者进行实地调研,收集调研数据和资料,在此基础上完成研究报告。本次调研为 2015 年 12 月至 2016 年 2 月所获得的数据资料。

指标体系，选取全国 17 个省 46 个城市社区进行了问卷调查和实地调研，共收回问卷 3636 份，其中有效问卷 3499 份。

（一）影响我国城市社区居民文化参与的因素分析

相较于农村，多元化是城市的显著特征。对于文化参与而言，不同的群体呈现出的差别是研究影响城市居民文化参与因素的重要来源（见表 1）。

表 1　不同群体对文化参与的显著性分析（Person Chi-Square）

	Value	df	p
性别	4.329	3	0.228
年龄***	239.235	15	0.000
职业***	387.520	21	0.000
文化程度***	496.524	9	0.000
平均月收入***	353.130	15	0.000

注：* 代表 0.1 水平，* * 代表 0.05 水平，* * * 代表 0.01 水平。

表 1 数据分析显示，性别并不会带来文化参与上的差异，而年龄、职业、文化程度以及平均月收入在文化参与上均有显著的差别（$p<0.01$）。具体的差异性分析可以通过交叉表进行分析（见表 2）。

表 2　不同群体的文化参与差异交叉表

		文化参与（%）			
		低	一般	较高	高
年龄	17 岁及以下	24.6	39.6	15.2	20.6
	18～25 岁	10.2	30.7	26.8	32.3
	26～35 岁	8.4	23.9	26.0	41.7
	36～44 岁	14.3	26.0	24.0	35.7
	25～60 岁	19.1	26.9	20.7	33.3
	61 岁及以上	36.6	29.8	14.0	19.6

续表

		文化参与(%)			
		低	一般	较高	高
职业	学生	15.5	33.5	21.5	29.5
	公务员	4.5	29.6	30.8	35.1
	教师或科研人员	4.3	21.6	25.9	48.2
	企业员工	12.8	25.5	27.7	34.0
	农民	54.6	25.9	13.0	6.5
	个体工商户	14.7	25.5	21.2	38.6
	自由职业者	21.9	34.7	16.8	26.6
学历	小学及以下	48.8	30.7	9.2	11.3
	中学、中专	21.9	31.8	19.9	26.4
	大专、本科	6.9	27.3	27.3	38.5
	研究生及以上	2.3	13.3	24.3	60.1
月收入	1000 元及以下	25.8	33.9	17.1	23.2
	1001～2000 元	24.0	33.2	19.9	22.9
	2001～3000 元	15.6	32.3	25.6	26.5
	3001～5000 元	8.2	23.2	26.5	42.1
	5001～10000 元	3.7	18.6	24.9	52.8
	10001 元及以上	5.5	12.8	22.9	58.8

从不同群体与文化参与的交叉分析发现，年龄介于 26～35 岁的城市居民文化参与度最高，超过 67%的人有“较高”或“高”的文化参与度，17 岁以下和 61 岁以上的人群文化参与度最低，超过 60%的人处于“一般”及以下的文化参与度，符合正态分布。不同职业的人群文化参与度也存在差异，农民和自由职业者的文化参与度较低，与此同时，教师、公务员等职业的城市居民对于文化参与更具热情。从文化程度上来看，调查分析显示受教育程度越高的人群，文化参与度也相应较高，且差异明显。同样的，平均月收入与文化参与也基本呈现出一种正相关关系。

为进一步探究不同城市居民文化参与的差异性，我们将生活条件、文化参与成本、文化参与氛围、文化场馆建设状况以及文化服务供给方式和质量五个影响居民文化参与的因素与不同人群进行分类交叉研究(见表 3 至表 10)。

由表3可得，年龄在生活条件、文化参与成本、文化参与氛围以及文化服务供给方式和质量四个因素上有显著的差异性。同时检验显示，不同年龄的城市社区居民在文化场馆建设状况这一文化参与要素上并没有显著差别。通过对调研数据的交叉分析(见表4)，从年龄差别来看，35岁以下的城市居民认为文化参与氛围和文化服务供给方式和质量是影响自己文化参与度最主要的因素。与此相对应的是年龄在35岁以上的城市居民除了看重文化参与氛围以外，还认为生活条件是影响自身文化参与的重要因素(平均人数超过40%)，这是由于处于这个年龄段的城市居民往往处于“上有老下有小”的情况，生活压力较大。

表3　　年龄对文化参与因素的显著性分析(Person Chi-Square)

	Value	df	p
生活条件***	27.941	5	0.000
文化参与成本***	26.637	5	0.000
文化参与氛围***	61.184	5	0.000
文化场馆建设状况	5.605	5	0.347
文化服务供给方式和质量**	12.581	5	0.028

注：*代表0.1水平，**代表0.05水平，***代表0.01水平。

表4　　年龄与文化参与因素交叉表　　单位：%

	17岁及以下	18～25岁	26～35岁	36～44岁	25～60岁	61岁及以上
生活条件	32.0	39.1	41.0	45.3	48.1	42.7
文化参与成本	27.3	39.3	29.2	31.5	34.4	34.2
文化参与氛围	50.1	60.3	53.7	50.2	44.8	38.8
文化服务供给方式和质量	38.1	40.4	41.5	35.7	36.1	32.0

注：百分比代表的是认为该因素是影响文化参与的人数占总人数的比例。

职业与文化参与要素之间有着显著的关联性(见表5)。由职业与文化参与要素的交叉分析可得(见表6)，农民和个体工商户认为自己的生活条件是影响文化参与的最重要因素；学生、公务员、教师及企业员工则最看重文化参与氛围。不同于学生、公务员和教师将文化场馆建设状况和文化服务供给方式、质量看作影响自己文化参与重要因素,农民和个体工商户认为文化参与成本更应当考虑。

表 5　职业对文化参与因素的显著性分析 (Person Chi-Square)

文化参与要素	Value	df	p
生活条件***	56.599	7	0.000
文化参与成本**	18.017	7	0.012
文化参与氛围***	70.049	7	0.000
文化场馆建设状况**	20.074	7	0.005
文化服务供给方式和质量***	41.218	7	0.000

注:*代表 0.1 水平,**代表 0.05 水平,***代表 0.01 水平。

表 6　职业与文化参与要素交叉表　单位:%

	学生	公务员	教师或科研人员	企业员工	农民	个体工商户	自由职业者
生活条件	37.0	33.6	41.6	47.5	60.0	46.9	43.1
文化参与成本	36.1	30.9	35.6	30.7	40.5	36.1	29.6
文化参与氛围	57.1	60.1	57.9	50.2	34.1	44.4	45.7
文化场馆建设状况	46.4	43.5	47.6	45.8	42.7	35.8	39.4
文化服务供给方式和质量	40.6	42.9	47.3	36.8	25.4	32.4	34.2

注:百分比代表的是认为该因素是影响文化参与的人数占总人数的比例。

调研显示(见表 7),随着文化程度的提高,人们认为生活条件对于自身文化参与的影响越小,转而越来越看重文化参与氛围、文化场馆建设状况以及文化服务供给方式和质量。这是由于在当今社会,学历越高者往往知识及审美能力越强,并且有更好的工作,生活水平相应较高,因此对于文化的要求也越高。由于不同文化程度城市社区居民在文化参与成本这一要素上不具有显著性(见表 8),所以在此不作分析。

表 7　文化程度对文化参与因素的显著性分析 (Person Chi-Square)

文化参与要素	Value	df	p
生活条件***	23.389	3	0.000
文化参与成本*	7.136	3	0.068
文化参与氛围***	61.115	3	0.000

续表

文化参与要素	Value	df	p
文化场馆建设状况***	36.896	3	0.000
文化服务供给方式和质量***	53.779	3	0.000

注：*代表0.1水平，**代表0.05水平，***代表0.01水平。

表8　　　　文化程度与文化参与要素交叉表　　　　单位：%

	小学及以下	中学、中专	大专、本科	研究生及以上
生活条件	46.6	46.1	38.9	32.7
文化参与氛围	39.4	45.6	57.4	57.9
文化场馆建设状况	40.1	39.2	49.0	53.8
文化服务供给方式和质量	27.2	33.1	42.7	50.3

注：百分比代表的是认为该因素是影响文化参与的人数占总人数的比例。

由表9可知，不同月收入水平的城市居民在文化场馆建设状况这一文化参与因素上不具备差异性。通过调研分析发现（见表10），一方面，生活条件和文化参与成本这两个要素对文化参与的影响随着月收入的增加而减少；另一方面，收入越高，对于文化参与氛围和文化服务供给方式和质量的要求呈波动上升趋势。

表9　　　月收入对文化参与因素的显著性分析（Person Chi-Square）

文化参与要素	Value	df	p
生活条件***	29.609	5	0.000
文化参与成本***	15.099	5	0.010
文化参与氛围***	19.642	5	0.001
文化场馆建设状况	3.904	5	0.563
文化服务供给方式和质量***	19.114	5	0.002

注：*代表0.1水平，**代表0.05水平，***代表0.01水平。

表 10　　月收入文化参与要素交叉表　　单位:%

	1000 元及以下	1001～2000 元	2001～3000 元	3001～5000 元	5001～10000 元	10001 元及以上
生活条件	38.4	49.0	45.1	42.3	36.1	30.0
文化参与成本	32.9	39.9	33.0	32.5	28.4	30.9
文化参与氛围	51.4	47.0	48.3	52.4	58.1	61.8
文化服务供给方式和质量	36.0	38.1	35.4	38.4	47.5	33.6

注:百分比代表的是认为该因素是影响文化参与的人数占总人数的比例。

综上数据分析,不同年龄、职业、文化程度和月收入的城市群体不仅在文化参与上呈现出差异性,对于影响自身文化参与的因素也有不同的侧重。

(二)我国城市社区公共文化空间基本特征

文化参与是衡量文化空间建设的重要指标,不同的文化参与表现也反映了文化空间的不同,在一定程度上体现了空间内的文化主体与文化活动的互动关系。

1.以工作生活形态为基础的空间聚集

数据统计显示,生活条件、文化参与成本、文化参与氛围、文化场馆建设状况以及文化服务供给方式和质量五个方面对城市居民文化参与有着重要的影响。考虑到生活的便利性和舒适性,城市居民往往选择居住在设施齐全的单位、学校等附近。

2.以分层类属为基础的空间层次化

由于受教育程度、收入水平、价值观念、宗教信仰等方面的差异,城市社区中不同的社会群体对于文化的需求不同,形成了相应的分层类属,伴随而来的是出现了城市文化空间层次化特点。由上文分析可知,不同群体对文化参与要求也不同。收入较高、受教育水平较高的城市居民更看重文化的质量,收入较低的则会选择参与成本较低的文化活动。在实际生活中,艺术爱好者们常常聚于艺术馆、剧院等文化空间;图书馆内的读者大多是接受过良好教育、爱好阅读的知识分子;老人、低收入者常常前往公园、文化广场等一些免费开放的空间进行休闲活动……基于此类现象,城市中逐渐出现有明显界限和无形“门槛”的文化空间。

3. 以文化变迁为背景的空间波动性

在文化变迁的背景下，城市文化空间的形式和内容都在不停地变化，城市文化空间呈现出波动性特征。例如信息技术的快速发展，电子设备的普及，一些文化产品和服务能够通过网络更新供给方式，提高供给质量，从而更新人们的文化选择，城市公共文化空间逐步出现“虚拟化”。除此之外，城市新移民也带来了新的文化形态和内容，这类新文化一部分融入城市文化空间，另一部分则与原有文化空间融合，更新成为不同的城市文化空间。这种不断变化的城市文化空间极具波动性，而这种不稳定性给城市文化空间的建设带来了挑战。

（三）我国城市社区公共文化空间发展的主要问题

我国城市居民对于文化参与环境不满意的因素主要集中于文化供给的质量和供需匹配以及公共文化场地状况这几个方面，这显示出我国城市社区公共文化空间的发展出现了亟待解决的问题（见表 11）。

表 11　　2015 年我国城市社区居民对文化参与不满意因素

不满意因素	计数	百分比	排名
公共文化供给质量不高	888	25.4	1
文化活动较少或宣传不够	813	23.2	2
公共文化场地场馆缺失	783	22.4	3
公共文化场地场馆偏远	558	16.0	4
文化活动或服务不符合需求	555	15.7	5
公共文化场地场馆硬件落后	523	15.0	6
其他	26	0.1	7

1. 文化空间参与主体缺位

文化活动和服务不符合需求的重要原因之一是社区公共文化空间参与的主体缺位。我国现阶段的社区管理主要以行政配置为主，社区居民只能被动参与。社区的文化建设主要是自上而下，由上级部门直接下达任务指标给社区居委会，社区居民的参与度不高，以致社区文化服务供给与居民文化需求错位，居民文化参与度较低。

2. 文化空间资源分配机制固化

城市社区公共文化空间资源呈现出总量不足、结构失衡现象。社区的资源来源主要依赖政府，空间资源分配在内部封闭运行，机制固化。而传统的“条块分割”管理模式，社区内部的文化资源隶属于不同的行业、单位、法人等，互相独立运行，没有形成有效的合作机制，社区之中也缺乏一个整合管理资源的平台，资源的利用率不高。

3. 文化空间建设的理论体系匮乏

我国社区文化空间建设处于初级阶段，相关的理论研究并不成熟，对于文化空间具体案例的研究较为缺乏，尚未形成从经验上升到理论、从理论指导实践这一过程。

4. 文化空间保障机制尚不健全

文化空间保障机制的缺乏主要体现在资金保障、人才保障和法律保障三个方面。城市社区公共文化空间建设的资金大多来自政府分配，并不能完全满足建设所需。资金的缺乏使社区很难吸引相关专业人才参与文化空间的建设和管理。此外，我国现阶段还未能制定有关社区文化空间建设和管理的法律法规，阻碍了社区文化空间建设的合理有序进行。

四、我国城市社区公共文化空间建设的模式设计

城市社区公共文化空间的概念可以简化概括为城市社区居民可以自由进入，并能参与文化活动和享受文化服务的场所。由此可知，人、活动和场地这三者是公共文化空间的基本构成。不同人群有着不同的文化需求和文化参与能力，因而在城市社区公共文化空间的建设中，要根据不同居民文化参与的差异性，充分考虑影响社区居民的文化参与的因素，设计不同的文化空间模式。

（一）我国城市社区公共文化空间的基本框架

我国城市社区公共文化空间的建设分为物理场域建设、文化活动和服务建设以及参与方三个主要方面。其中，物理场域是文化活动和服务开展的空间基础，也是空间各方参与的物质载体。文化活动和服务是连接参与方和物理场域的重要媒介。各参与方既是物理场域和文化活动的建设者及提供者，同时也是物理场域和文化活动的接受者及服务对象。三者相辅相成，共同构

建公共文化空间(见图1)。

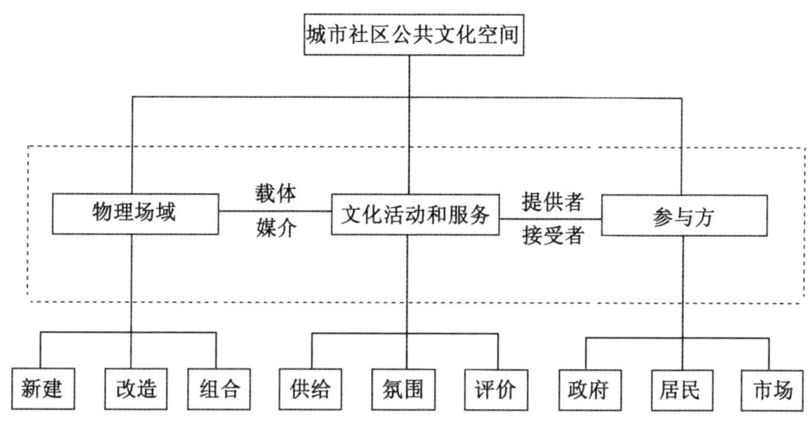

图1 城市社区公共文化空间基本框架

社区居民对文化参与环境不满的因素包括设施场地和场馆的缺失、偏远、硬件落后等，对此，可以通过新建、改造和组合的方式整合资源，提高利用率。对于缺失的文化场馆和场地可以通过新建的方式，完善社区公共文化空间的物理场地建设。对于利用率低的文化场馆和场地，可以通过改造的方式，转变原有的环境和职能，使其能满足居民文化生活的场所需求。组合零散的文化设施和场馆，不仅能够节约资源，还可以通过功能的重组，满足社区居民不同的文化需求。

文化活动和服务是城市社区公共文化空间的重要内容。文化活动的供给方式和质量以及文化活动的宣传等都是影响居民文化参与的重要因素。首先，要建立科学合理的文化供给体系，根据不同社区的差异和不同居民群体的需求，给予不同的文化活动和服务。其次，营造良好的文化参与氛围，传递正确的社区文化观念是公共文化空间的主旋律。最后，评价机制是保障社区居民文化权利、反馈社区居民文化诉求、促进文化活动和服务的供需信息对接的重要方式，从而充分保障城市社区公共文化空间功能的持续性和稳定性。

城市社区公共文化空间的建设的关键在于正确处理政府、居民和市场三者的关系，将其共同纳入公共文化空间之中，激发空间的活力和生命力。政府的角色是空间建设的外推力，主要起着对文化建设的方向引导、财政支持、制度保障和法律监督作用。社区居民作为公共文化空间建设的主体，要充分发挥自身的主观能动性和积极性，给予城市社区公共文化空间发展的内生动力。市场化的运作机制引入不仅可以吸引更多的社会力量进入社区公共文化空间的建设,还可以利用自身先进的运营方式、专业的管理人才,提高文化活动和服务的质量,推动城市社区公共文化空间的建设和发展。

(二)我国城市社区公共文化空间模式设计

1. 设施整合型

“设施整合型”是指整合社区内的各类资源,打造符合社区居民所需的空间场域,从而构建城市社区公共文化空间。这一类型的公共文化空间建设的重点在于以政府为主导,集中力量统筹资源,完善规划,整合基础设施。社区公共服务设施是由文化体育设施、教育设施、卫生设施、商业服务设施等硬件服务设施和社区管理系统等软件服务设施构成。设施整合型公共文化空间就是在完善设施的基础上,将零散的设施进行配套组合,从而提高设施的可达性及辐射范围。该模式的特点在于便利性和自由性,政府只需将社区内的设施资源进行整合利用,就可以形成一个可以自由出入的空间场域,以供居民开展自发性的文化活动。在这种公共文化空间内,社区资源的利用效率得到了显著提高,居民文化活动的自主性也得到了保障,从而能够充分调动居民文化参与的积极性(见图2)。

图2 “设施整合型”城市社区公共文化空间

2. 文化礼堂型

“文化礼堂型”是在借鉴我国传统农村文化礼堂的基础上,结合城市社区发展的特点和需求,通过创新功能和内容而形成的一种城市社区公共文化空间。随着街区制的提出,不设围墙成为了未来城市社区的发展方向。该趋势为社区个性化发展提供了机遇,而城市社区的个性化正是由社区文化来彰显,在营造文化氛围方面极具优势的“文化礼堂”则成为建设社区公共文化空间重要方向。“文化礼堂”模式的重点在于结合城市社区的个性差异,建设各自特色的文化礼堂(见图3)。

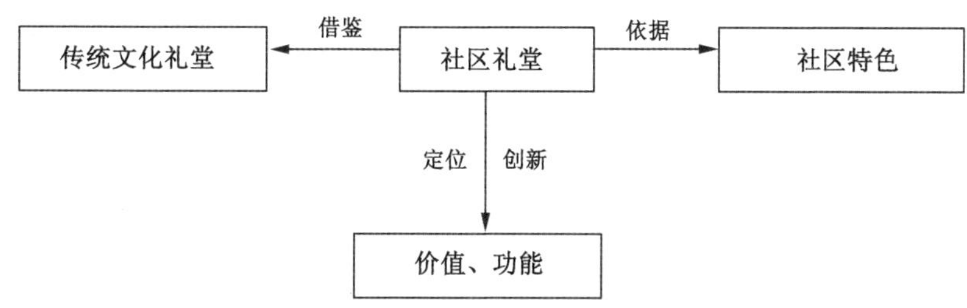

图3 “文化礼堂型”城市社区公共文化空间

3.虚拟空间型

进入信息时代，人类的空间生活逐步由现实空间向现实与虚拟空间相结合的模式转变。“虚拟空间”模式的城市社区公共文化空间是一种借助网络来进行文化活动的新型空间，具有超越时空限制的优势。通过打造城市社区的网络平台，居民可以上网参与社区文化活动，以此形成一个可以交流互动的网络虚拟空间。该模式可以将虚拟世界与现实生活结合起来，社区居民可以在此中无障碍参与文化活动，空间效应显著。打造虚拟空间并不意味着放弃现实生活中的文化服务建设，只有把两者结合起来才能实现良性循环。以网络为媒介的居民沟通有着便捷性和时效性，能够推动邻里互动，加深社区居民对社区文化的参与感和认同感，从而创造出共建共享的文化氛围(见图4)。

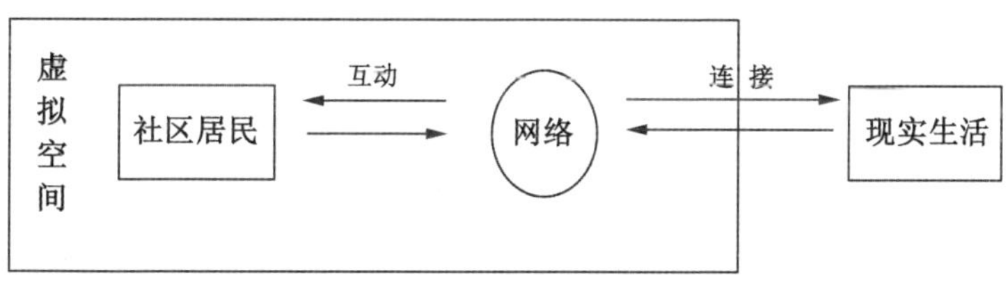

图4 “虚拟空间型”城市社区公共文化空间

4.生态群落型

“生态群落”模式是将文化建筑与生活设施进行系统架构，实现生活设施和文化设施糅合、文化和生活互通，从而形成一种文化生态环境，让不同的社区群体都可以在此参与文化活动。这样的公共文化空间具有多样性和交互性的特点。多样性体现在由于生活和文化相互组合交融，催生了多种功能区的产生，从而能够满足不同的文化需求，吸引不同的群体进入。交互性不仅体现在不同居民之间的互动交流，还体现在这类公共文化空间可以随着参与方的需求变化及时地增减其功能。在建设生态群落型公共文化空间时，需在主要的文化建筑或生活建筑上增加必要的基础设施，开拓适当的空间场域，以便提供多样化的文化供给(见图5)。

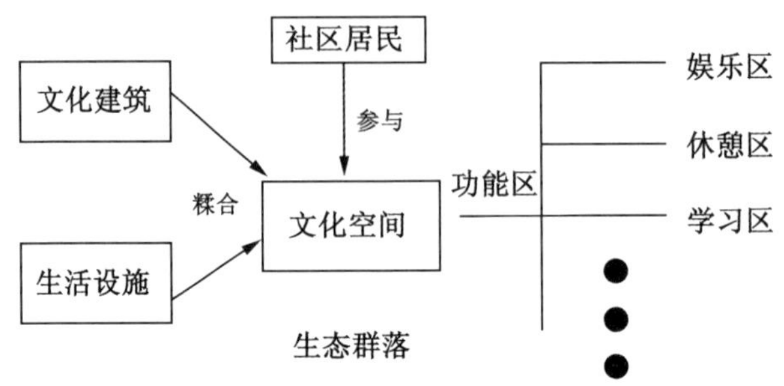

图5 “生态群落型”城市社区公共文化空间

城市社区公共文化空间不仅对社区居民的物质生活和精神生活有着重要影响，并且在促进社区发展、提高城市竞争力方面发挥着巨大作用。本文通过理论梳理和实证研究，提炼出“设施整合型”“文化礼堂型”“虚拟空间型”和“生态群落型”四种城市社区公共文化空间的模式。“设施整合型”的优势在于利用已有资源降低建设成本，提高设施的可达性与服务性。“文化礼堂型”的社区公共文化空间以传统的文化礼堂为基础，在营造社区文化氛围、传递社区文化价值、打造社区特色方面有着独特的推动作用。因而，结合不同社区之间的个性化差异是建设的重点。“虚拟空间型”城市社区公共文化空间能够超越时空的限制，极具便捷性和时效性。“生态群落型”公共文化空间具有很强的向心力，能够满足居民不同的文化需求。但如何将文化设施与生活设施进行优势互补，以及如何丰富文化设施内涵、提高文化供给的灵活性是建设时需要考虑的重要内容。这四类公共文化空间模式适用情况不尽相同，有着各自的特点和优势。在实践过程中，我们只有充分考虑不同城市社区的现实条件和社区居民的文化需求，选择合适的城市社区公共文化空间模式进行因地制宜地建设，才能将其作用发挥到最大。

[原载于《山东大学学报(哲学社会科学版)》2017年第6期]